작가는 어느날 바닷가에서 만난
깨알 같은 갯강구를 보며 생각했다. '나는 그저 작고,
보통의 사람이지만 내게는 멋진 이야기를 그림으로
그릴 수 있는 재주가 있어.' 그러나 여전히 낮은 자존감으로
휘청거리면서 갯강구를 별명으로 쓰기로 마음 먹었고,
이후 정이 들어 관성처럼 계속 별명으로 필명으로 사용하고 있다.

갯강구 : 바닷가 바위 틈에서 흔히 볼 수 있는 등각류 동물.
단독생활을 하는 경우는 드물고 항상 수십, 수백 마리가
무리를 지어 산다.

갯강구 씨, 오늘은 어디 가요?

30일간의 유럽 툰일기

갯강구 씨, 오늘은 어디 가요?

30일간의 유럽 툰일기

2016년 7월 1일 1판 1쇄 인쇄
2016년 7월 10일 1판 1쇄 발행

글 · 그림 최지수
펴낸이 김상일 | 펴낸곳 도서출판 키다리
책임편집 김상일 | 편집 김민정 | 디자인 이정미 | 마케팅 이원영 | 관리 김영숙
출판등록 2004년 11월 3일 제406-2010-000095호
주소 경기도 파주시 문발로 115 세종출판벤처타운 202호
전화 031-955-1600 | 팩스 031-955-1601
이메일 kidaribook@naver.com | 블로그 blog.naver.com/kidaribook
ISBN 979-11-5785-125-6(13920)

이 도서의 국립중앙도서관 출판시도서목록(CIP)은 서지정보유통지원시스템
홈페이지(http://seoji.nl.go.kr)와 국가자료공동목록시스템(http://www.nl.go.kr/kolisnet)에서
이용하실 수 있습니다.(CIP제어번호:CIP2016015274)

잘못된 책은 구매하신 곳에서 교환할 수 있습니다.

참좋은날 참좋은날은 도서출판키다리가 만드는 성인 단행본 브랜드입니다.

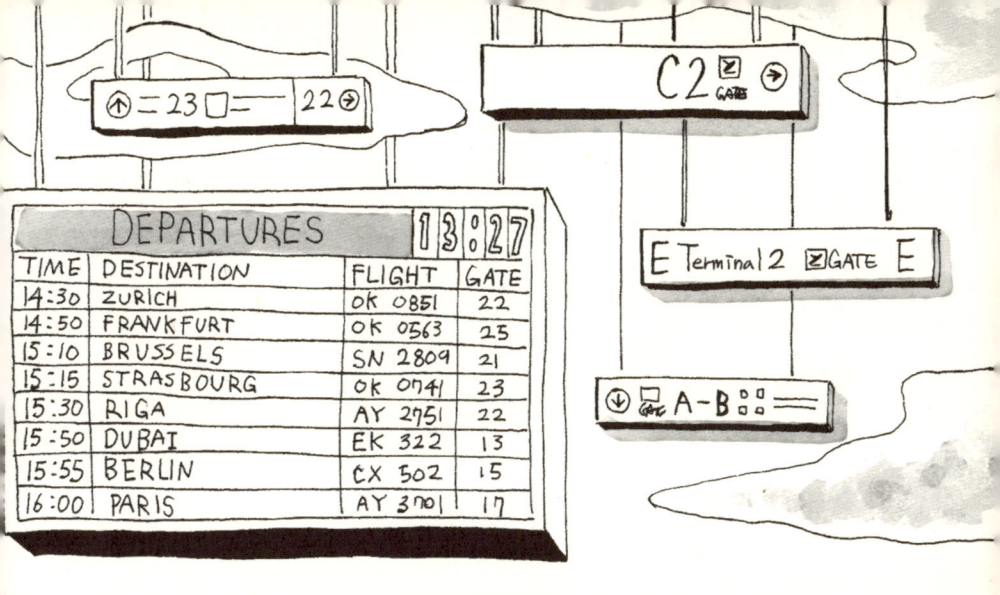

갯강구 씨, 오늘은 어디 가요?

30일간의 유럽 툰일기

최지수 지음

참
좋은날

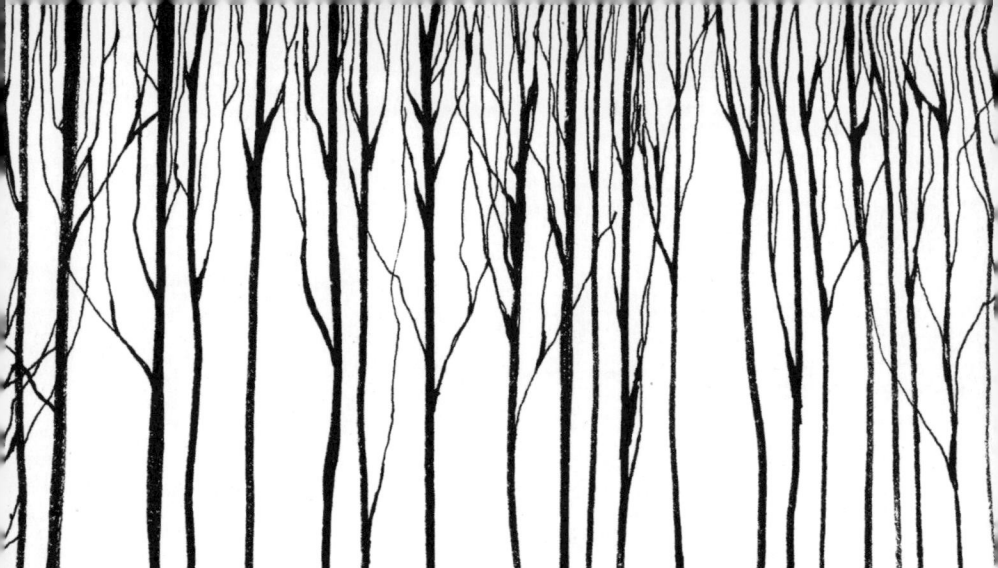

차례

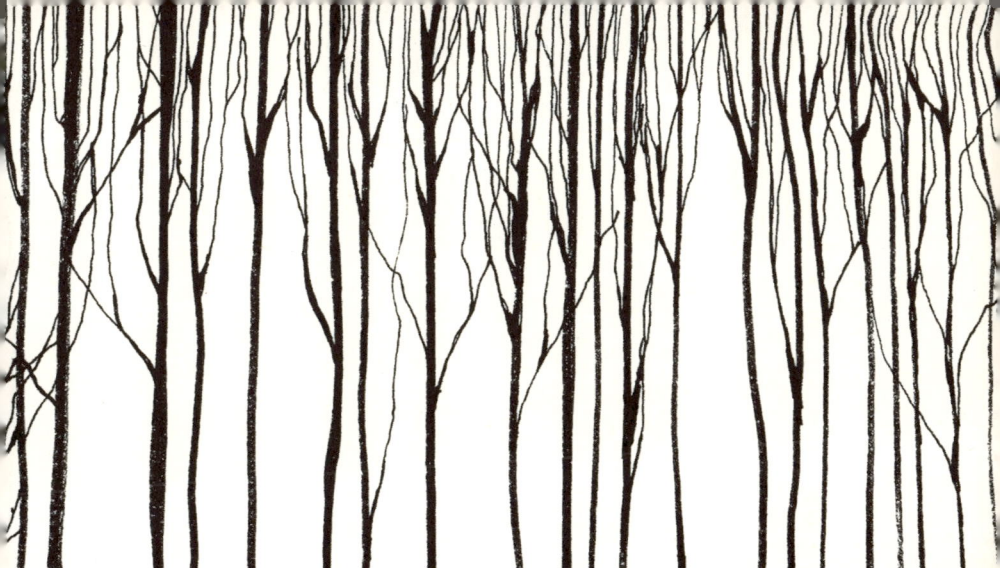

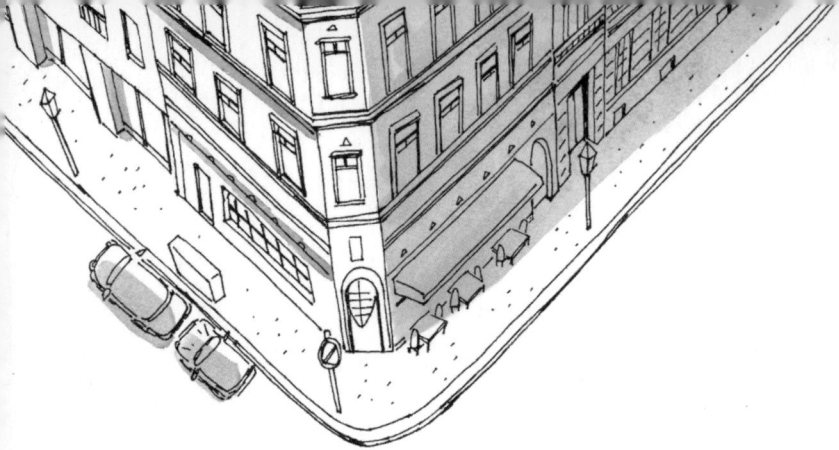

갯강구 일기를 정식 출간하며

여행에서 남는 것은 사진뿐이다, 유레일을 벗어나야 진짜 여행이지,
여행과 관광의 차이가 뭘까, 지도에 없는 여행을 하라, 등등
여행에 관한 말은 너무도 많다.
큰 기회비용을 들여 떠난 나의 유럽 여행길은 스스로에게
많은 질문과 의문을 가지게 했다.
이것이 나에게 꼭 필요한 여행인가?
이것이 특별한 여행이 될 수 있을까?
특별한 여행일 이유가 있을까?
내가 18세기 탐험가도 아니고 특별한 여행이란 것이 가능하기나 한가?
여행지에서 마주하는 설레는 풍경들을 어떻게 효과적으로 기억할 수 있을까?
멀찍이서 보면 나는 그냥 별처럼 많은 여행자들 중 하나일 뿐이고
작게 보면 방파제의 깨알 같은 갯강구 중 한 마리와 같다.
그런 갯강구의 깨알과도 같은 여행의 소소한 일상을 어떻게 남길 것인가?
고민 끝에 나는 수많은 별 혹은 갯강구들이 지나갔을 여행길을
기억하는 방법으로 그림일기를 떠올렸다.
처음에는 단순히 여행의 일상을 기록하는 가벼운 프로젝트였다.
그런데 블로그에 많은 분들이 찾아왔고, 재미있게 읽어주었다.
그분들의 관심에 감사하면서도 의문은 다시 이어졌다.
이 평범한 이야기를 왜 흥미롭게 읽을까?

여행을 준비하고 있기 때문에? 나도 다녀왔던 곳이라서?
여러 이유들이 있었겠지만, 그중에는 미시-미시사
기록에 대한 대리만족도 있지 않았을까 싶다.
(그림일기를 장려하고 싶은 편향된 시각에
의한 추측일 수도 있다.)
많은 사람들이 자신의 여행, 혹은
일상을 기억하기 위해 노력한다.
『갯강구씨, 오늘은 어디 가요?』도 그런 노력 중 하나이다.
2013년 겨울에 한 달 일정으로 간 유럽 여행을 기록한 그림일기,
『갯강구일기』를 독립출판을 통해 2014년에 한 권의 책으로 묶어 냈었다.
그리고 2년이 지난 지금, 뜻밖의 기회를 통해 내 일기를 다시 한번
사람들에게 보여 줄 수 있게 되었다.
정식 출판을 준비하면서 2년 전 내 글을 다시 마주하니 반가우면서도
다른 사람의 글처럼 낯설었다.
혼자 책을 만들며 몇번이나 고쳐 쓴 원고지만, 여전히 다듬어야 할 부분도
보였고 덧붙이고 싶은 이야기들도 있었다.
고작 2년이 지났을 뿐인데 그새 말을 바꾸고 싶어하다니!
긍정적으로 보자면, 아직도 유연한 사고를 하고 있다는 뜻인 것 같으니
일단 즐거워하기로 한다.

2016년 초여름에, 갯강구 최지수

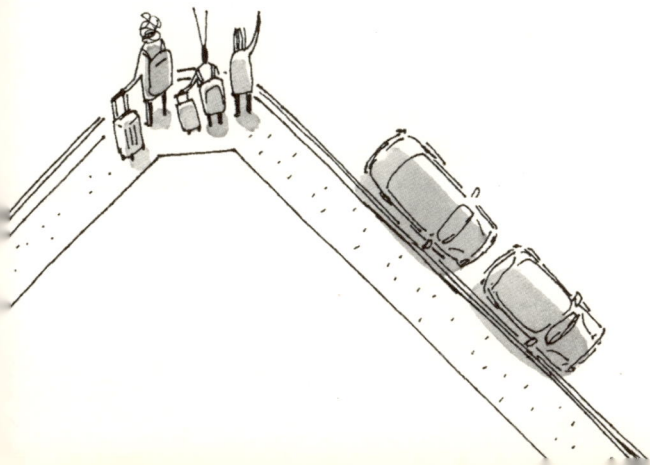

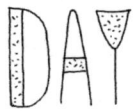

01
파리(PARIS)

파리에서 길을 잃다,

라고 하면 감수성 자극하는 수필 제목 같으나 현실은 전철에서 내리자마자 갈 곳을 잃은 길치 어른 두 명이었다.

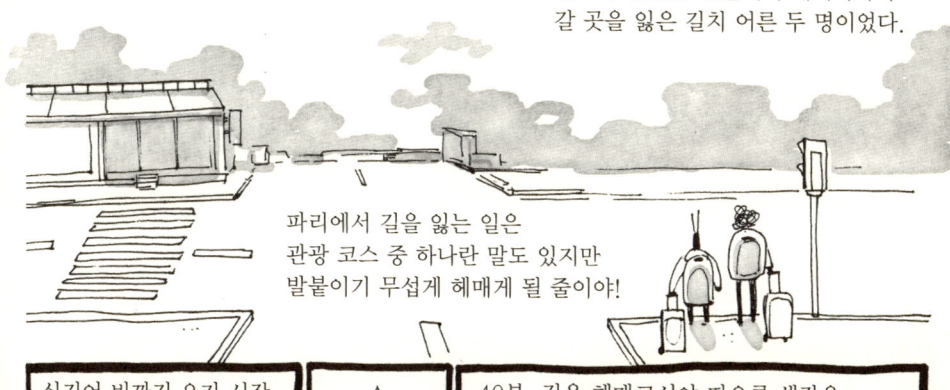

파리에서 길을 잃는 일은 관광 코스 중 하나란 말도 있지만 발붙이기 무섭게 헤매게 될 줄이야!

심지어 비까지 오기 시작. 종이 지도에 의지해 길을 찾는데 한계가 있었다.

고국의 데이터 무제한이 벌써 그리워진다.

자아 / 명예 / 소속 / 안정 / 생존

WI-FI

인간의 기본 욕구 WI-FI는 더욱 간절해졌다.

40분, 길을 헤매고서야 떠오른 생각은 지하철역 안내센터로 돌아가 길을 묻는 것!

역무원은 친절하게 길을 알려 주었다.

① INFORMATION

그·러·나 그 길이 맞는 길은 아니었다.

현지인이라고 지도를 잘 볼 거란 생각은 오산. 사실 나도 종종 관광객들에게 길을 잘못 알려 줬다. 물론 고의는 아니었지만.

그렇게 몇십 분을 더 헤매 던 중, 장 보고 오시던 숙소 아주머니를 우연히 만나서 편하게 도착하~

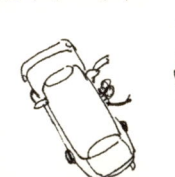

~나 싶었는데, 우리 방은 3층.

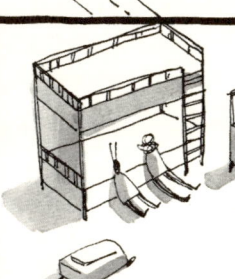

오후 1시에 공항에 도착했는데 숙소에 짐을 풀고 정신을 차려 보니 저녁 밥때가 다 되었다.

체력은 예정된 30일 여행을 끝마친 듯
방전 상태였으나, 괜히 억울한 마음에
뭐라도 사 먹으러 나갔고,

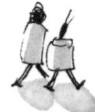

도착 후 처음 간 현지 식당으로는
만만해 보이는 케밥집을 선택.

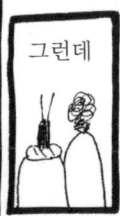

그런데

바게트 같은 빵에
먹기도 하고

햄버거 빵에
먹기도 하고

페이스트리 같은
빵에 먹기도 하고

김밥 먹으러 김밥천국에 들어왔다가
수많은 메뉴에 당황하는 외국인
관광객이 이런 기분?
너무 다양한 케밥들!
고기의 조리 방법,
빵 종류 등등.
그나마도 영어가 아닌
불어로 된 메뉴판이었다.

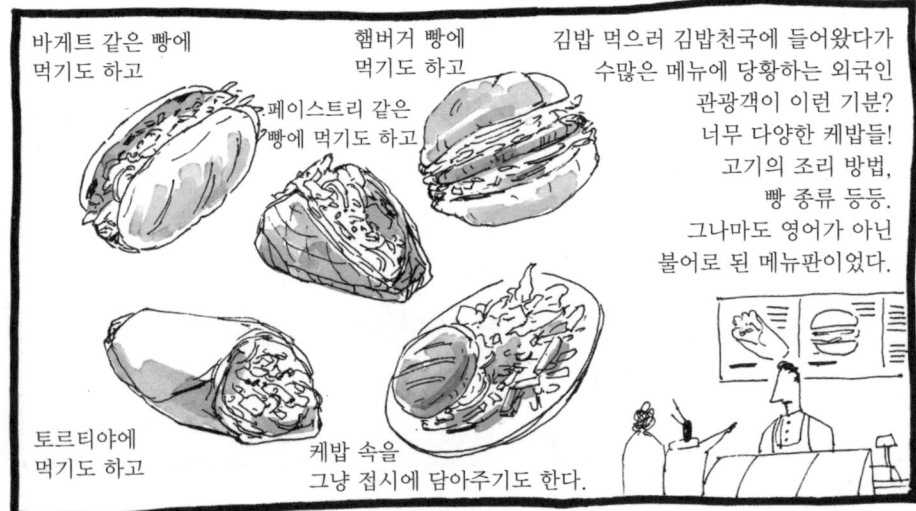

토르티야에
먹기도 하고

케밥 속을
그냥 접시에 담아주기도 한다.

결국 그냥 사진만 보고 고름.

유럽 여행에서
가장 만만하게
먹게 되는
끼닛거리, 케밥.

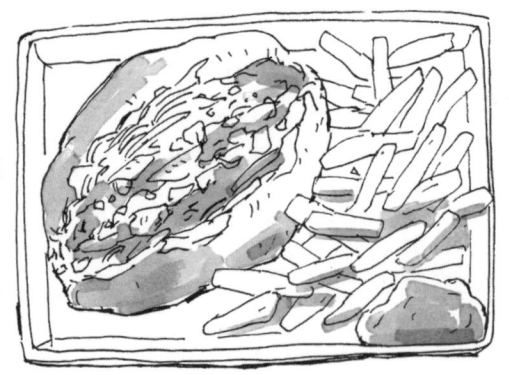

케밥을 좋아하는
편이라 한국에서도
종종 즐겼는데, 5유로
정도에 이리 푸짐하게
먹을 수 있다니 정말
케밥은 사랑스러웠다.

곁들여 나오는
엄청난 양의
감자튀김도 최고.

<숙소에서 만난 고양이들>

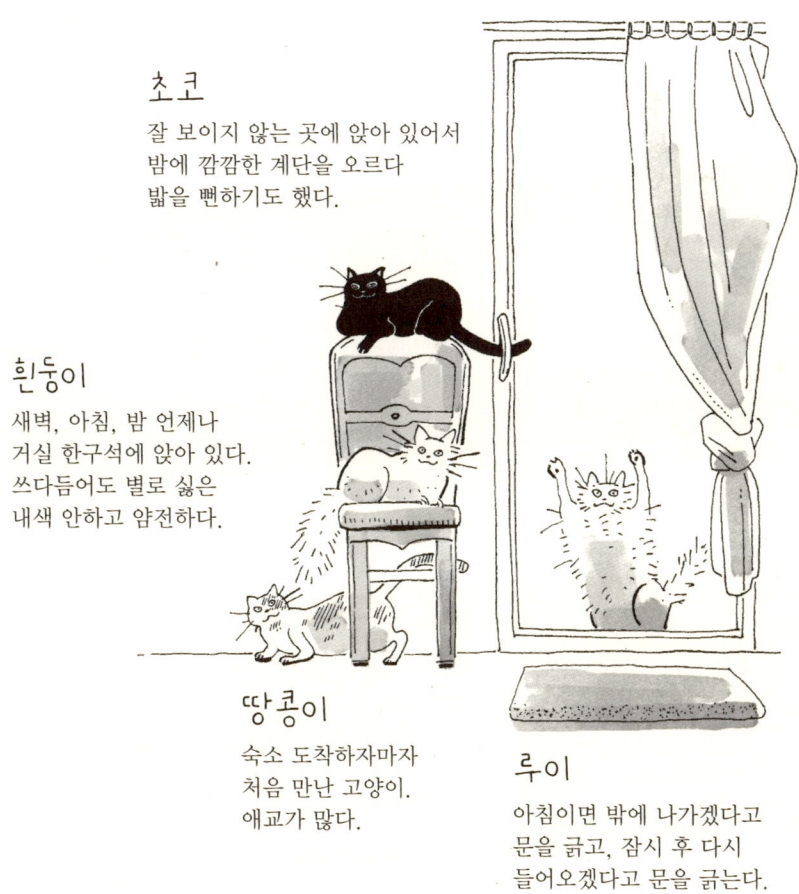

초코
잘 보이지 않는 곳에 앉아 있어서
밤에 깜깜한 계단을 오르다
밟을 뻔하기도 했다.

흰둥이
새벽, 아침, 밤 언제나
거실 한구석에 앉아 있다.
쓰다듬어도 별로 싫은
내색 안하고 얌전하다.

땅콩이
숙소 도착하자마자
처음 만난 고양이.
애교가 많다.

루이
아침이면 밖에 나가겠다고
문을 긁고, 잠시 후 다시
들어오겠다고 문을 긁는다.
만지려다가 3번 물렸다.

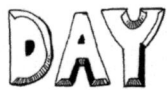

02
파리(PARIS)

MUSEE d'ORSAY

오르세 미술관

오르세 미술관에 가기로 한 둘째 날.
공항에서 기차를 함께 탔던 한국 분과 동행하게 되었다.
성수기에는 아침부터 건물을 빙 둘러 줄을 서야 했는데
비수기인 겨울이라 그런지 별로 기다리지 않고
입장할 수 있었다.

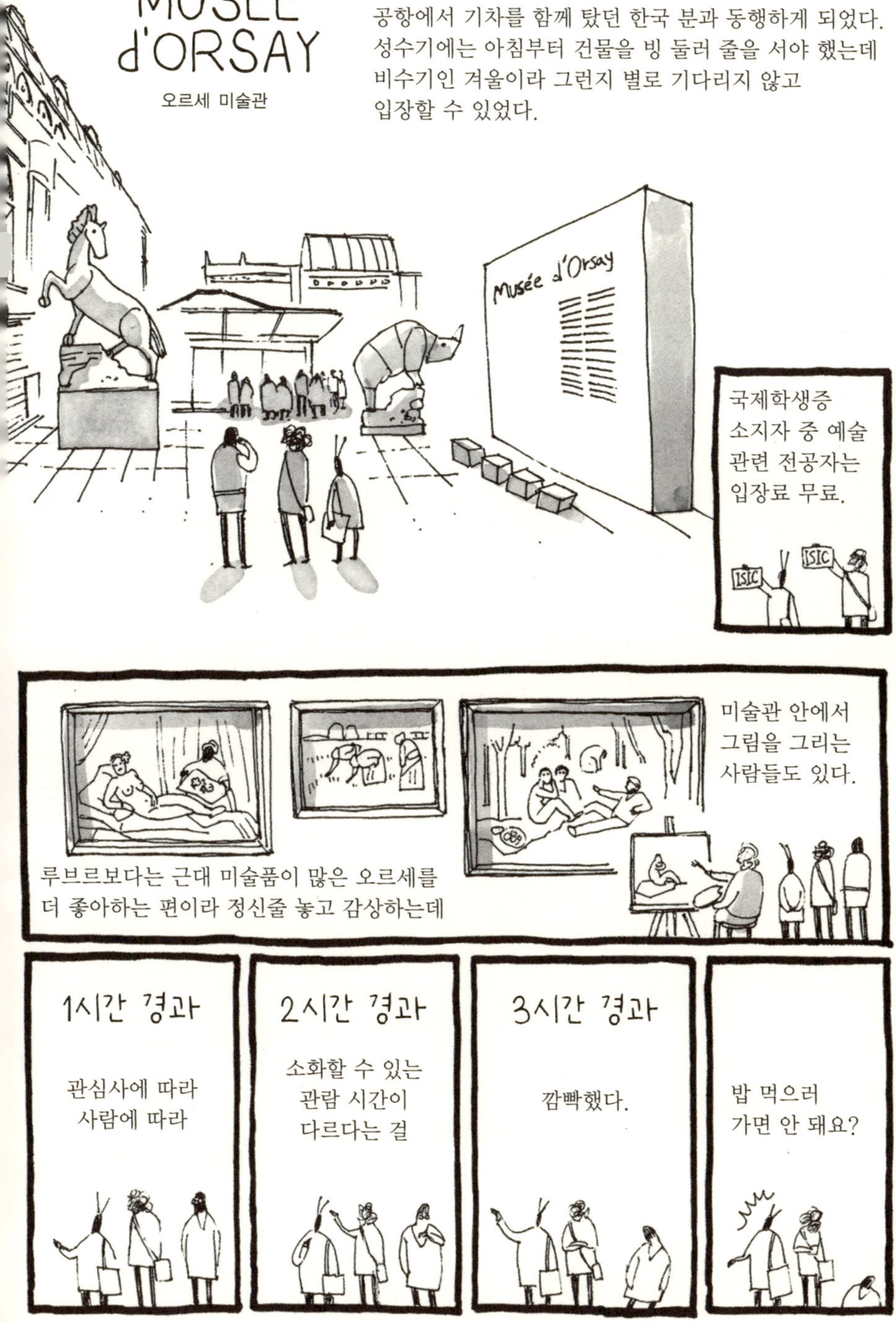

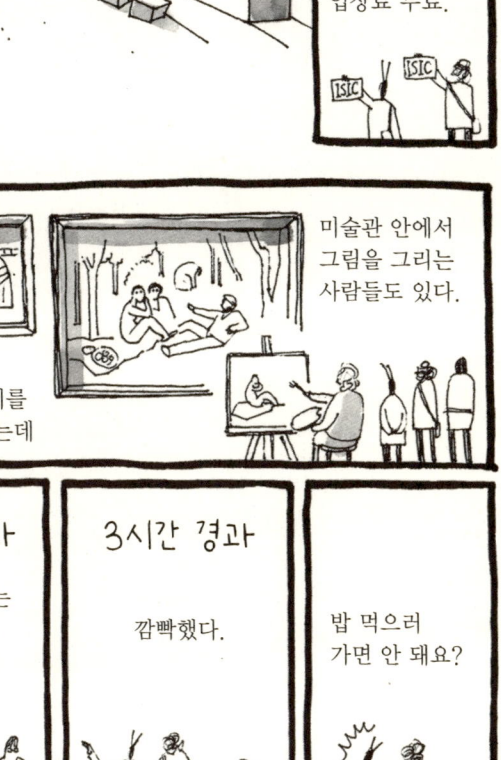

국제학생증
소지자 중 예술
관련 전공자는
입장료 무료.

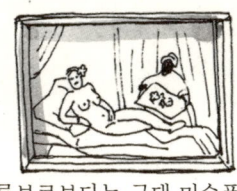 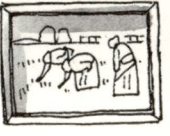

미술관 안에서
그림을 그리는
사람들도 있다.

루브르보다는 근대 미술품이 많은 오르세를
더 좋아하는 편이라 정신줄 놓고 감상하는데

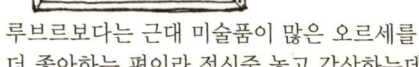

1시간 경과

관심사에 따라
사람에 따라

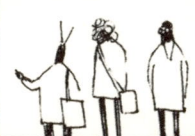

2시간 경과

소화할 수 있는
관람 시간이
다르다는 걸

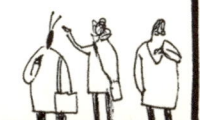

3시간 경과

깜빡했다.

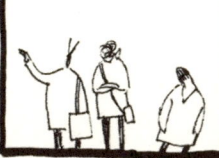

밥 먹으러
가면 안 돼요?

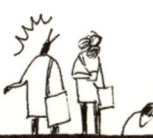

CATHEDRALE NOTRE DAME DE PARIS 노트르담 대성당

노트르담 대성당은 비수기가 무색하게
관람객으로 붐볐다. 건축 850주년을 맞아서
각종 설치물들이 보수 중이었다.
미술사 시간에 배운 내용들을 소환하여
일행에게 아는 척을 좀 했다.
'그래, 내 등록금은 헛되지 않았어.'

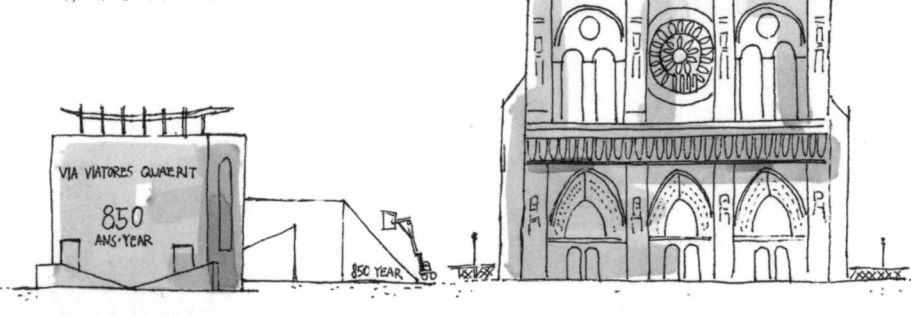

인기 관광지다 보니,
근처 화장실은 늘 만원.
물론 유료다.

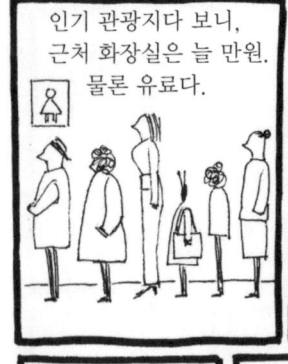

동행한
분과는
사진 한장
찍고
빠이빠이!

아이스
크림으로
유명한 카페
베르티옹
(시테 섬에 있음.)
에서 점원 추천
메뉴를 먹었다.

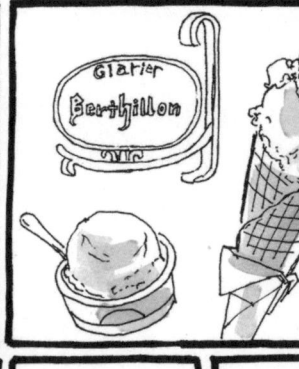

야, 이거
엄청 익숙한
맛이야.

무슨 맛?

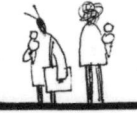

분명 먹어 본
맛인데 기억이
안 나. 한번
먹어 봐.

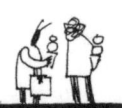

어, 이거,
그거 아냐?
그~

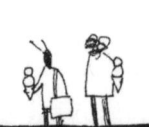

탱X보이!!

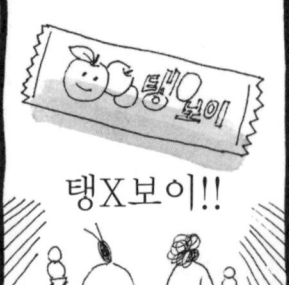

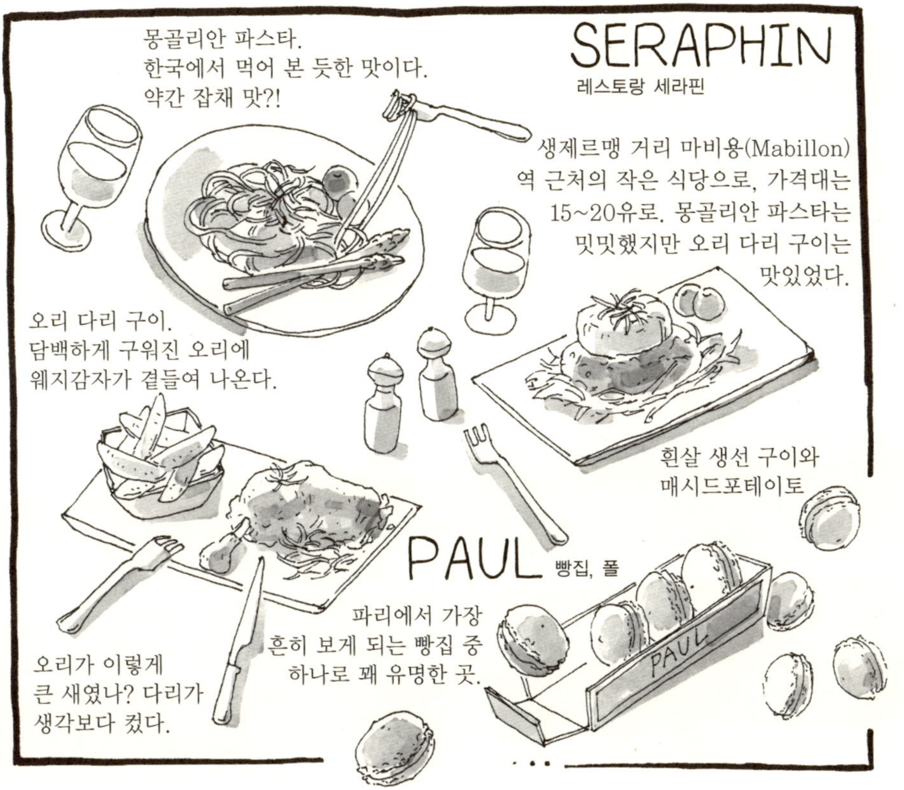

SERAPHIN

레스토랑 세라핀

몽골리안 파스타.
한국에서 먹어 본 듯한 맛이다.
약간 잡채 맛?!

생제르맹 거리 마비용(Mabillon)
역 근처의 작은 식당으로, 가격대는
15~20유로. 몽골리안 파스타는
밋밋했지만 오리 다리 구이는
맛있었다.

오리 다리 구이.
담백하게 구워진 오리에
웨지감자가 곁들여 나온다.

흰살 생선 구이와
매시드포테이토

PAUL 빵집, 폴

파리에서 가장
흔히 보게 되는 빵집 중
하나로 꽤 유명한 곳.

오리가 이렇게
큰 새였나? 다리가
생각보다 컸다.

돌아오는 길에 노트르담 대성당을
다시 지나치던 길.
어떤 아저씨가 바게트를 들고
참새들에게 먹이를 주고 있었다.
아저씨 손바닥에 올라앉아 빵을 먹는
참새들이 신기해서 옆에서 얼쩡댔더니
아저씨가 빵을 나눠 주며 참새 불러
모으는 요령을 알려 주었다.
참새들은 내가 가져온 한국 과자는
거들떠보지도 않고 바게트에만
몰려들었다.

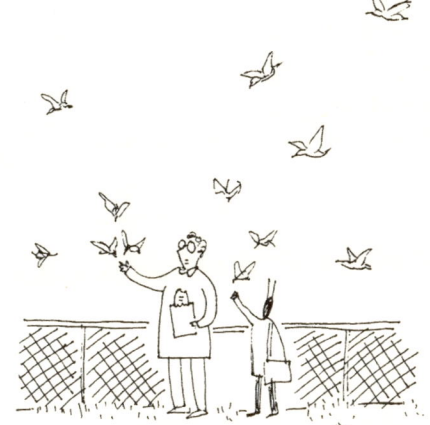

DAY

03
파리(PARIS)

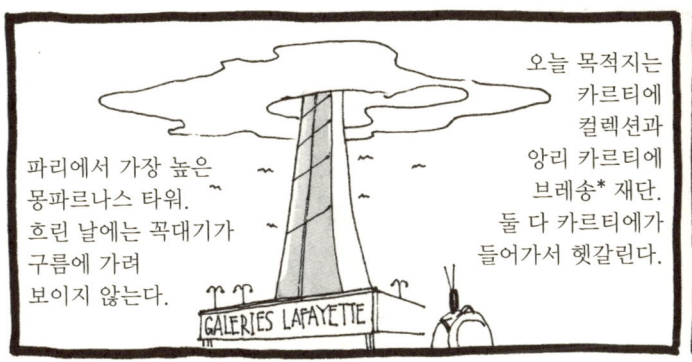

파리에서 가장 높은
몽파르나스 타워.
흐린 날에는 꼭대기가
구름에 가려
보이지 않는다.

오늘 목적지는
카르티에
컬렉션과
앙리 카르티에
브레송* 재단.
둘 다 카르티에가
들어가서 헷갈린다.

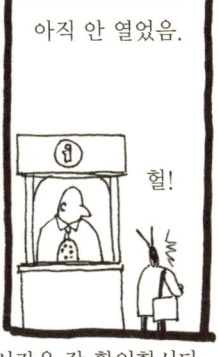

아직 안 열었음.

헐!

오픈 시간을 잘 확인합시다.

오픈까지는 1시간 더
있어야 해서 주변을
산책하기로 했다.

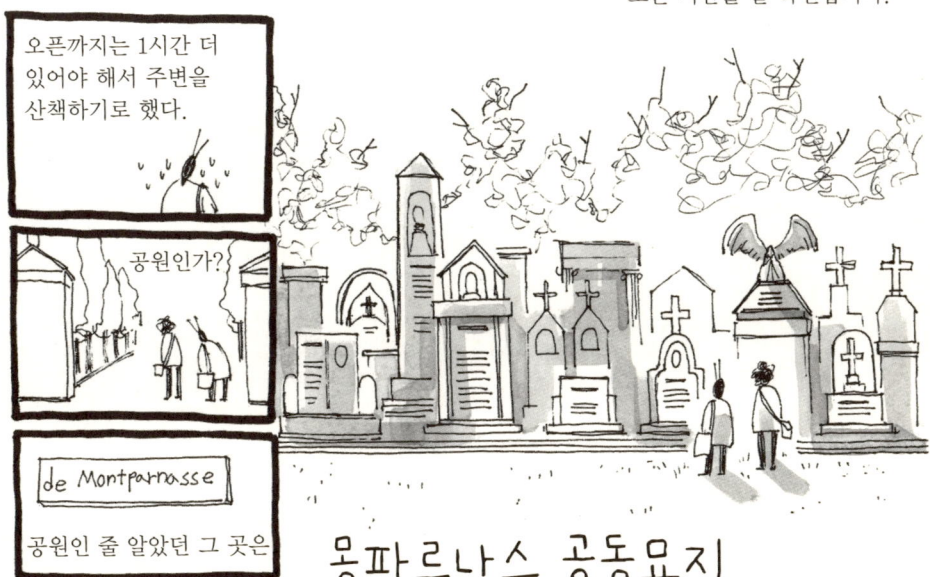

공원인가?

de Montparnasse

공원인 줄 알았던 그 곳은

몽파르나스 공동묘지

무덤의 모양과 분위기가 제각각. 싱싱한 꽃에 둘러싸인 묘지,
은은하게 촛불이 빛나는 묘지 등, 마치 공원처럼 자리 잡은
이곳에서 죽은 자와 산 자가 산책하듯 만나고 있었다.

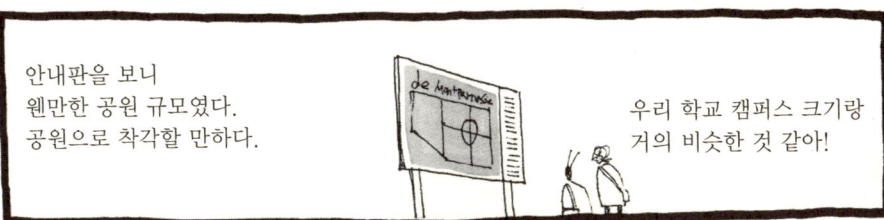

안내판을 보니
웬만한 공원 규모였다.
공원으로 착각할 만하다.

우리 학교 캠퍼스 크기랑
거의 비슷한 것 같아!

*Henri Cartier Bresson(1908~2004), 프랑스 사진 작가.

*HCB : Fondation Henri Cartier Bresson, 앙리 카르티에 브레송 재단.

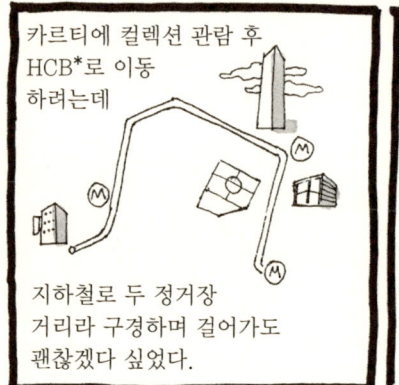

카르티에 컬렉션 관람 후 HCB*로 이동 하려는데

지하철로 두 정거장 거리라 구경하며 걸어가도 괜찮겠다 싶었다.

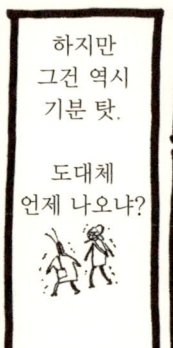

하지만 그건 역시 기분 탓.

도대체 언제 나오냐?

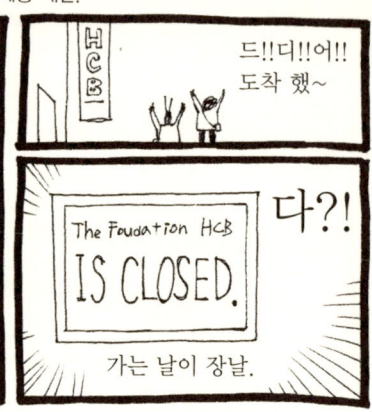

드!!디!!어!! 도착 했~

The Foundation HCB IS CLOSED.

다?!

가는 날이 장날.

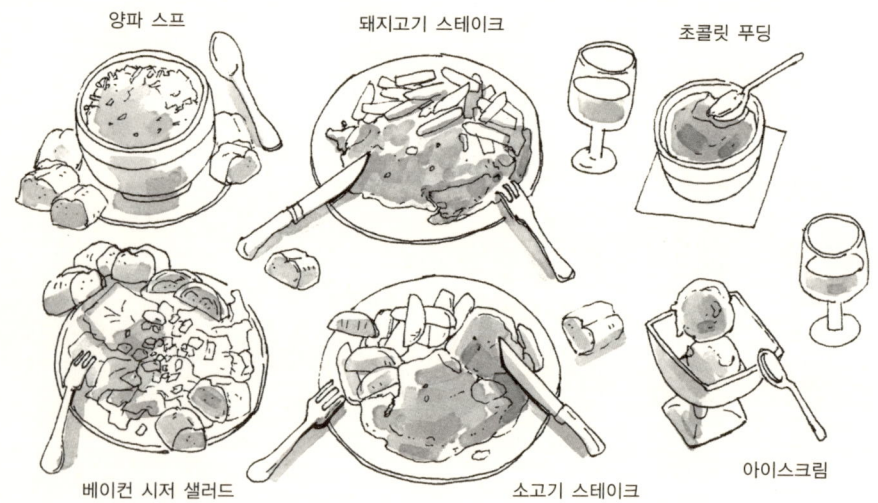

양파 스프

돼지고기 스테이크

초콜릿 푸딩

베이컨 시저 샐러드

소고기 스테이크

아이스크림

아쉽지만 다음에 다시 오기로 하고 식사를 하기 위해

소르본 대학교 주변

으로 이동했다. 이번엔 지하철을 이용했다.
소르본 대학 주변 식당에는 10유로 정도로
저렴하게 먹을 수 있는 코스 요리가 많았다.

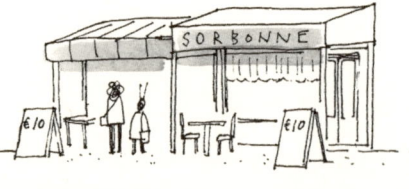

소고기랑 돼지고기 맛이 차이가 없어!

10유로에는 10유로의 이유가 있었다.

자본주의 사회에서는 괜히 비싼 건 있어도
괜히 싼 것은 없다.

18

서점에 가면 수많은 책들을 보는 것만으로 머릿속이 배불러지는 느낌이다.
그래서 일단 많이 사기는 하는데 읽는 속도가 사는 속도를 못 따라간다.

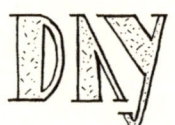

04
파리(PARIS)

MONTMARTRE

몽마르트르

나에게 몽마르트르 언덕은 좀 살벌한
이미지가 있다. 나와 같은 호구상에게는
유난히 혹독한 곳.

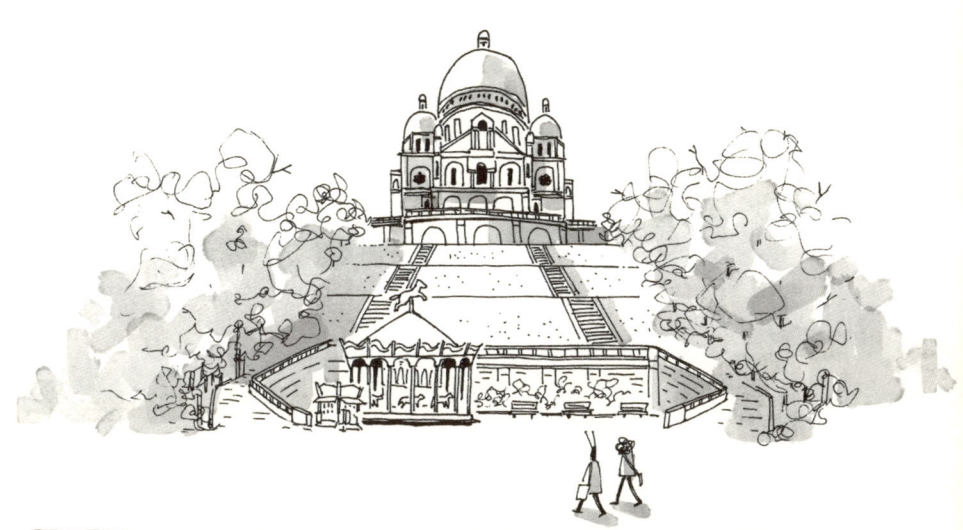

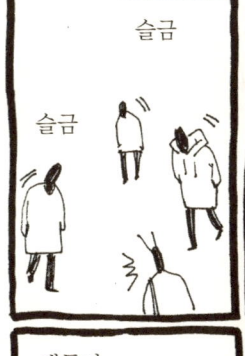

슬금

슬금

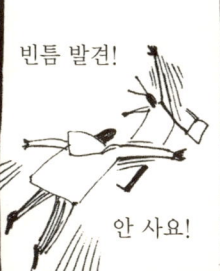

빈틈 발견!

안 사요!

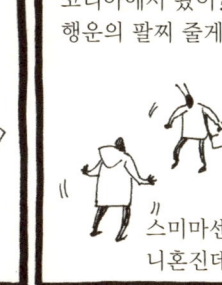

코리아에서 왔어?
행운의 팔찌 줄게.

스미마셍.
니혼진데스.

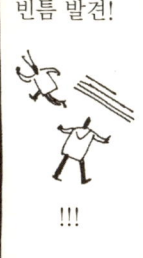

빈틈 발견!

!!!

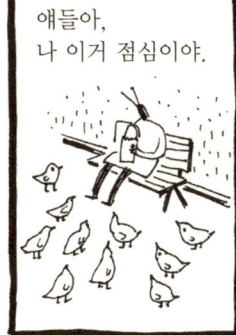

애들아,
나 이거 점심이야.

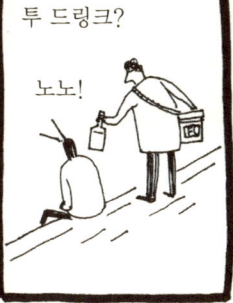

두 유 라이크 썸씽
투 드링크?

노노!

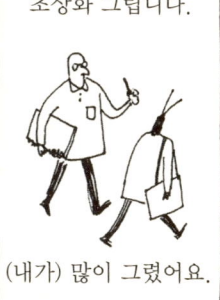

초상화 그립니다.

(내가) 많이 그렸어요.

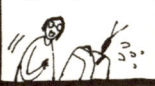

한국에서
호구는
유럽에서도
호구였다.

얼굴에 복이
많으세요.

21

그럼에도 불구하고 몽마르트르 언덕에서 바라보는 파리의 전경이 아름다운 것은 사실이다.
고작 높이 129미터에 불과한 언덕이지만 파리에서 가장 높은 곳이라
여기 올라오면 도시의 전경이 한눈에 들어온다.

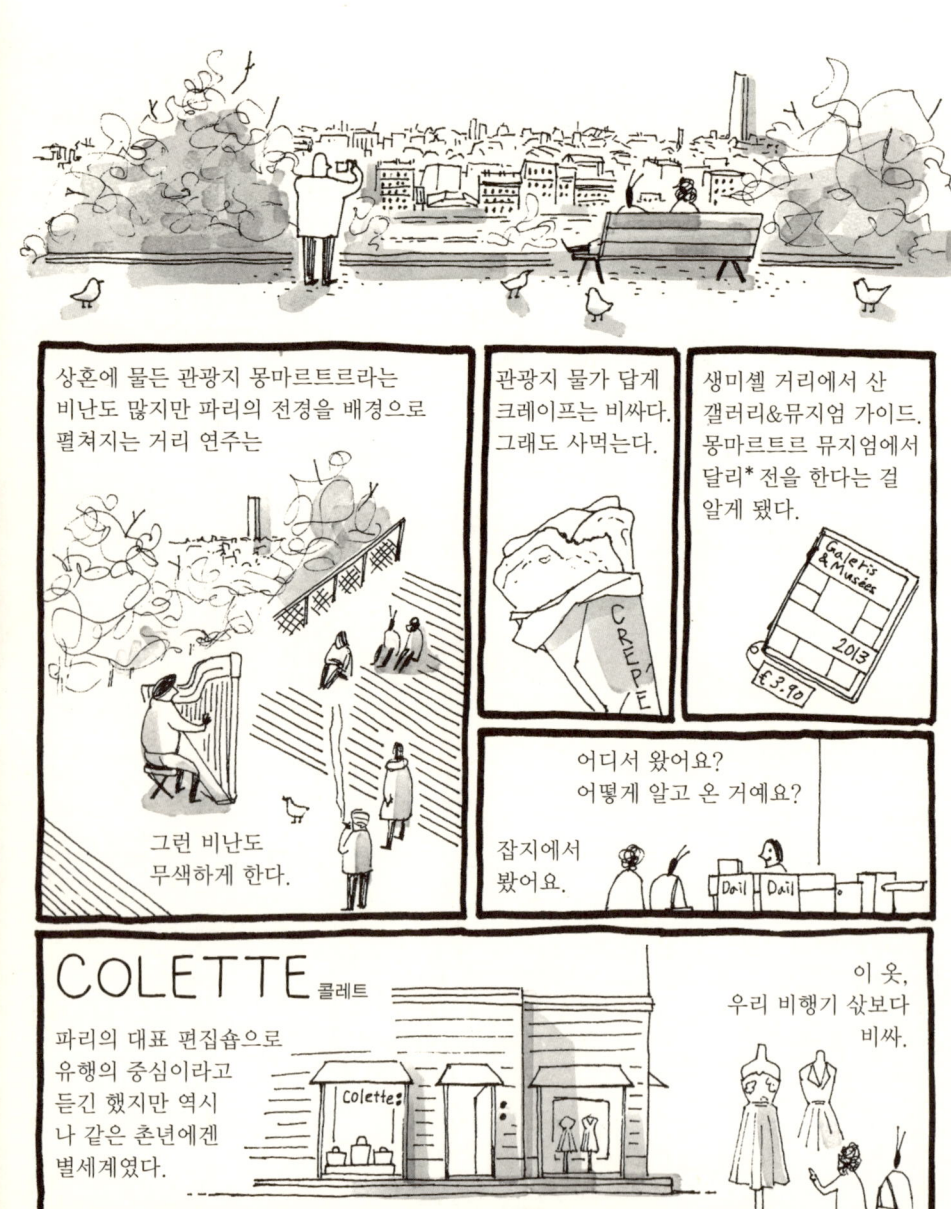

*Salvador Dali(1904~1989), 스페인 화가, 판화가, 영화제작자.

〈우연히 들렀는데 인상 깊었던 곳들〉

ARTCURIAL
아트큐리알

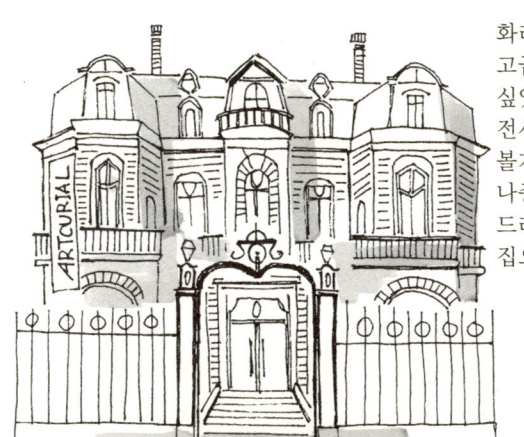

화려한 외관, 그리고 문을 열고 들어서자 고급스러운 내부 모습에 잘못 들어왔나 싶었다. 조심스레 둘러보니 상설 드로잉 전시도 있고, 큰 예술 서적 서점도 있고, 볼거리가 많았다.
나중에 찾아 보니 유명한 예술 경매장으로 드라마 '파리의 연인'에서 박신양의 집으로 나온 곳이라고 한다. 우아, 몰랐어!

레드 카펫 헉!

잘 차려 입은 직원들 헉!

Theare du ROND-POINT
롱 푸앙 극장

샹젤리제 거리를 찾아 헤매다 너무 춥고 다리가 아파서 들어가게 된 곳.
눈앞에 보이는 폭신한 소파에 홀리듯 끌려가 앉고 나서야 주위를 둘러보았는데
음악회, 연극, 퍼포먼스 등 다양한 종류의 공연을 하는 극장이었다. 안쪽에는 연극, 음악 등
예술 관련된 책을 파는 서점도 있다.

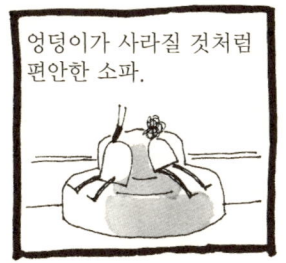

엉덩이가 사라질 것처럼 편안한 소파.

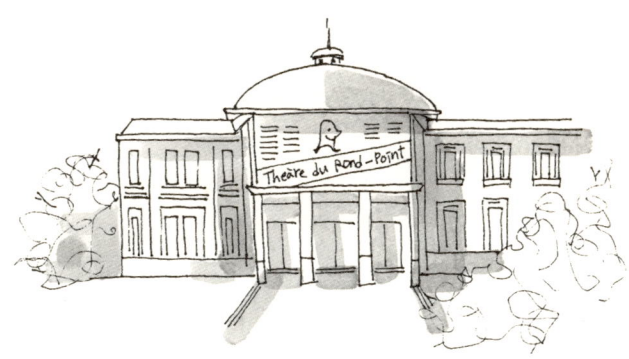

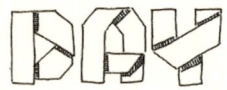

05
파리(PARIS)

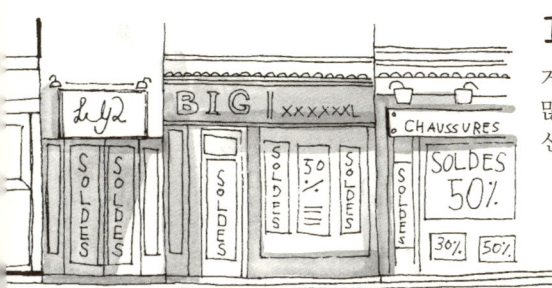

파리 세일 기간이 시작되었다.

거리에 유난히 SOLDES라는 글자가 눈에
많이 띄길래 뭔가 했더니 파리의 대대적인
신년 세일 기간이란다.

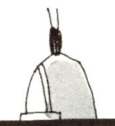

1월 초, 파리의
모든 상점들이
대대적인 할인
행사를 하는데,
진짜 싸다.

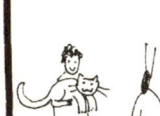

말하자면 프랑스판 블랙 프
라이데이라고 할까!
혹하긴 했으나 여행 초반
이라 쉽사리 큰 돈을 쓸 수
없었다.

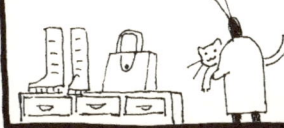

하지만 이런 빅 세일을 지나치기는 쉽지
않았다. 주말이라 파리젠느 티켓으로
저렴하게 이동할 수 있겠다 싶어 5존에
위치한 쇼핑몰 '발 드 유럽'에 갔다.
주중에는 파리비지트로,
주말에는 만 25세 미만
할인되는 파리젠느를
이용하여 교통비 절약.

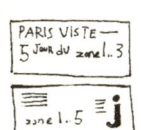

VAL d' EUROPE
쇼핑몰 '발 드 유럽'

전철 A선 종점 근처에
마른 라 발레 셰시
(Marne-la-Vallée-Chessy)
역으로 가려면 교통비가 꽤
비싸다. 하지만 주말에
파리젠느를 이용하면
그럭저럭 갈 만하다.
베르사유까지 가는 것과 비슷.
실내 매장에는 중저가 브랜드
매장과 식당, 편의시설이
있고 실외 빌리지에는 고가
브랜드 매장이
입점해 있다.

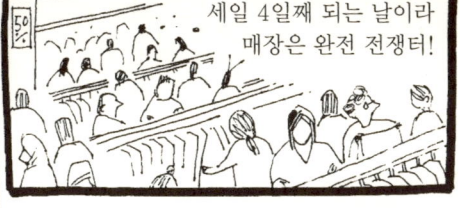

세일 4일째 되는 날이라
매장은 완전 전쟁터!

급격한 체력 저하로 얼마 못 가서
로비의 소파에 몸져 누웠다.
나와 비슷한 표정의 남자들이
로비에 잔뜩 모여 있었다.

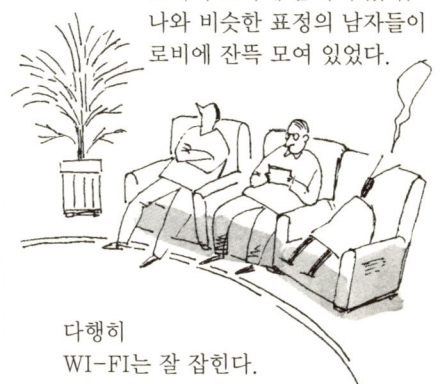

다행히
WI-FI는 잘 잡힌다.

'발 드 유럽'의 먹거리

대형 쇼핑몰답게
먹거리도 다양하다.
불어가 대부분인 메뉴
중 익숙한 이름이
보여 파스타와
스파게티 주문!
프랑스 국민 음료
라는 오랑지나까지.

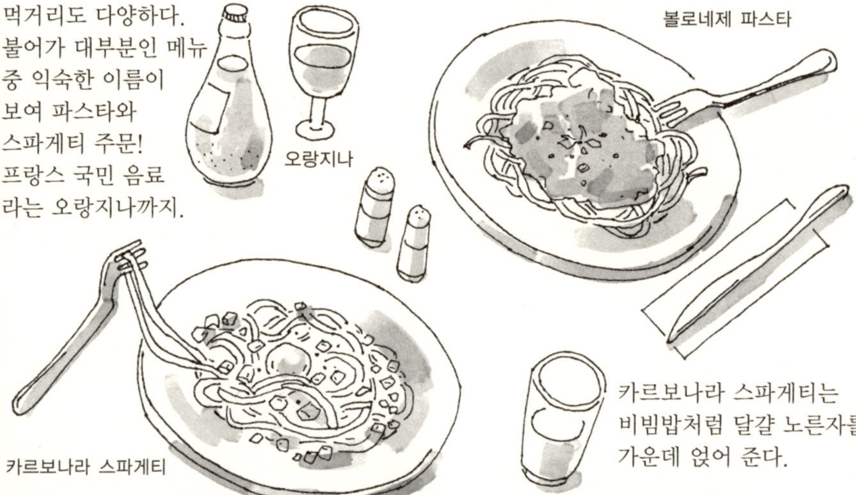

오랑지나

볼로네제 파스타

카르보나라 스파게티

카르보나라 스파게티는
비빔밥처럼 달걀 노른자를
가운데 얹어 준다.

나의 사랑 너의 사랑 추!로!스!

3유로에 그 자리에서 바로 튀긴 바삭한
추로스 한 봉지를 누텔라에 찍어
양껏 먹을 수 있어서 너무 좋았다.
배낭여행하면 고생해서 살 빠진다고
누가 그랬는가?

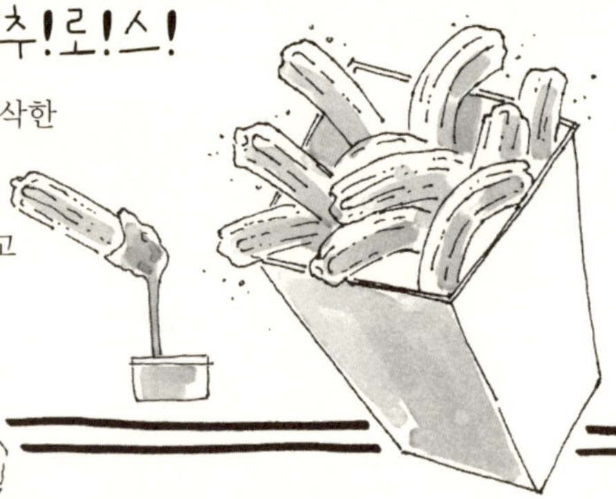

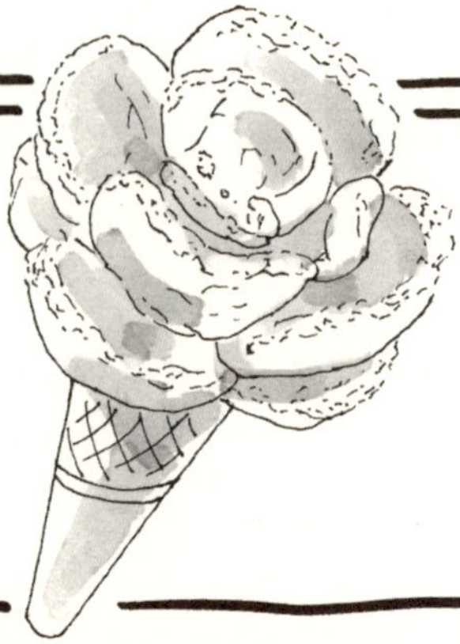

꽃 모양 젤라토

어디서든 어렵지 않게 파는 곳을 만날 수
있는 꽃 모양 젤라토. 맛이야 보통 젤라토와
별 다를 바 없다. 하지만 아이스크림이면서
이런 사랑스러운 모양이라니! 그냥 지나칠
이유가 없다.

GRAND PALAIS
그랑 팔레

'발 드 유럽'을 나온 시간이 늦은 4시.
다른 일정을 소화하기에는 애매한
시간이었으나 그랑 팔레에서 에드워드 호퍼*의
전시가 있다는 광고를 본 것이 기억 났다.

파리만국박람회를 기념해 지어진
건축물로 상젤리제 거리에 위치해 있고
음악회 및 예술 전시가 열린다.

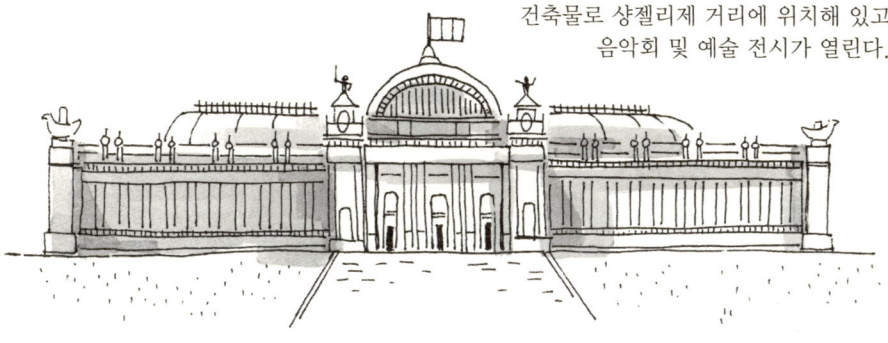

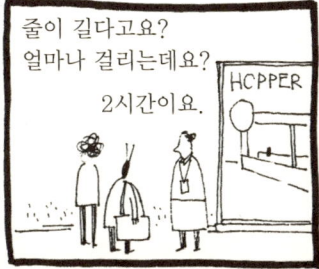

줄이 길다고요?
얼마나 걸리는데요?
　　2시간이요.

2시간? 에이, 설마?
전시를 7시까지 한다던데
지금 4시, 2시간 줄 서서
1시간 안에 어떻게 봐!
그냥 하는 말 아냐?
　　　　그렇지?

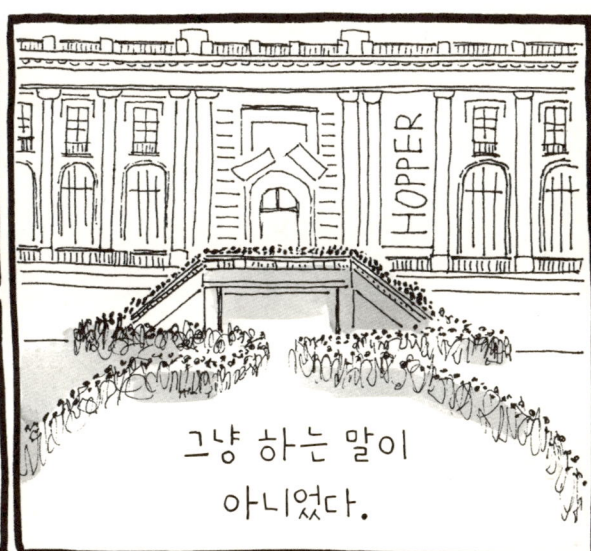

그냥 하는 말이
아니었다.

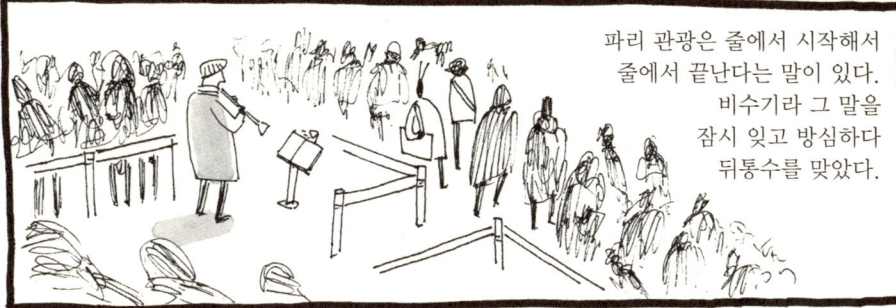

파리 관광은 줄에서 시작해서
줄에서 끝난다는 말이 있다.
비수기라 그 말을
잠시 잊고 방심하다
뒤통수를 맞았다.

*Edward Hopper(1882~1967), 미국 화가.

27

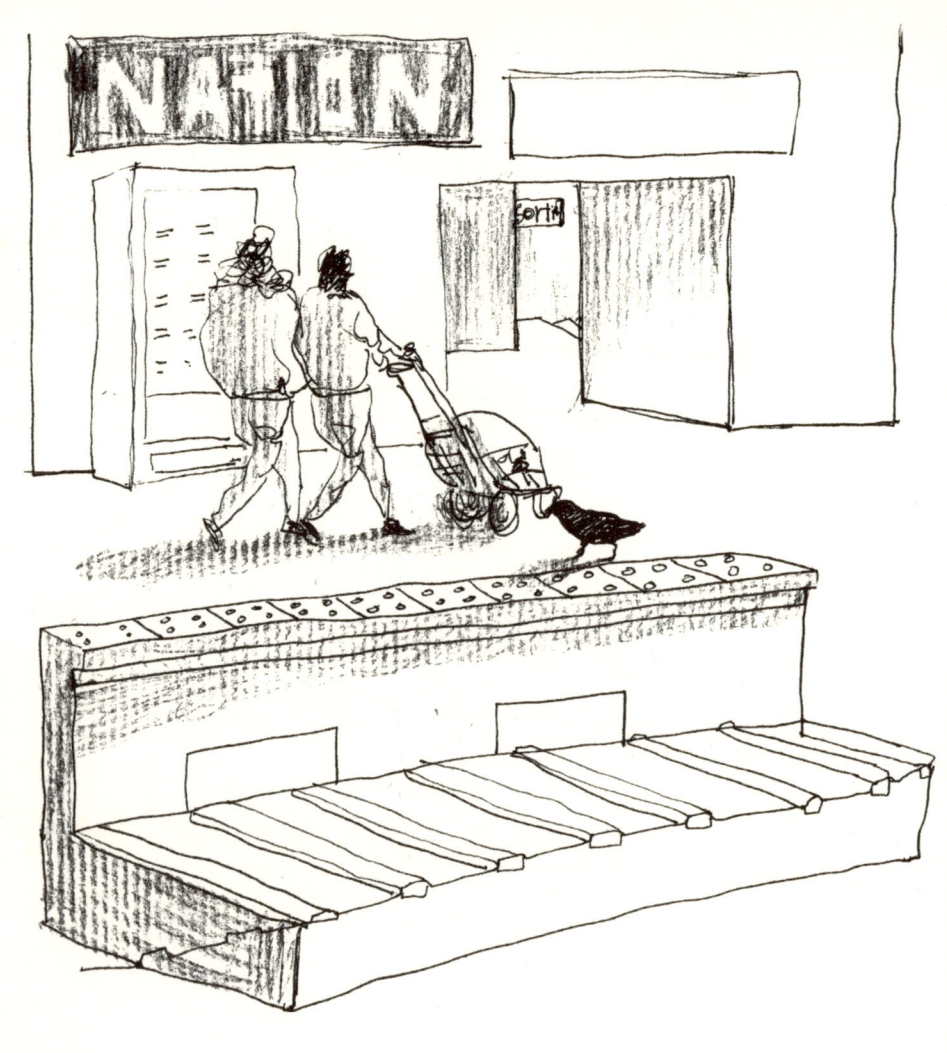

시간은 왜 이렇게 뻔뻔하게 흐르는지….

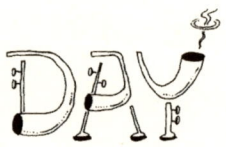

06
파리(PARIS)

March Vanves

유럽 여행의 필수 코스, 마켓.
포르트 드 방브(Porte de Vanves)
역 근처에서 열린다. 대부분의
마켓은 주말만 열기 때문에
파리에서 마지막 일요일은
마켓에 투자하기로 했다.

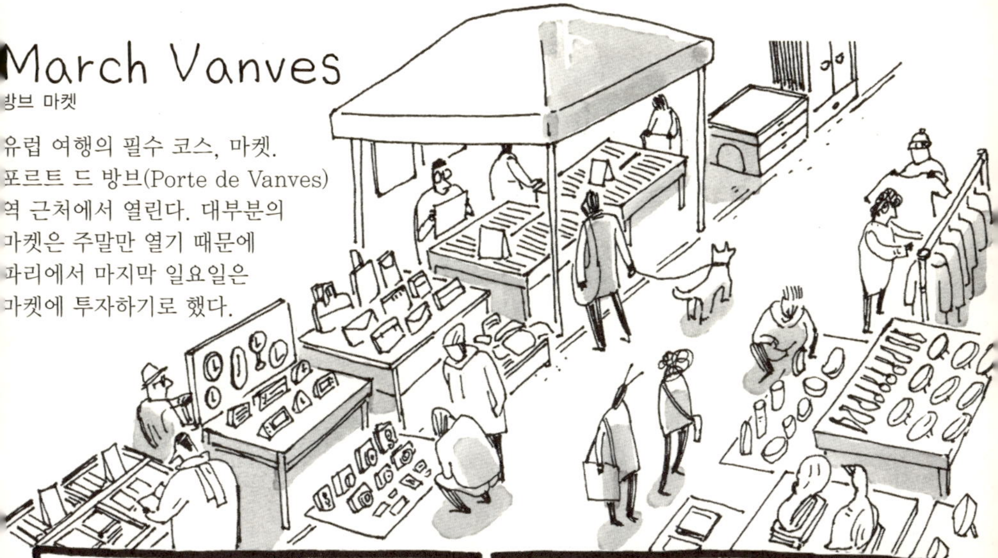

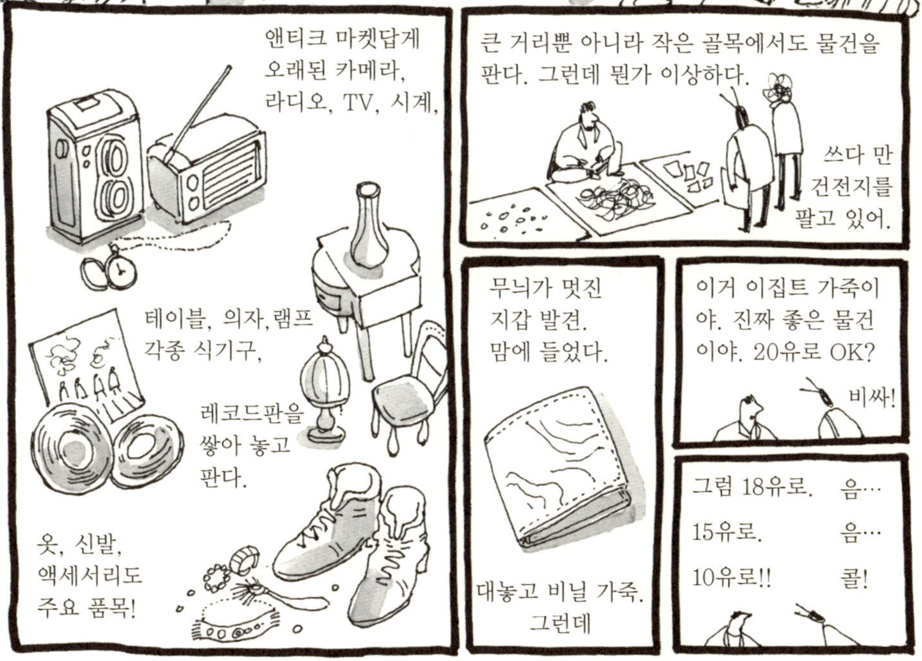

앤티크 마켓답게
오래된 카메라,
라디오, TV, 시계,

테이블, 의자, 램프
각종 식기구,

레코드판을
쌓아 놓고
판다.

옷, 신발,
액세서리도
주요 품목!

큰 거리뿐 아니라 작은 골목에서도 물건을
판다. 그런데 뭔가 이상하다.

쓰다 만
건전지를
팔고 있어.

무늬가 멋진
지갑 발견.
맘에 들었다.

대놓고 비닐 가죽.
그런데

이거 이집트 가죽이
야. 진짜 좋은 물건
이야. 20유로 OK?

비싸!

그럼 18유로.   음…

15유로.   음…

10유로!!   콜!

마켓에는 간단한 먹거리를 파는 트럭도
있다. 주인 아저씨가 우리를 보자마자
한국말로 인사를 한다.
그리고 스팀기로 바로
와인을 끓여서 아주 맛깔나
보이는 뱅쇼를 만들어 주었는데…

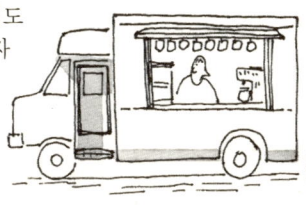

뱅쇼는 오래 숙성시키고
달여서 만든 게 맛있다는데….

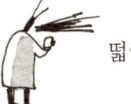

떫어!

LE PROCOPE
르 프로코프

1686년에 문을 연 유서 깊은 식당. 가격대가 좀 있지만 식도락의 도시에 왔으니 한번쯤 맛있는 프랑스 음식을 제대로 느껴 보자 해서 찾아갔다.

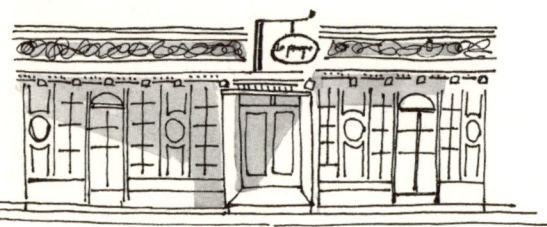

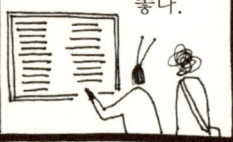

파리의 식당들은 밖에 메뉴판을 걸어놓기 때문에 무심코 들어갔다가 비싼 음식값에 놀라는 일은 없어서 좋다.

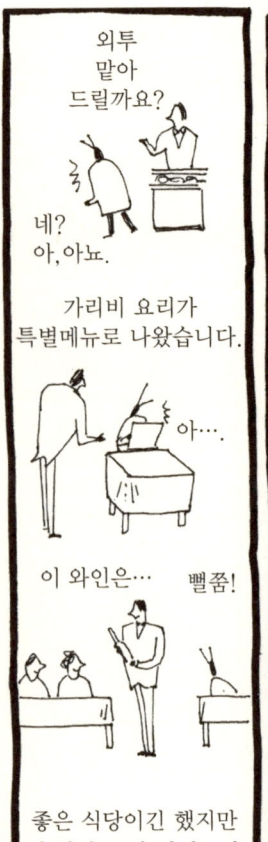

외투 맡아 드릴까요?

네? 아, 아뇨.

가리비 요리가 특별메뉴로 나왔습니다.

아….

이 와인은… 뻘쭘!

좋은 식당이긴 했지만 안 받아 보던 서비스가 낯설었다.

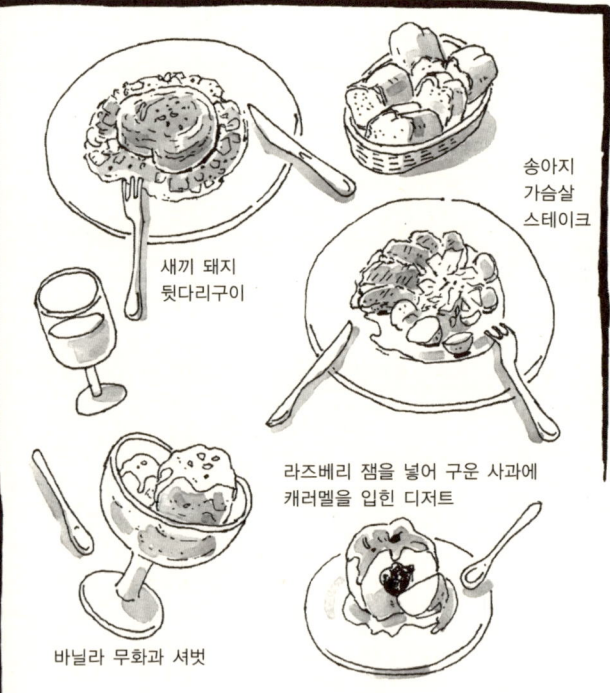

송아지 가슴살 스테이크

새끼 돼지 뒷다리구이

라즈베리 잼을 넣어 구운 사과에 캐러멜을 입힌 디저트

바닐라 무화과 셔벗

가장 싼 런치 메뉴를 시켰는데도 맛은 기대 이상이었다.

좋은 식당에서 설정 사진 찍는 의식은 만국 공통이더라.

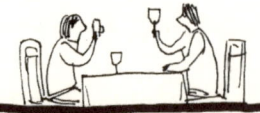

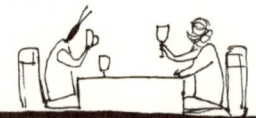

CENTRE POMPIDOU

퐁피두 센터

1년 만에 다시 찾은 퐁피두 센터.
그때의 슬픈 기억이 되살아난다.

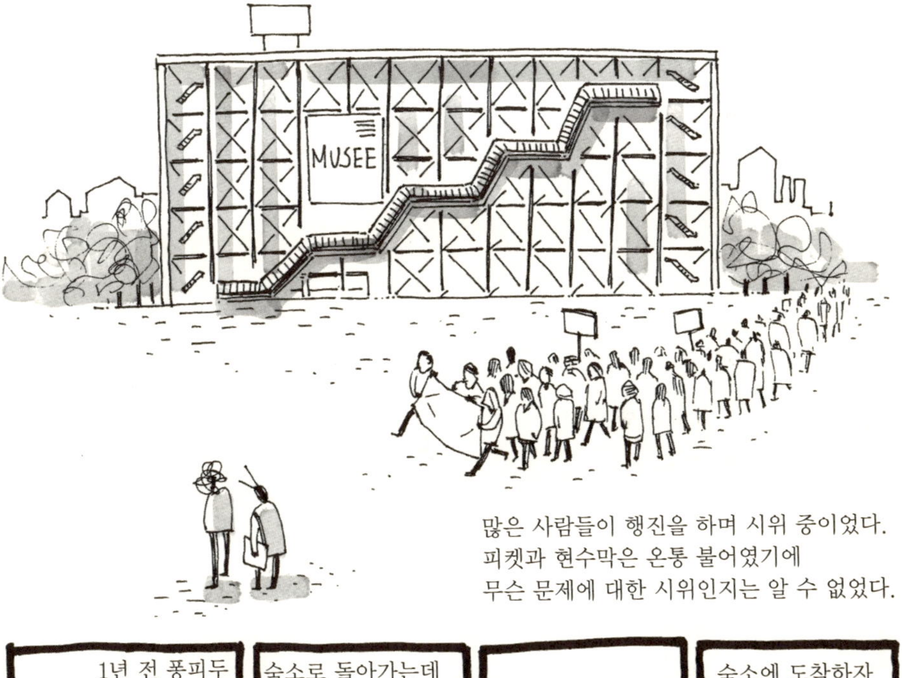

MUSEE

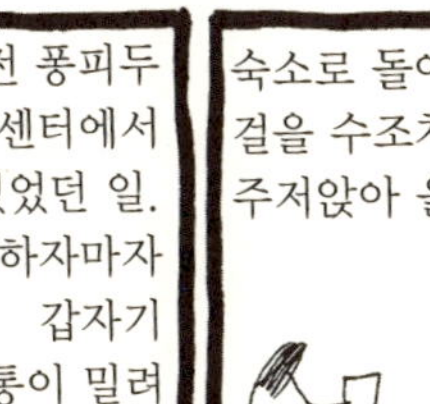

많은 사람들이 행진을 하며 시위 중이었다.
피켓과 현수막은 온통 불어였기에
무슨 문제에 대한 시위인지는 알 수 없었다.

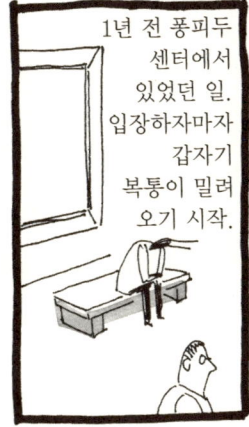

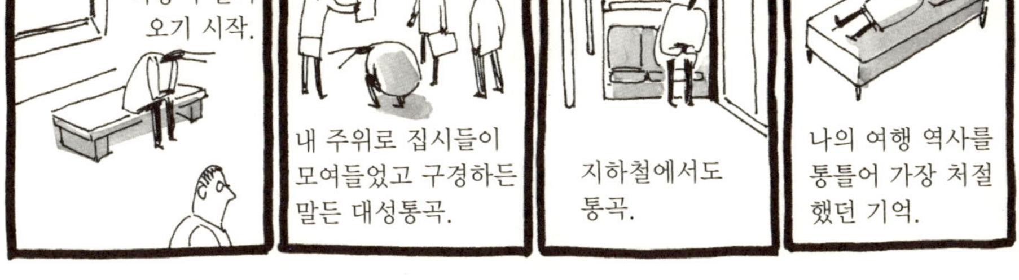

1년 전 퐁피두
센터에서
있었던 일.
입장하자마자
갑자기
복통이 밀려
오기 시작.

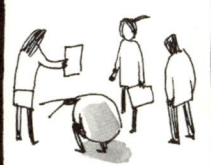

숙소로 돌아가는데
걸을 수조차 없어서
주저앉아 울음.

내 주위로 집시들이
모여들었고 구경하든
말든 대성통곡.

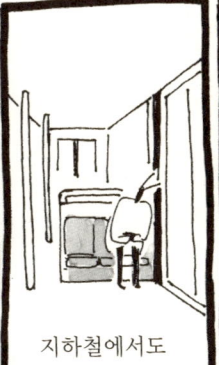

지하철에서도
통곡.

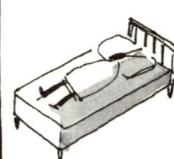

숙소에 도착하자
마자 토하고 울다
지쳐서 잠듦.

나의 여행 역사를
통틀어 가장 처절
했던 기억.

33

여행지의 숙소는 낯선 곳에 있다는 사실을 가장 크게 실감하는 곳이다.
아침에 내 방이 아닌 다른 방의 천장이 보일 때,
안도하기도 하지만 한편으로는 긴장되기도 한다.

아, 아직 집이 아니구나.
아, 아직도 집이 아니구나.

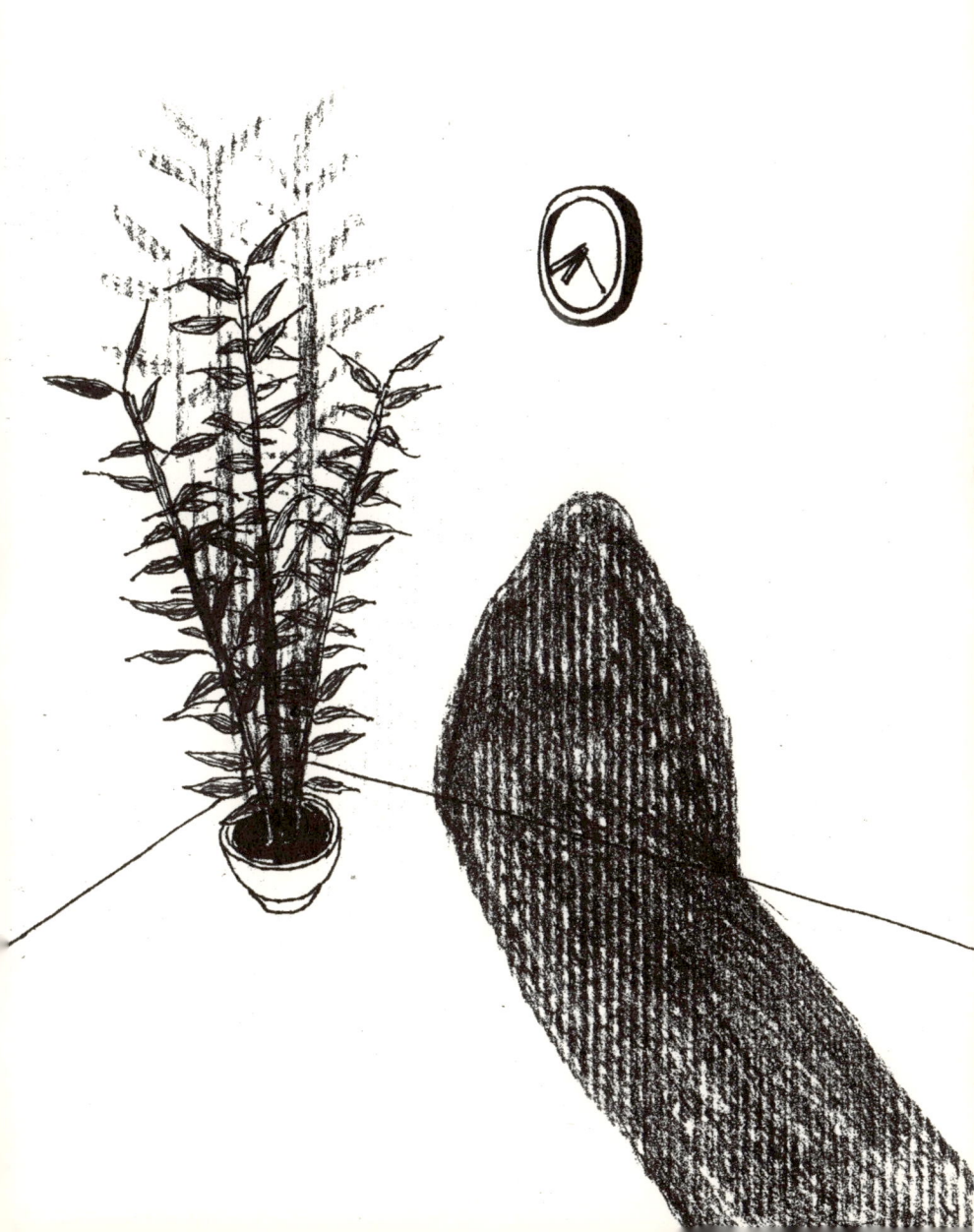

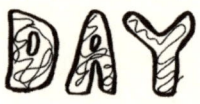

07
파리(PARIS)

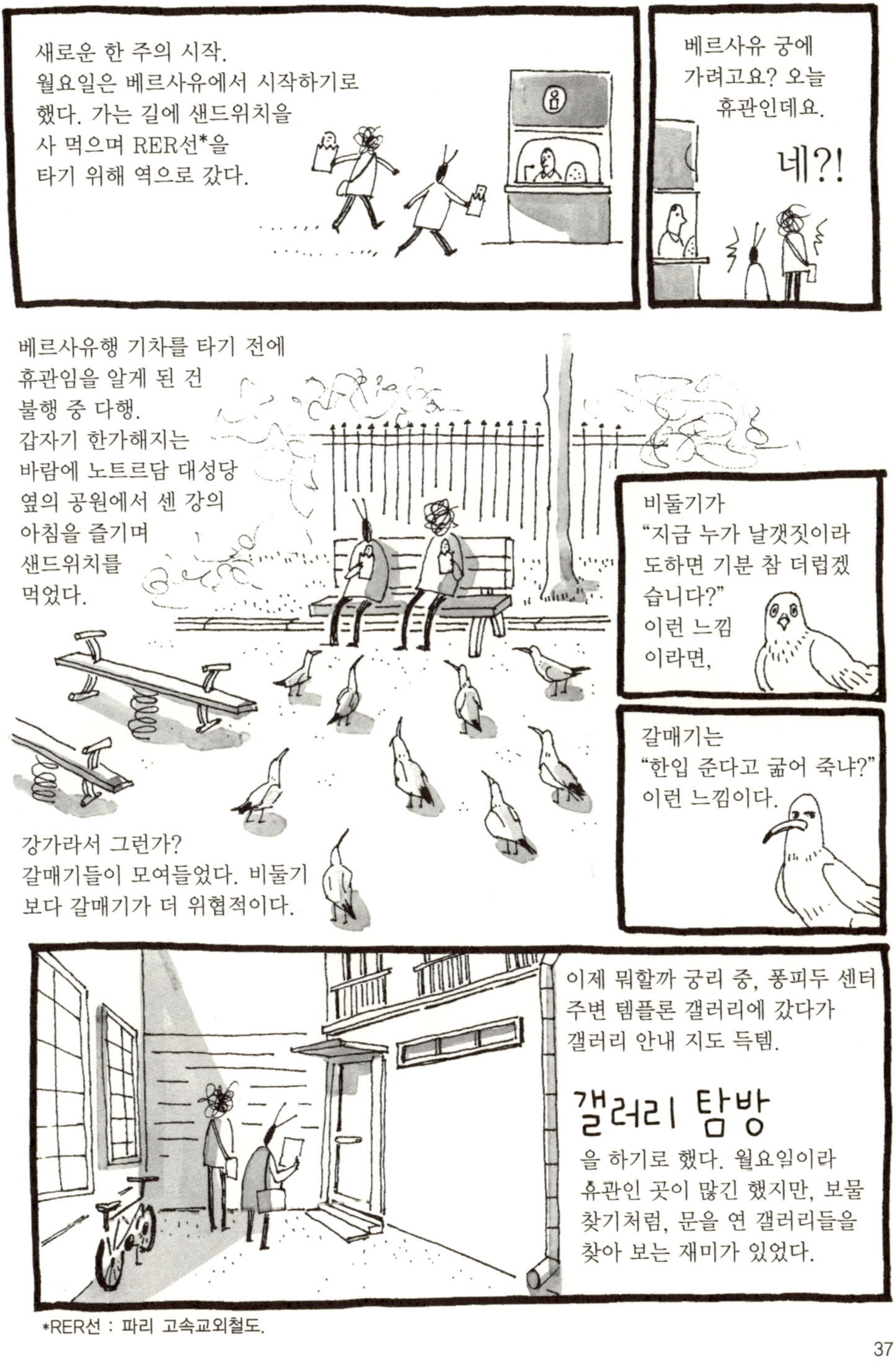

새로운 한 주의 시작.
월요일은 베르사유에서 시작하기로
했다. 가는 길에 샌드위치을
사 먹으며 RER선*을
타기 위해 역으로 갔다.

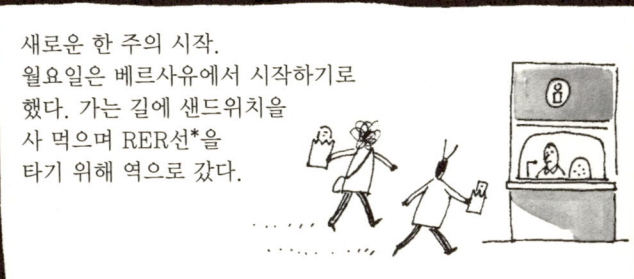

베르사유 궁에
가려고요? 오늘
휴관인데요.

네?!

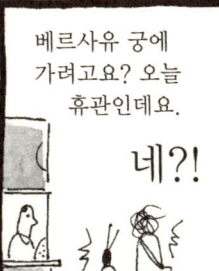

베르사유행 기차를 타기 전에
휴관임을 알게 된 건
불행 중 다행.
갑자기 한가해지는
바람에 노트르담 대성당
옆의 공원에서 센 강의
아침을 즐기며
샌드위치를
먹었다.

비둘기가
"지금 누가 날갯짓이라
도하면 기분 참 더럽겠
습니다?"
이런 느낌
이라면,

갈매기는
"한입 준다고 굶어 죽나?"
이런 느낌이다.

강가라서 그런가?
갈매기들이 모여들었다. 비둘기
보다 갈매기가 더 위협적이다.

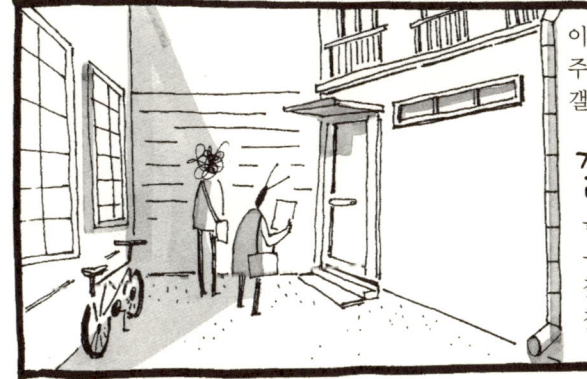

이제 뭐할까 궁리 중, 퐁피두 센터
주변 템플론 갤러리에 갔다가
갤러리 안내 지도 득템.

갤러리 탐방

을 하기로 했다. 월요일이라
휴관인 곳이 많긴 했지만, 보물
찾기처럼, 문을 연 갤러리들을
찾아 보는 재미가 있었다.

*RER선 : 파리 고속교외철도.

CAFE LE SOFA
카페 소파

저녁에는 숙소에서 만난 사람들과 바토무슈를
타기로 했다. 그전까지 잠시 몸도 녹이고 쉴 겸해서
근처 아늑해 보이는 카페에 들렀다.
밤에는 술집으로 운영되는 것 같았다.

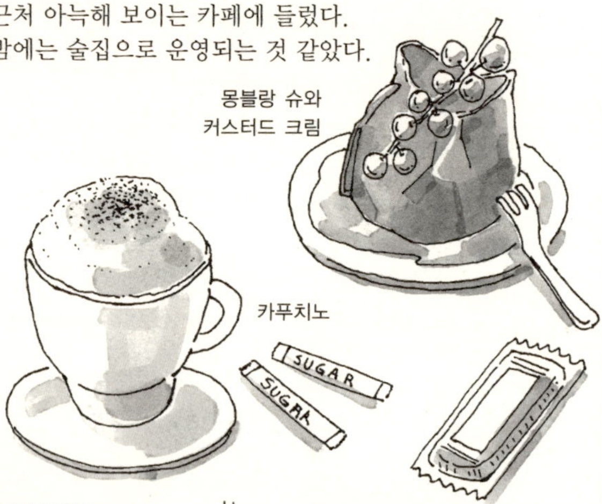

몽블랑 슈와
커스터드 크림

카푸치노

SUGAR
SUGAR

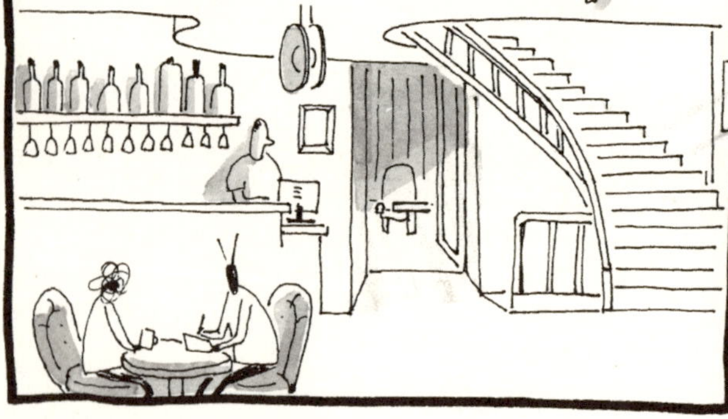

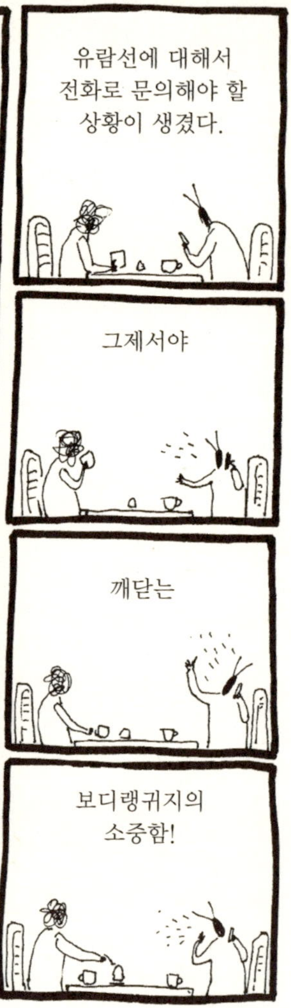

유람선에 대해서
전화로 문의해야 할
상황이 생겼다.

그제서야

깨닫는

보디랭귀지의
소중함!

BATEAUX
MOUCHES
바토무슈*

파리의 대표적인 관광 코스답게
관광객들이 넘쳐났다. 파리 관광 중
한국인들을 가장 많이 만나게
되는 곳이다.

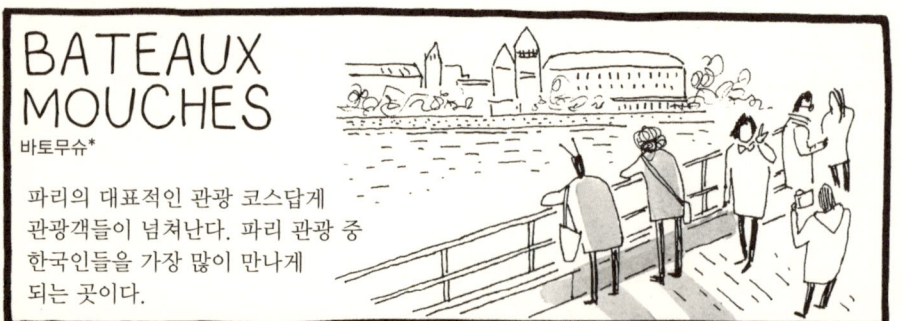

*바토무슈 : 파리 센 강의 유람선.

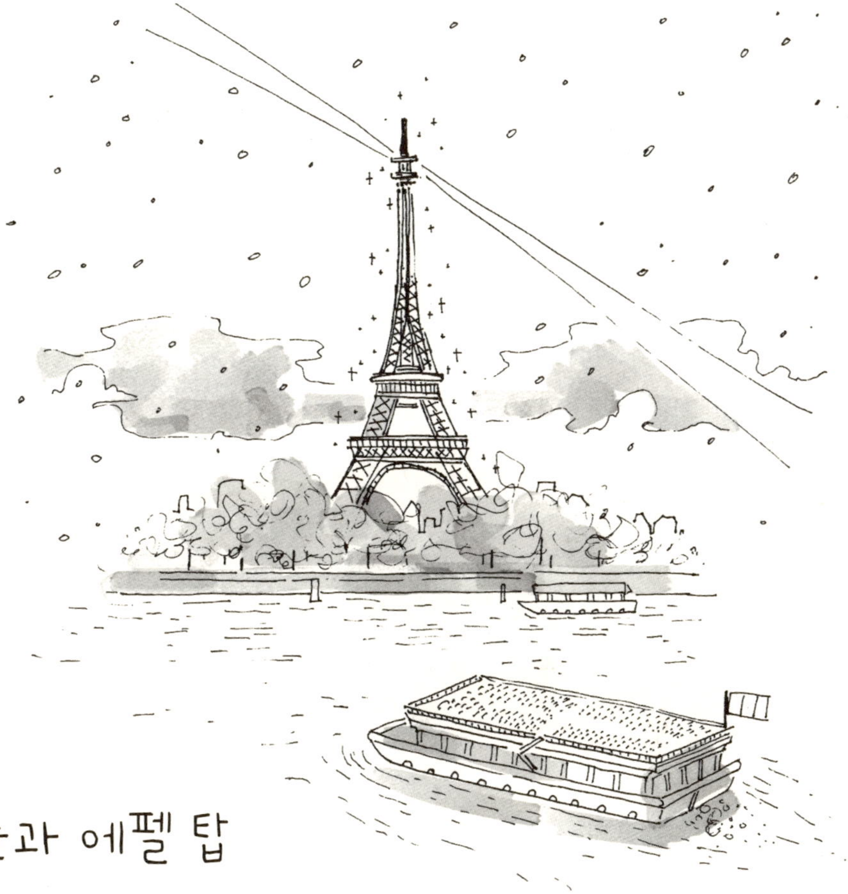

눈과 에펠 탑

해가 지고 나면, 매시 정각의 에펠 탑은 반짝반짝한 조명으로 빛난다.
그래서 바토무슈는 보통 정각에 맞춰 에펠 탑 앞을 지난다.
운이 좋게도 우리가 탄 배가 에펠 탑 앞을 지날 때. 눈이 내리기 시작했다.
반짝이는 에펠 탑, 반짝이는 눈, 반짝이는 센 강.
모질게 추운 파리지만 겨울의 파리 나름의 매력을 살짝 느끼는 순간이었다.

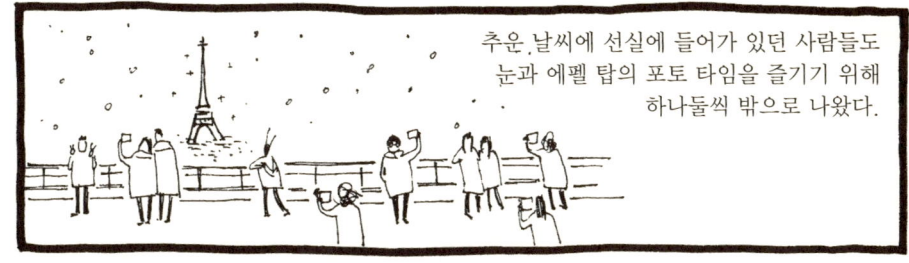

추운 날씨에 선실에 들어가 있던 사람들도
눈과 에펠 탑의 포토 타임을 즐기기 위해
하나둘씩 밖으로 나왔다.

DAY

08
파리(PARIS)

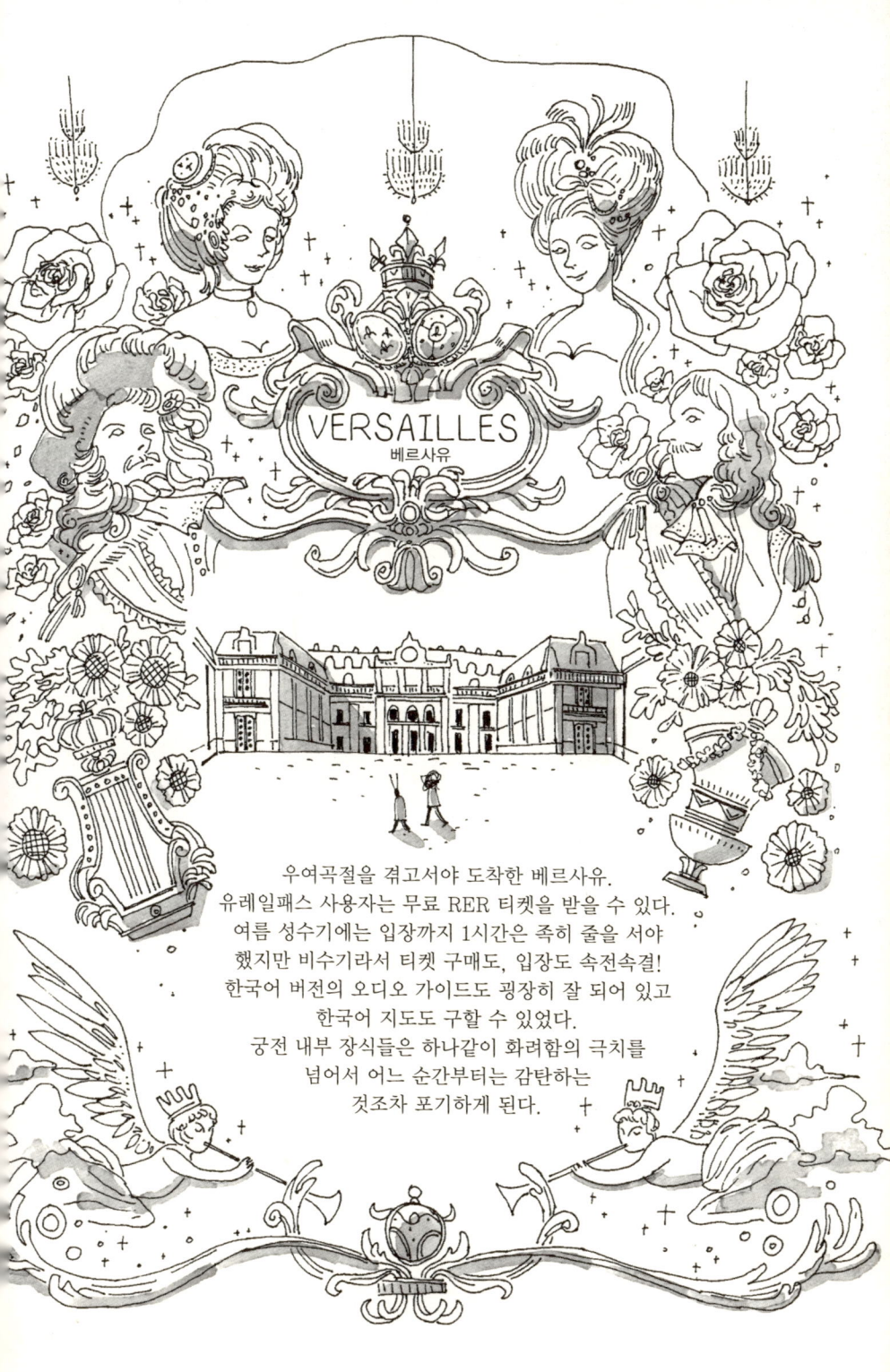

VERSAILLES
베르사유

우여곡절을 겪고서야 도착한 베르사유.
유레일패스 사용자는 무료 RER 티켓을 받을 수 있다.
여름 성수기에는 입장까지 1시간은 족히 줄을 서야
했지만 비수기라서 티켓 구매도, 입장도 속전속결!
한국어 버전의 오디오 가이드도 굉장히 잘 되어 있고
한국어 지도도 구할 수 있었다.
궁전 내부 장식들은 하나같이 화려함의 극치를
넘어서 어느 순간부터는 감탄하는
것조차 포기하게 된다.

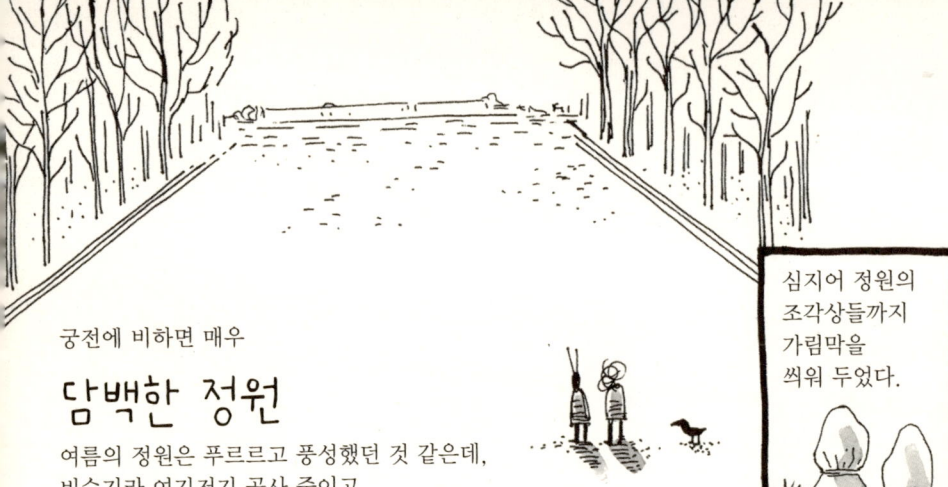

궁전에 비하면 매우

담백한 정원

여름의 정원은 푸르르고 풍성했던 것 같은데,
비수기라 여기저기 공사 중이고,
가지는 앙상하고 춥고 바람 불고….

심지어 정원의
조각상들까지
가림막을
씌워 두었다.

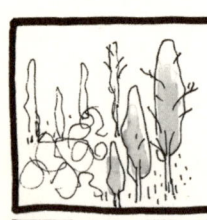

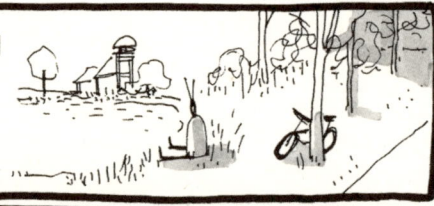

몇 년 전 여름에 방문했을 때
베르사유의 정원은
자전거를 빌려 타고
돌아보기 좋은 곳이었다.

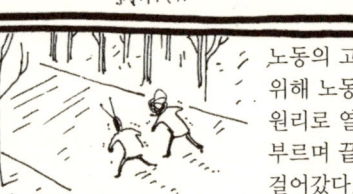

하지만 겨울의 정원은
너무나 혹독했다.
길은 끝이 없고, 해도
안 떠서 갈수록 추워졌다.

노동의 고통을 잊기
위해 노동요를 부르는
원리로 열심히 노래를
부르며 끝없는 정원을
걸어갔다.

PETIT TRIANON
프티 트리아농

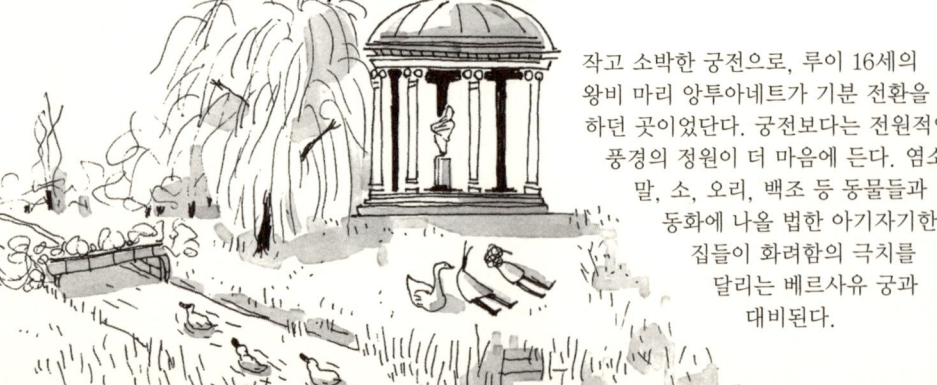

작고 소박한 궁전으로, 루이 16세의
왕비 마리 앙투아네트가 기분 전환을
하던 곳이었단다. 궁전보다는 전원적인
풍경의 정원이 더 마음에 든다. 염소,
말, 소, 오리, 백조 등 동물들과
동화에 나올 법한 아기자기한
집들이 화려함의 극치를
달리는 베르사유 궁과
대비된다.

MARIONNETTES
DU MARAIS

마리오네트 두 마레

베르사유에서 파리로 돌아와
밤거리 이곳저곳을 쏘다니는데
골목 한 쪽에 귀여운 인형들이
잔뜩 있는 가게를 발견했다.
하지만 시간이 늦어 문을 닫은 것 같았다.
쇼윈도만 하염없이 바라보고 있는데
안에서 주인 아주머니가 문을 열어 주었다.

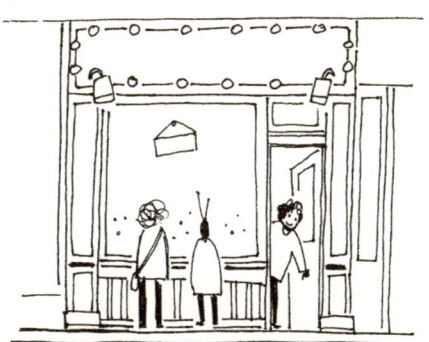

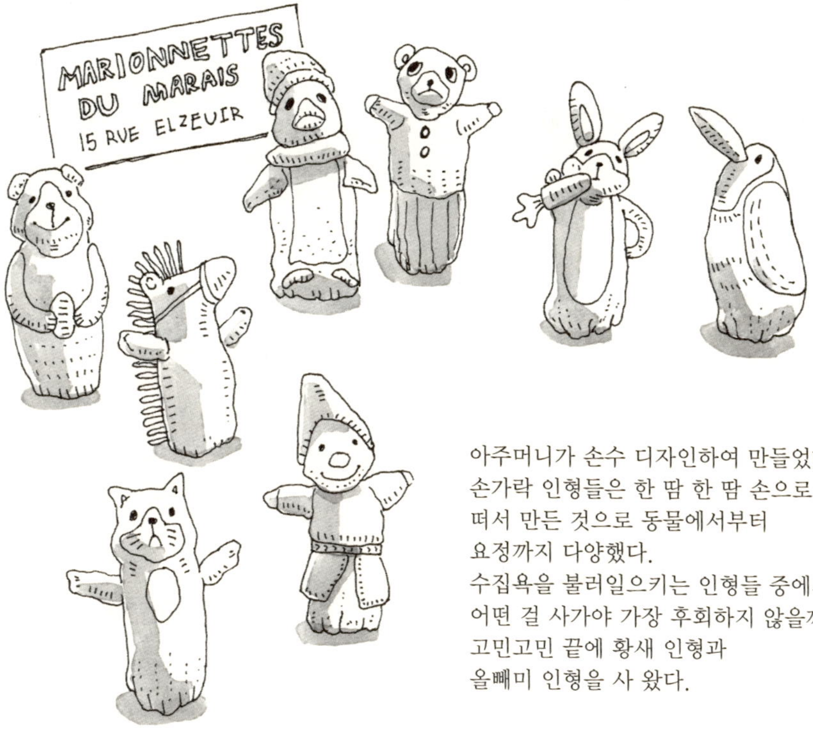

아주머니가 손수 디자인하여 만들었다는
손가락 인형들은 한 땀 한 땀 손으로
떠서 만든 것으로 동물에서부터
요정까지 다양했다.
수집욕을 불러일으키는 인형들 중에서
어떤 걸 사가야 가장 후회하지 않을까
고민고민 끝에 황새 인형과
올빼미 인형을 사 왔다.

43

Day

09
파리(PARIS)

MUSEE BOURDELLE
부르델 미술관

미술 교과서는 부르델*의 조각이
로댕의 것과 비교하여 과감하고
거친 것으로 유명하다고 했다.
부르델은 로댕의 제자였다.
내 눈으로 직접 목격한 부르델의
작품은 생각보다 더 웅장하면서도
생명력이 넘쳤다.

매우 훌륭한 미술관임에도
입장료는 단돈 2.5유로.

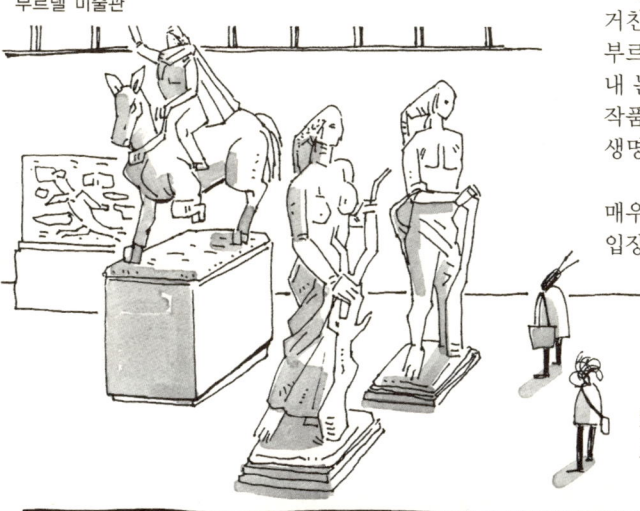

2.5유로에 이런 걸작을
보기가 미안한데….

소박하고 조용한 시골 분교와도 같은
분위기의 박물관에 카리스마 넘치는
작품들이 모여 있다. 특히 채광이 좋은
2층에서 정원의 작품들을 내려다 볼 수
있는데, 작품 감상은 물론이고
사색하기에도 좋은 곳이다.

관람 후
HCB까지
걸어서
이동.

카운터의 언니는
개성 있고
매력적인
미인이
었다.

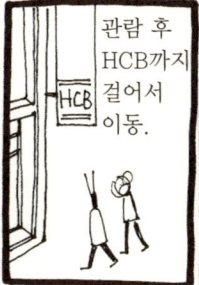

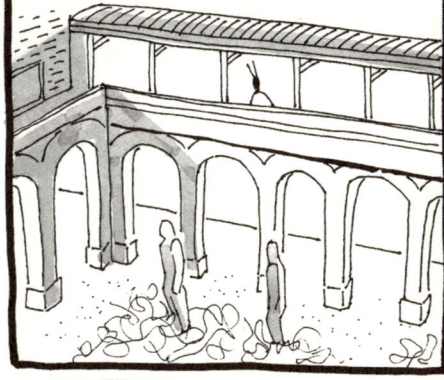

프랑스 대표 사진작가 앙리 카르티에
브레송의 기념관이지만
기획전도 자주 열린다고
한다. 운 좋게 하워드
그린버그 갤러리의
소장품을 전시 중.
여기서 보게
되다니!

COLLETION
HO WARD GREEN BRG

HCB 바로 옆에는 작은 유치원이 하나 있다.
창밖으로 아이들이 웃고 떠드는 일상의 소리가
들려왔다. 현실이구나 깨닫고 나니 책에서만
보던 작품들을 직접 보고 있다는 게
더 비현실적으로 느껴졌다.

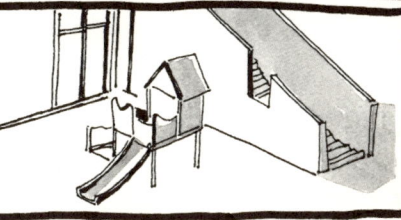

*Emile Antoine Bourdele(1861~1929), 프랑스 조각가.

PALAIS DE TOKYO

팔레 드 도쿄

1937년 파리국제박람회 당시
일본관으로 지어져 '일본의 궁'
이라는 이름을 얻게 된 이곳은
매번 색다르고 파격적인 전시가
열리는 현대미술관이다.

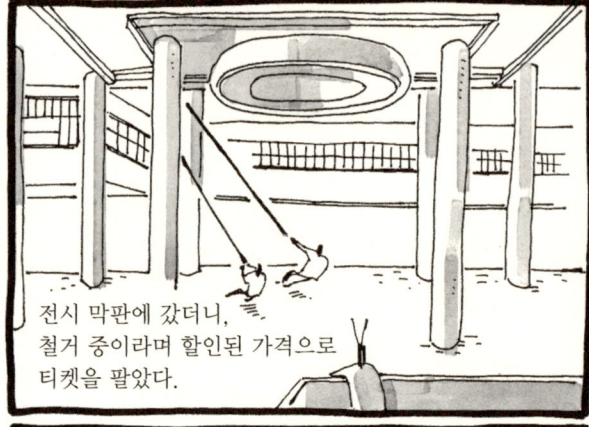

전시 막판에 갔더니,
철거 중이라며 할인된 가격으로
티켓을 팔았다.

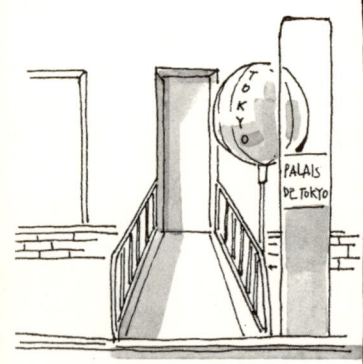

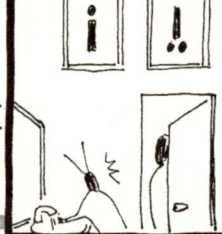

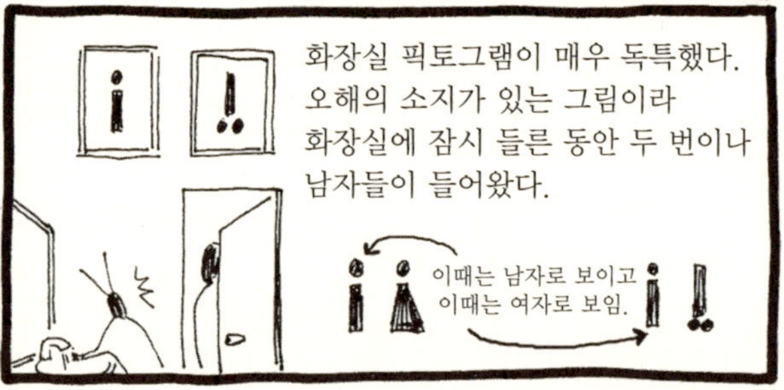

화장실 픽토그램이 매우 독특했다.
오해의 소지가 있는 그림이라
화장실에 잠시 들른 동안 두 번이나
남자들이 들어왔다.

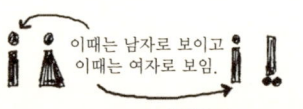

이때는 남자로 보이고
이때는 여자로 보임.

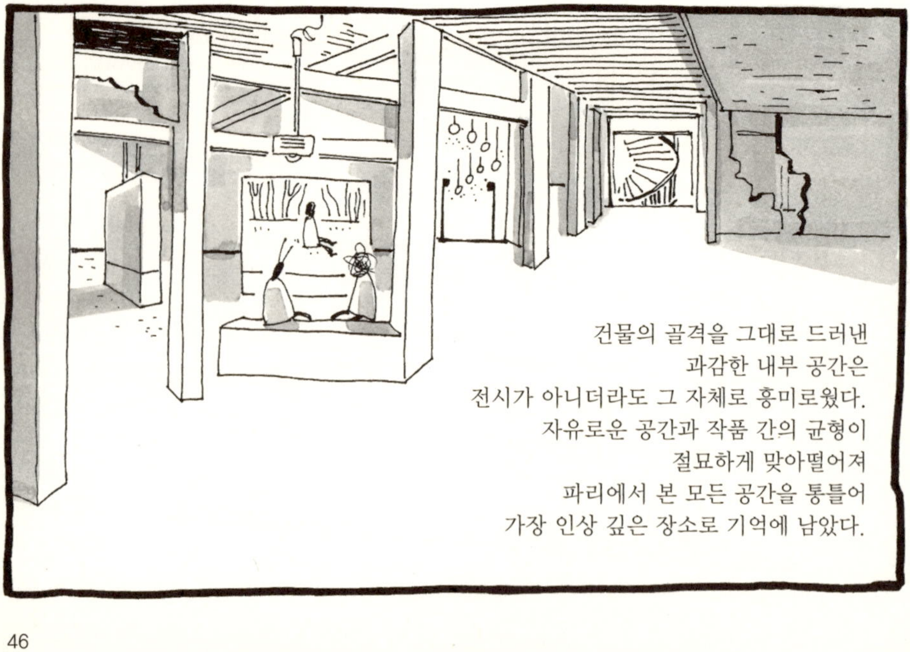

건물의 골격을 그대로 드러낸
과감한 내부 공간은
전시가 아니더라도 그 자체로 흥미로웠다.
자유로운 공간과 작품 간의 균형이
절묘하게 맞아떨어져
파리에서 본 모든 공간을 통틀어
가장 인상 깊은 장소로 기억에 남았다.

미술관 한쪽에 서점에는 다양한 종류의 예술 서적들이 있다. 한쪽 벽은 세계 각국의 예술 잡지로 가득 차 있는데 국내 디자인 잡지 『그래픽』도 만날 수 있었다.

PHARMACIE

몽주약국에 본산정품 환면 함니다

야야야야야아아아아, 나 큰일 났어!

헉, 뭐야?!

나, 카드 잃어버렸어. 계산할 때 보니까 없는 거야.

뭐?!

미술관 서점에 두고 온 것 같아 전화했으나 불어 ARS로 넘어가서 통화는 할 수 없었다.

파리 속의 한국 **몽주약국**

한국인 밀도 100%, 파리 속의 한국 약국. 저렴한 가격으로 화장품을 살 수 있다. 친구를 따라왔지만 난 딱히 살 물건이 없어서 밖에서 시간을 떼우고 있었다.

결국 몽주약국의 한국어가 능숙한 프랑스 인 점원에게 사정을 설명하고 대신 통화를 부탁했다.

그러자 친절한 점원은 이렇게 대답했다.

맨입으로요?

서점 마감 시간이 아슬아슬해서 친구는 그대로 미술관으로 날아갔다. 다행히 카드는 서점에 있었다.

이런 말이 있죠. "서당 개 3년이면 풍월을 읊는다."

한국말 진짜 잘하네요.

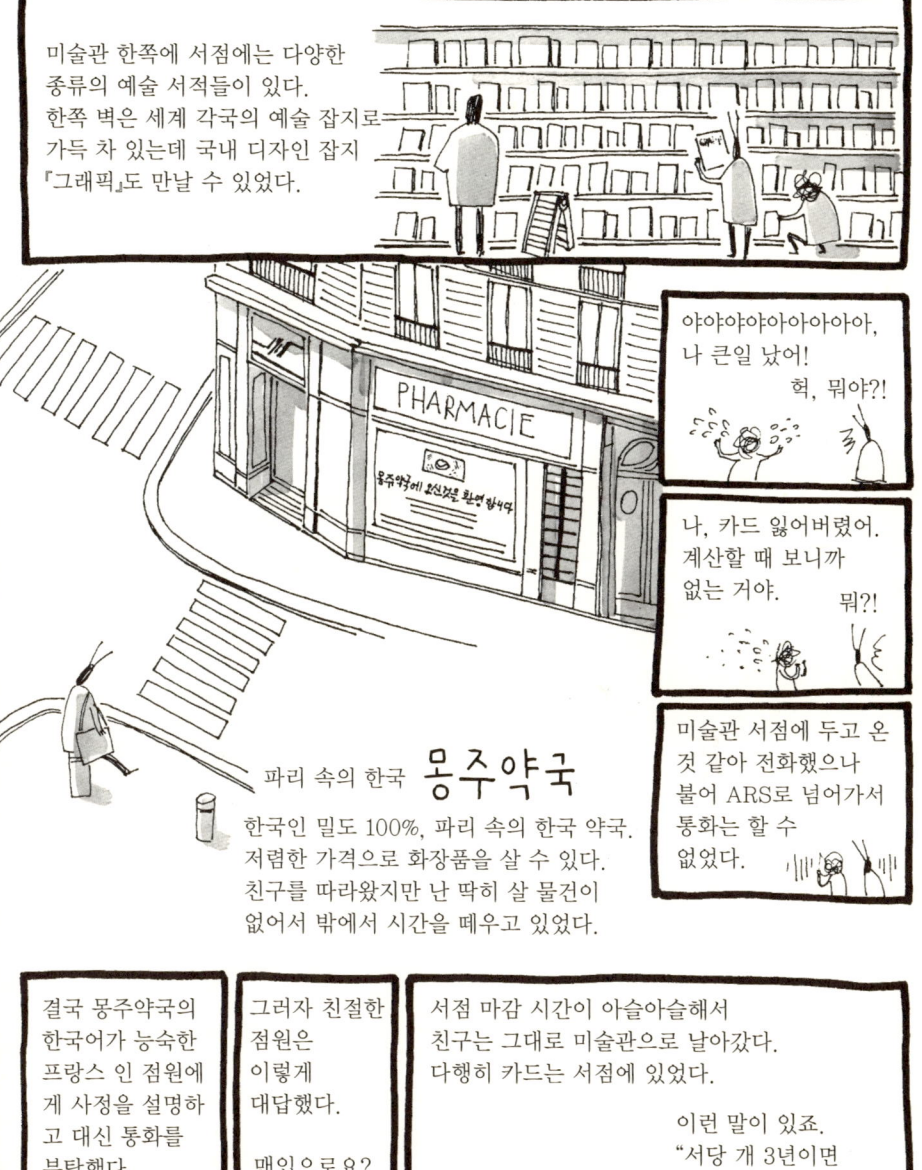

47

기억 속에는 늘 아쉬움 아니면 후회가 남아있다.
그때 이런 말을 했어야 했는데, 이런 행동을 했어야 했는데….
그때 내가 왜 그딴 말을 했지? 내가 왜 그딴 짓을 한 거야?

"너는 옆에서 나 안 말리고 뭐했어?"

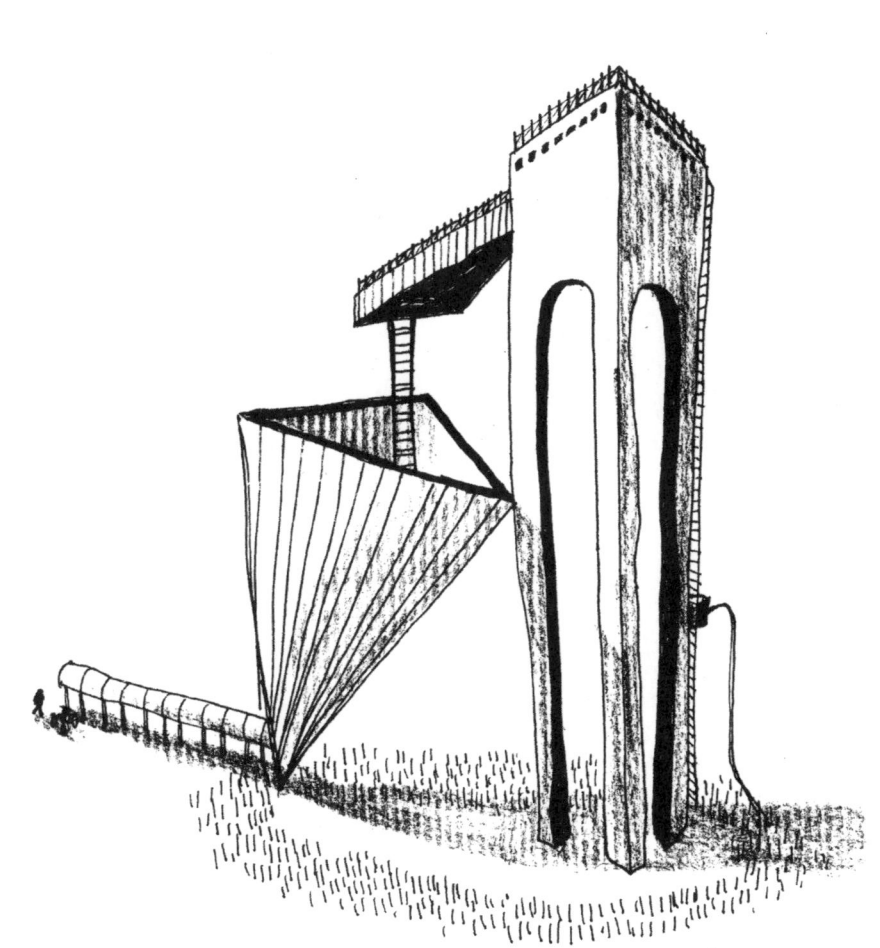

DAY

10
브뤼셀(BRUSSELS)

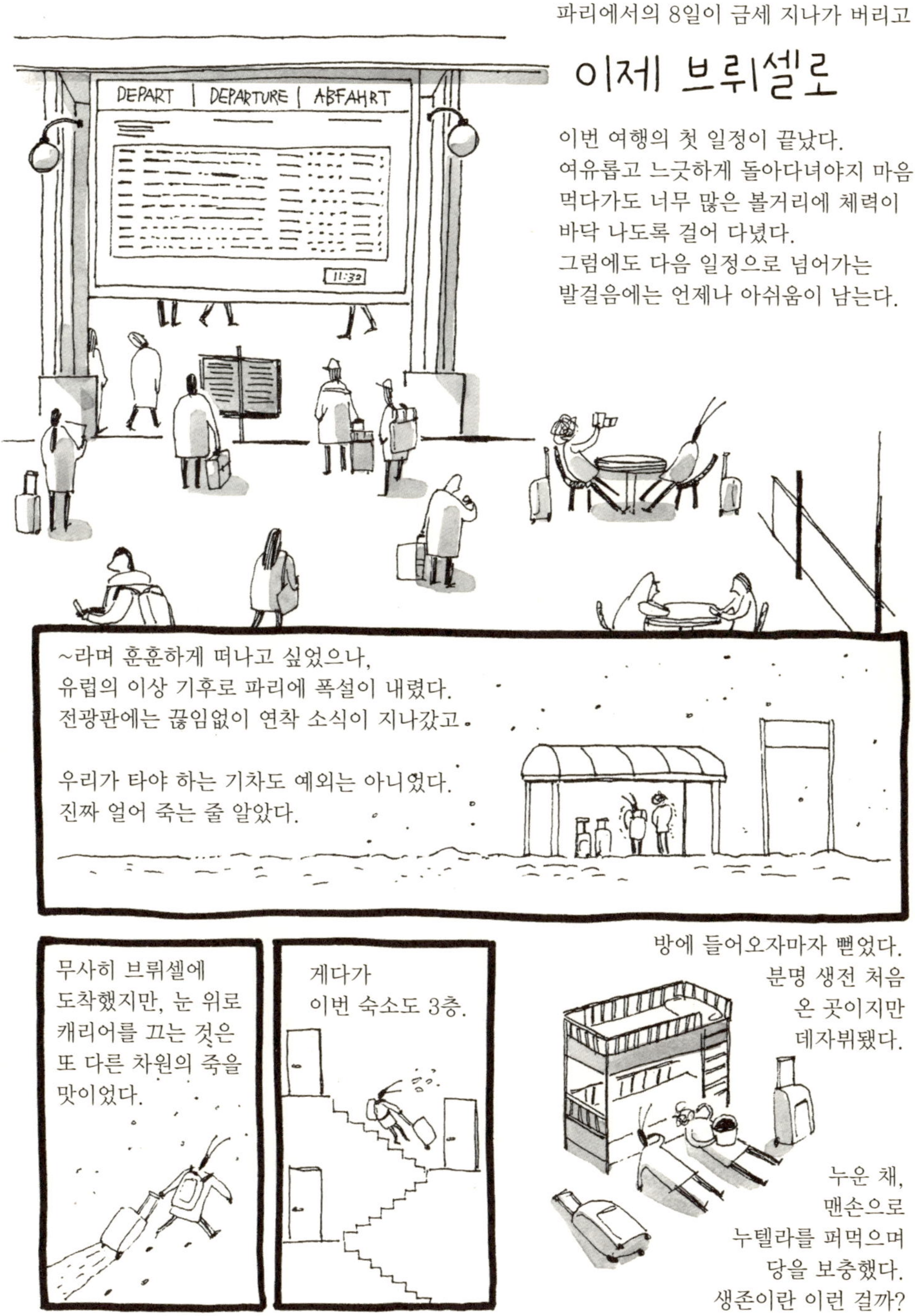

파리에서의 8일이 금세 지나가 버리고

이제 브뤼셀로

이번 여행의 첫 일정이 끝났다.
여유롭고 느긋하게 돌아다녀야지 마음
먹다가도 너무 많은 볼거리에 체력이
바닥 나도록 걸어 다녔다.
그럼에도 다음 일정으로 넘어가는
발걸음에는 언제나 아쉬움이 남는다.

DEPART | DEPARTURE | ABFAHRT

11:32

~라며 훈훈하게 떠나고 싶었으나,
유럽의 이상 기후로 파리에 폭설이 내렸다.
전광판에는 끊임없이 연착 소식이 지나갔고.

우리가 타야 하는 기차도 예외는 아니었다.
진짜 얼어 죽는 줄 알았다.

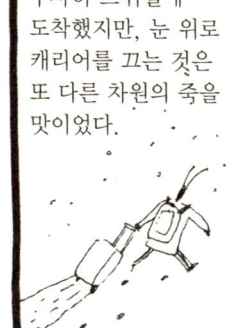

무사히 브뤼셀에
도착했지만, 눈 위로
캐리어를 끄는 것은
또 다른 차원의 죽을
맛이었다.

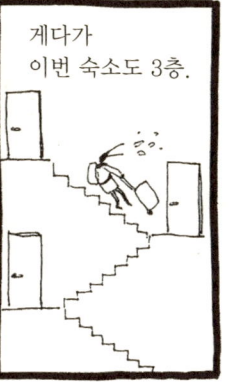

게다가
이번 숙소도 3층.

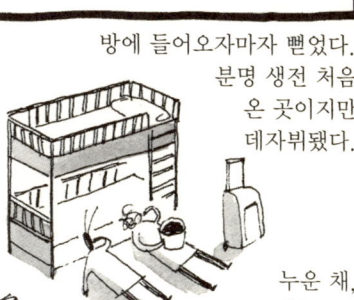

방에 들어오자마자 뻗었다.
분명 생전 처음
온 곳이지만
데자뷔됐다.

누운 채,
맨손으로
누텔라를 퍼먹으며
당을 보충했다.
생존이란 이런 걸까?

51

해가 중천에 있었으나 심신이 힘들어 움직일 수 없었다.
하지만 뭐라도 먹어야 한다는 생각에 밖으로 나가서
아무 음식점에나 들어갔다. 허기 탓이었을까?
지금은 간판조차 기억나지 않는 식당에서
내 생애 최고의 치즈버거를 만났다.
허기를 달래고 정신이 돌아오자,
이왕 외출한 김에 시내
야경이나 보고 가기로 했다.
또 끝도 없이 거리를 걸었다.

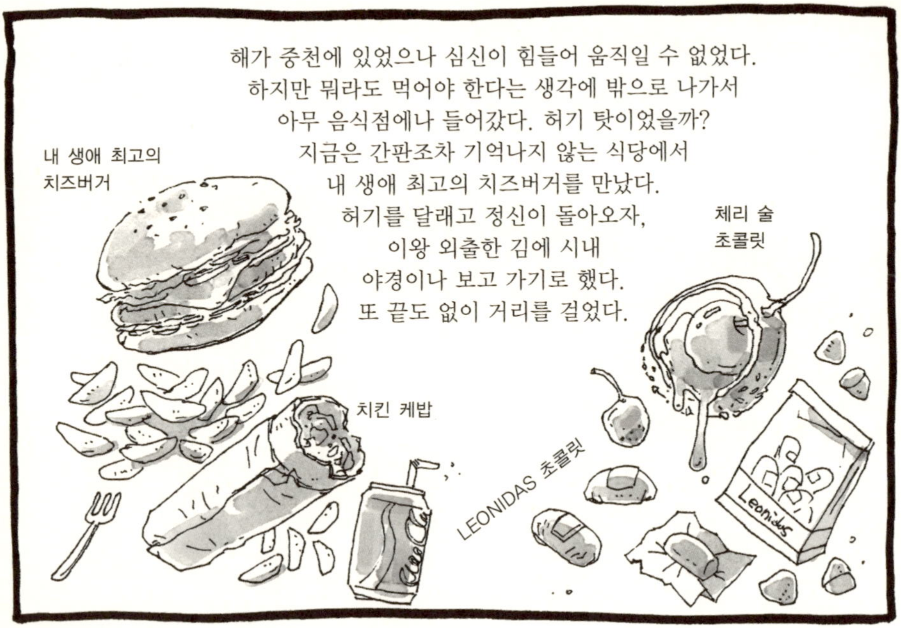

내 생애 최고의
치즈버거

체리 술
초콜릿

치킨 케밥

LEONIDAS 초콜릿

USE-IT 여행자 지도

유즈-잇

호스텔 1층 로비에 아기자기한 일러스트가
잔뜩 그려진 인쇄물이 있어 집어 와 보니,
브뤼셀을 포함하여 벨기에 도시들의 관광 지도였다.
젊은 여행자들을 위한 관광 지도 USE-IT은
각 도시별로 그 도시의 이미지에 맞는
콘셉트로 디자인되어 있다.

도시마다 USE-IT 관광 정보 센터가
있어서 유용한 정보와 도움을 받을 수
있다고 해서 내일 가장 먼저
방문해 보기로 했다.

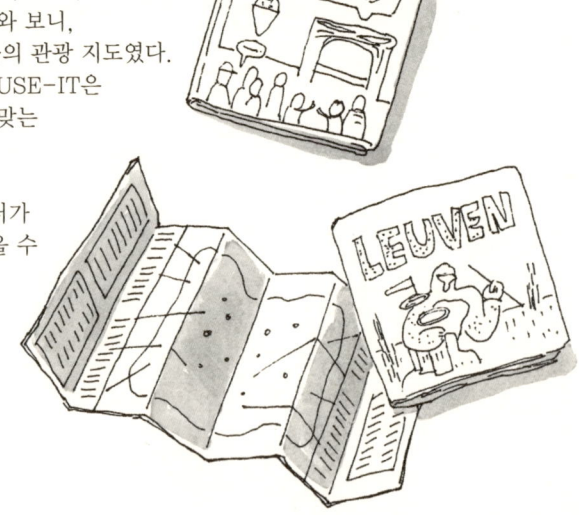

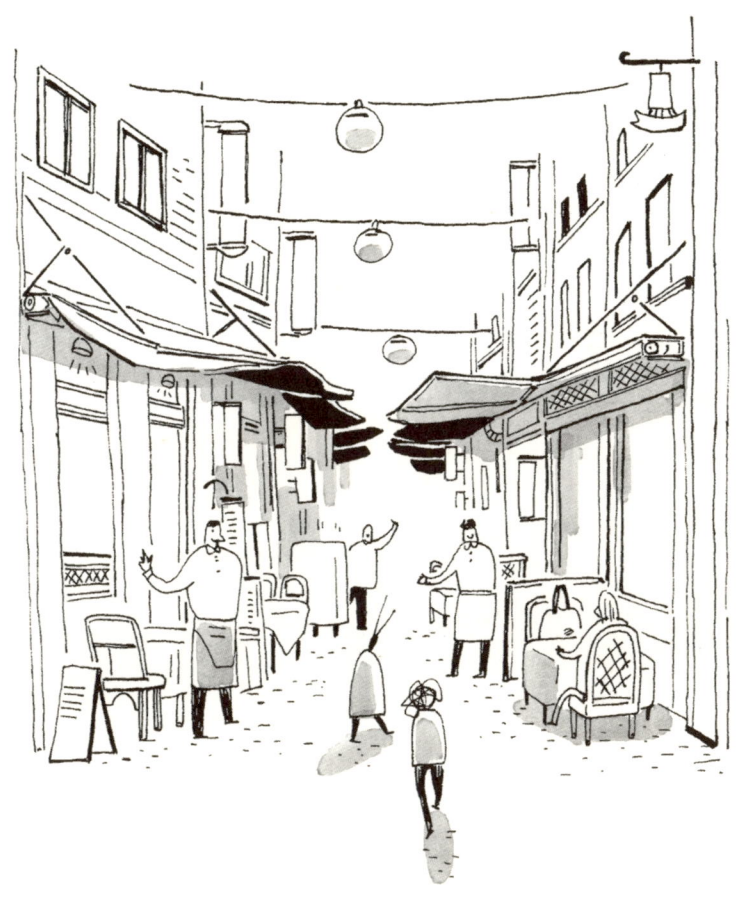

브뤼셀 시가지 골목 구석구석.
벨기에 대표요리인 홍합 요리를 파는 레스토랑이 옹기종기 모여 있다.
곤니치와. 니하오. 안녕하세요.
명동의 화장품 가게 앞을 방불케 하는 호객 행위로 시끌벅적하다.

11
브뤼셀(BRUSSELS)

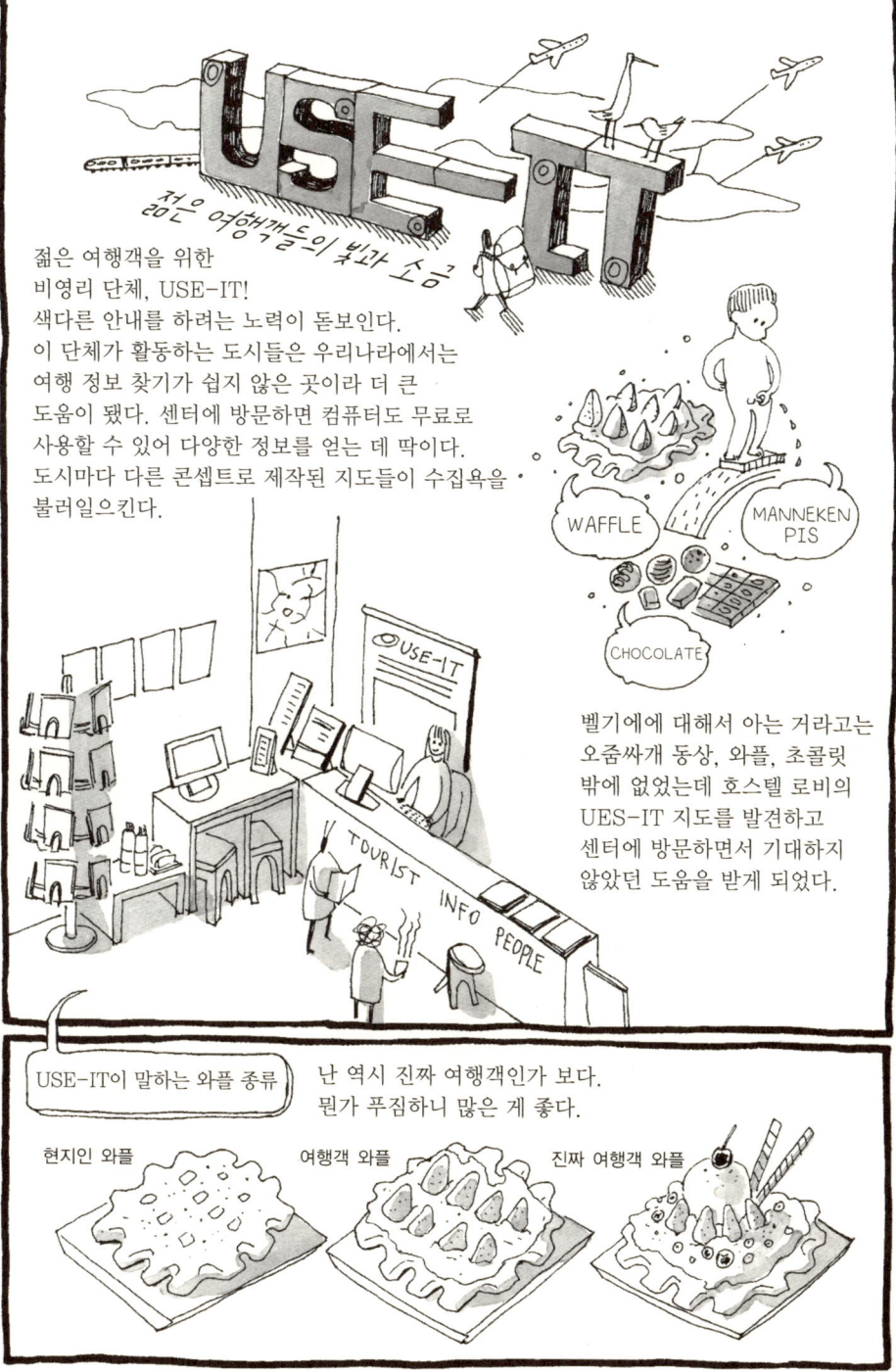

USE-IT
젊은 여행객들의 빛과 소금

젊은 여행객을 위한
비영리 단체, USE-IT!
색다른 안내를 하려는 노력이 돋보인다.
이 단체가 활동하는 도시들은 우리나라에서는
여행 정보 찾기가 쉽지 않은 곳이라 더 큰
도움이 됐다. 센터에 방문하면 컴퓨터도 무료로
사용할 수 있어 다양한 정보를 얻는 데 딱이다.
도시마다 다른 콘셉트로 제작된 지도들이 수집욕을
불러일으킨다.

WAFFLE

MANNEKEN
PIS

CHOCOLATE

벨기에에 대해서 아는 거라고는
오줌싸개 동상, 와플, 초콜릿
밖에 없었는데 호스텔 로비의
UES-IT 지도를 발견하고
센터에 방문하면서 기대하지
않았던 도움을 받게 되었다.

USE-IT이 말하는 와플 종류

난 역시 진짜 여행객인가 보다.
뭔가 푸짐하니 많은 게 좋다.

현지인 와플　　　　여행객 와플　　　　진짜 여행객 와플

브뤼셀의 지하철역은 저마다의 테마로 꾸며져 있어서 전철이 정차할 때마다 이번엔 어떤 모습일까 둘러보게 만든다.

설치 조각물 같기도 하고

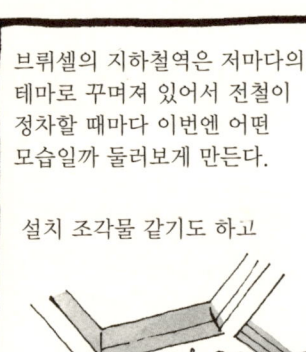

스테인드글라스 느낌

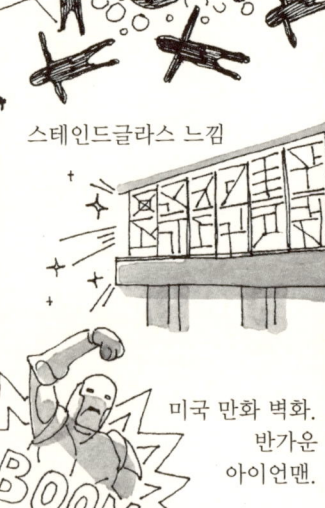

미국 만화 벽화. 반가운 아이언맨.

중간 점검차, 여행 가계부를 써 봤는데 책 사는 데 지출이 크다.

어, 맞아! 나도.

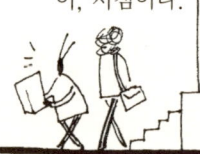

오늘부터는 좀 절약해 볼까 하는 찰나에…

어, 서점이다.

그리고

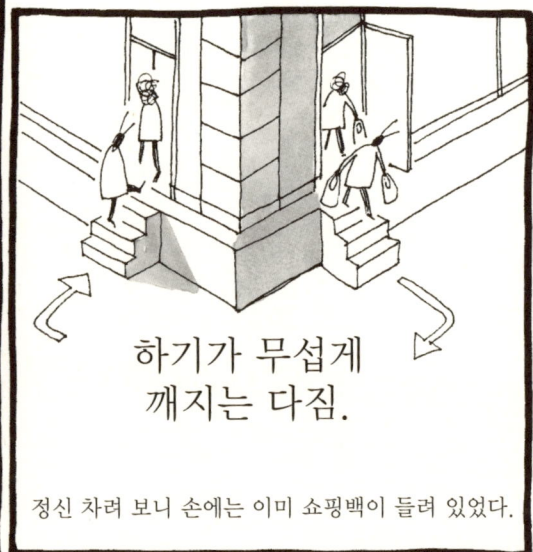

하기가 무섭게 깨지는 다짐.

정신 차려 보니 손에는 이미 쇼핑백이 들려 있었다.

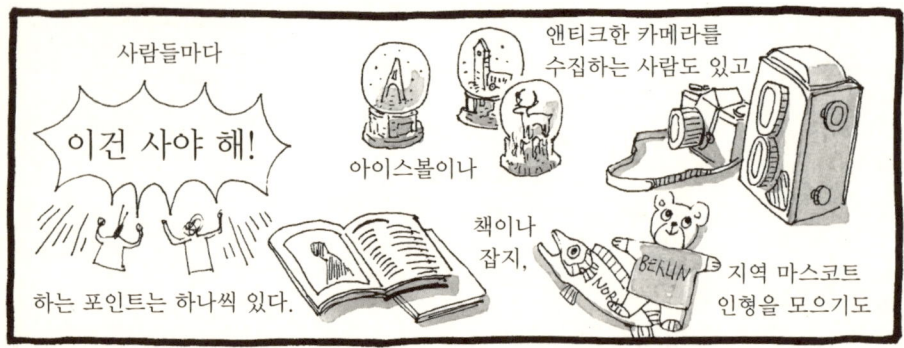

사람들마다

이건 사야 해!

하는 포인트는 하나씩 있다.

아이스볼이나

책이나 잡지,

앤티크한 카메라를 수집하는 사람도 있고

지역 마스코트 인형을 모으기도

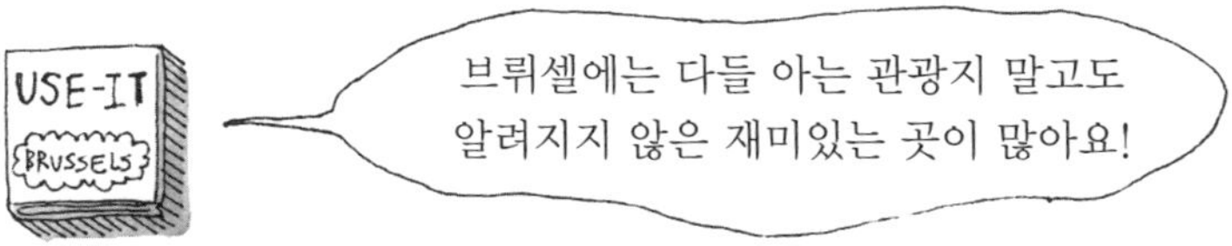
USE-IT
BRUSSELS
브뤼셀에는 다들 아는 관광지 말고도 알려지지 않은 재미있는 곳이 많아요!

라고 USE-IT 맵에 소개되어 있지만 일단은 브뤼셀의 유명한 박물관부터 방문하기로 했다.

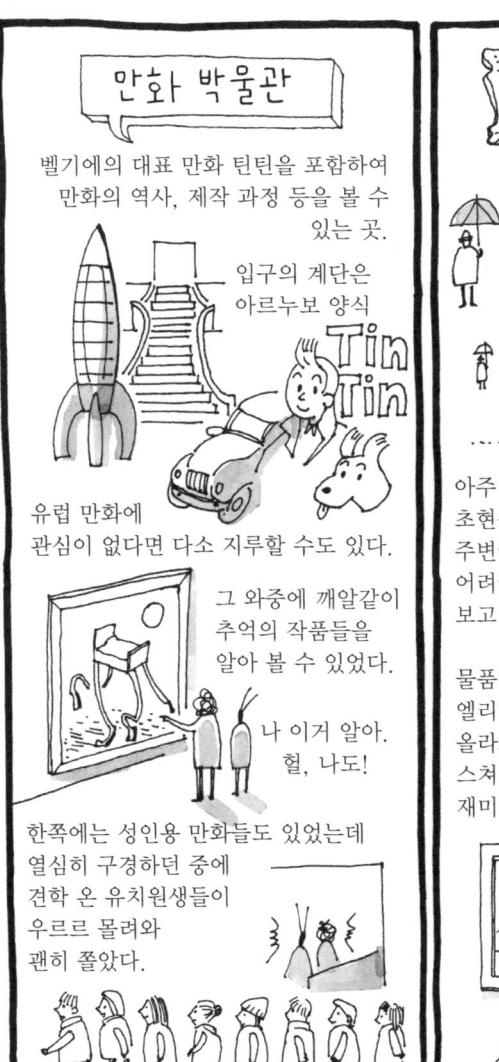

만화 박물관

벨기에의 대표 만화 틴틴을 포함하여 만화의 역사, 제작 과정 등을 볼 수 있는 곳.

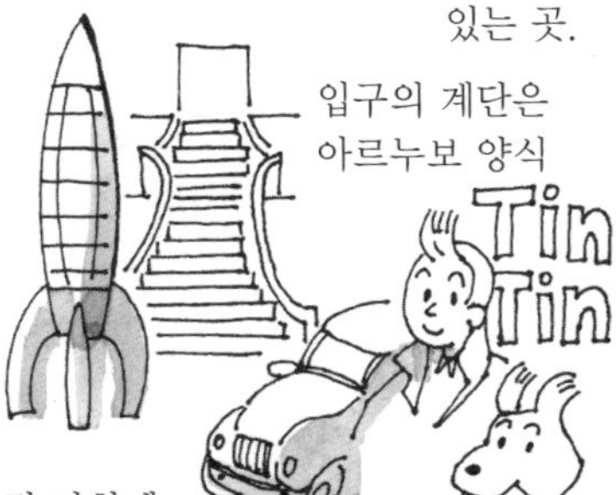
입구의 계단은
아르누보 양식
Tin Tin

유럽 만화에 관심이 없다면 다소 지루할 수도 있다.

그 와중에 깨알같이 추억의 작품들을 알아 볼 수 있었다.

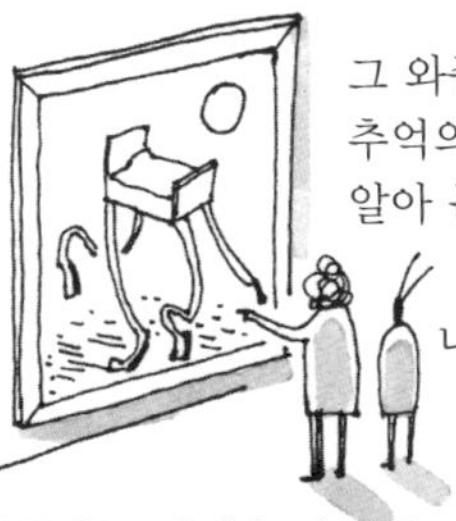
나 이거 알아.
헐, 나도!

한쪽에는 성인용 만화들도 있었는데 열심히 구경하던 중에 견학 온 유치원생들이 우르르 몰려와 괜히 쫄았다.

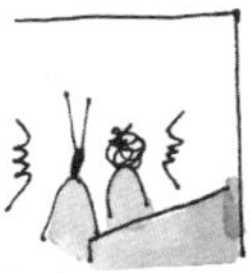

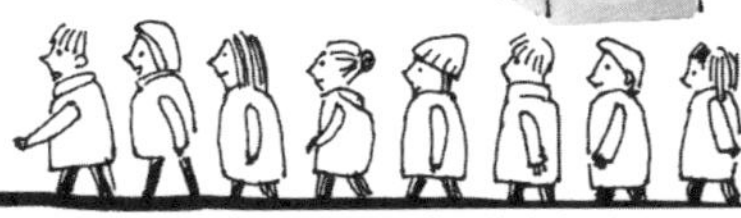

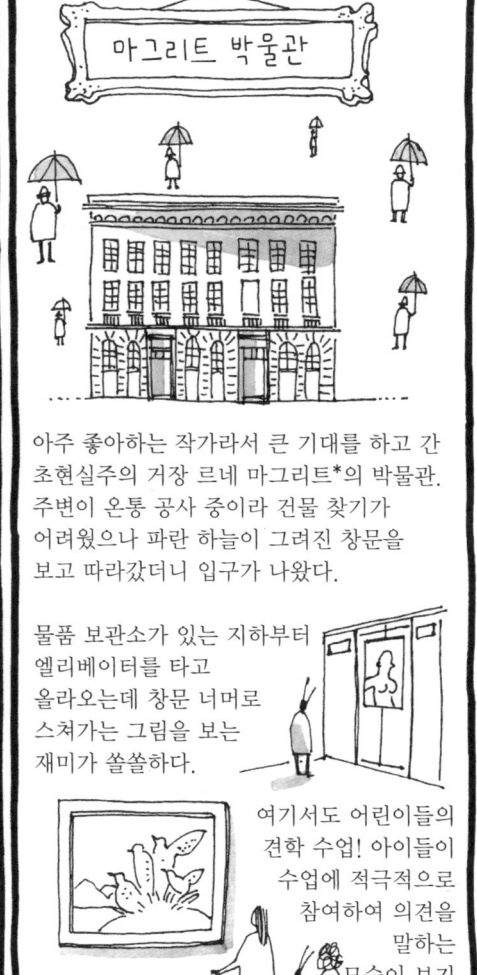

마그리트 박물관

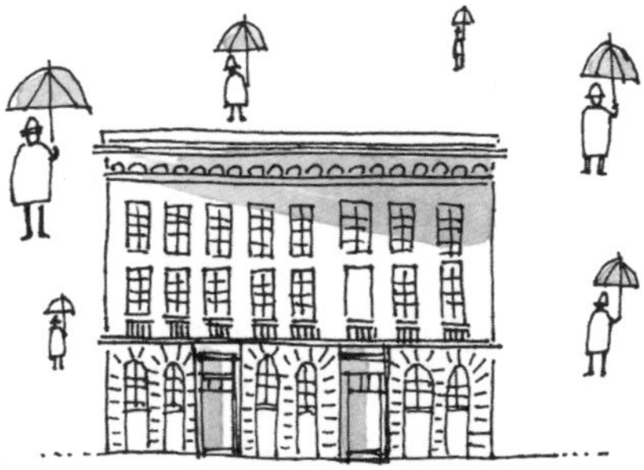

아주 좋아하는 작가라서 큰 기대를 하고 간 초현실주의 거장 르네 마그리트*의 박물관. 주변이 온통 공사 중이라 건물 찾기가 어려웠으나 파란 하늘이 그려진 창문을 보고 따라갔더니 입구가 나왔다.

물품 보관소가 있는 지하부터 엘리베이터를 타고 올라오는데 창문 너머로 스쳐가는 그림을 보는 재미가 쏠쏠하다.

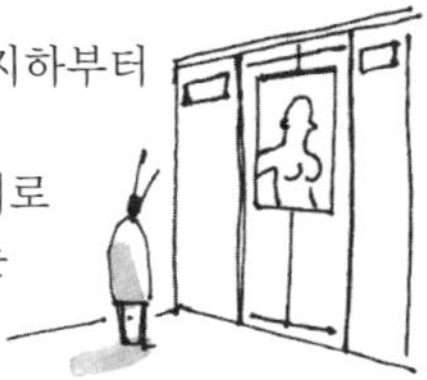

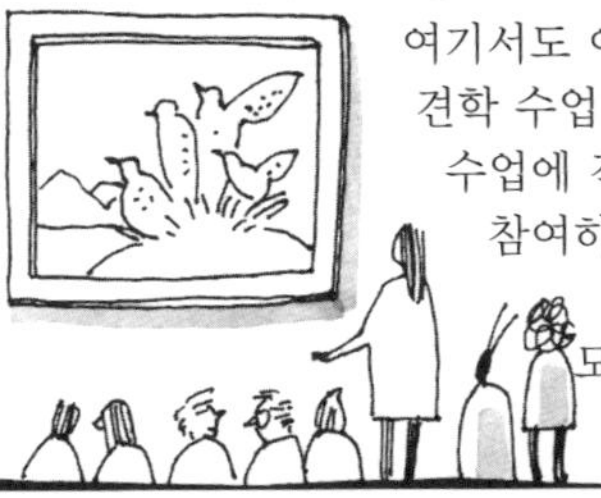

여기서도 어린이들의 견학 수업! 아이들이 수업에 적극적으로 참여하여 의견을 말하는 모습이 보기 좋았다.

*Rene Magritte(1898~1967), 벨기에 화가.

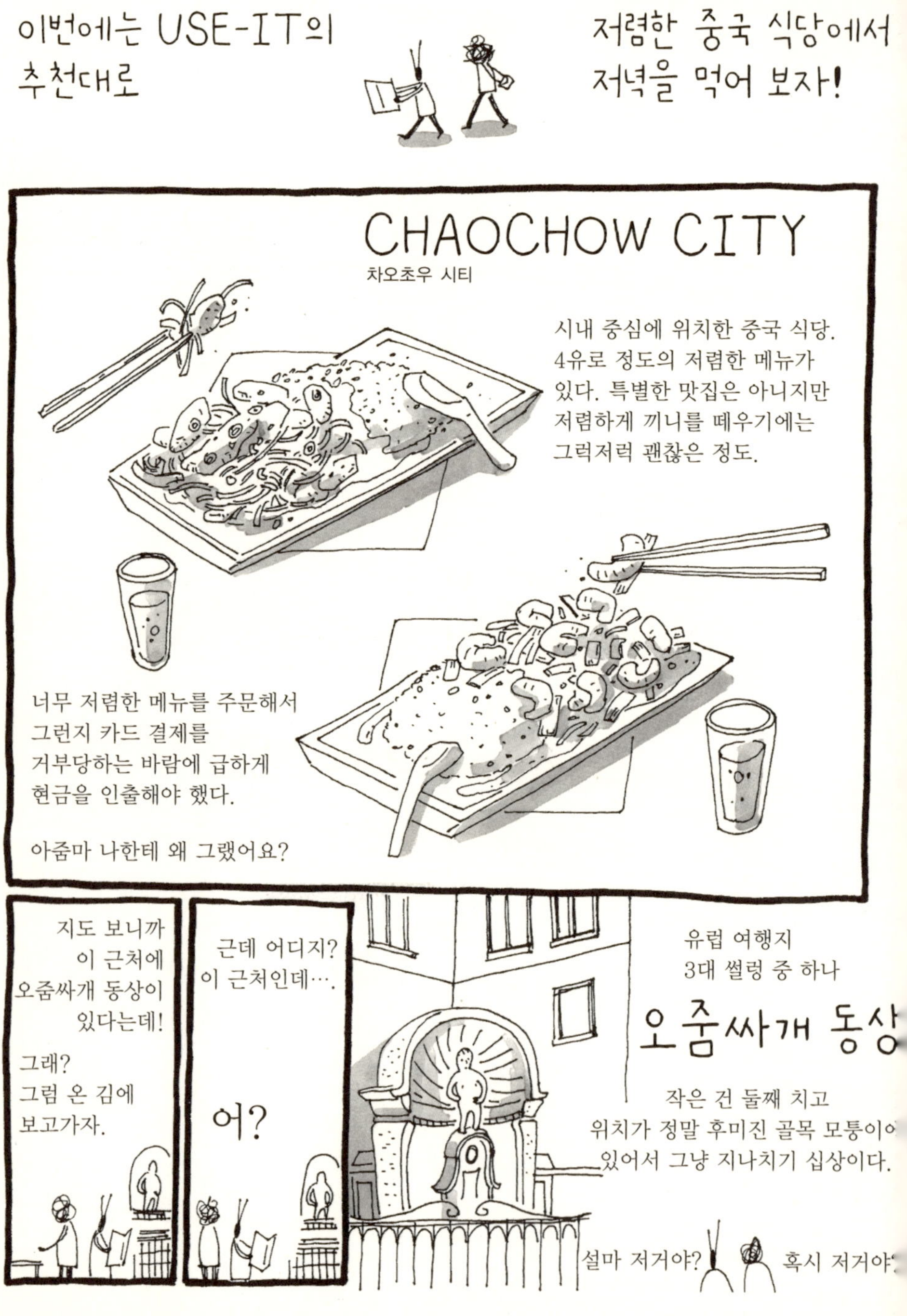

이번에는 USE-IT의
추천대로

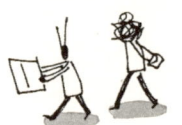

저렴한 중국 식당에서
저녁을 먹어 보자!

CHAOCHOW CITY
차오초우 시티

시내 중심에 위치한 중국 식당.
4유로 정도의 저렴한 메뉴가
있다. 특별한 맛집은 아니지만
저렴하게 끼니를 떼우기에는
그럭저럭 괜찮은 정도.

너무 저렴한 메뉴를 주문해서
그런지 카드 결제를
거부당하는 바람에 급하게
현금을 인출해야 했다.

아줌마 나한테 왜 그랬어요?

지도 보니까
이 근처에
오줌싸개 동상이
있다는데!

그래?
그럼 온 김에
보고가자.

근데 어디지?
이 근처인데….

어?

유럽 여행지
3대 썰렁 중 하나

오줌싸개 동상

작은 건 둘째 치고
위치가 정말 후미진 골목 모퉁이에
있어서 그냥 지나치기 십상이다.

설마 저거야?   혹시 저거야?

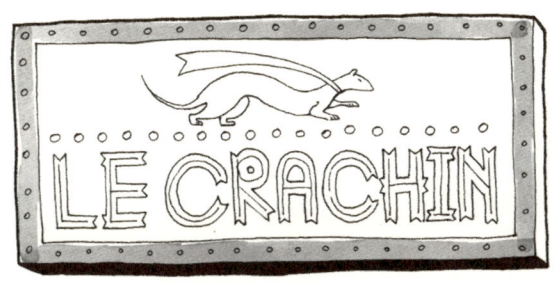

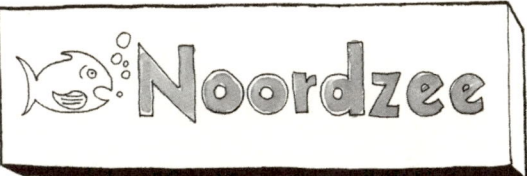

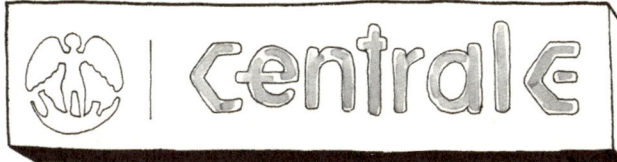

오며 가며 귀엽고 개성있는 간판들을 많이 만났다.

DAY

12
브뤼주(BRUGGE)

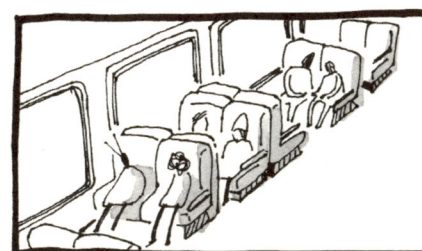

브뤼주(Brugge) 가는 길

유레일 패스를 사용해서 기차를 탔다.
브뤼셀에서 브뤼주는 당일치기로 다녀오기
딱 좋은 거리로 왕복 2시간 좀 넘게 걸린다.
브뤼주로 가는 사람들이 많아서 찾아가기 쉽다.

주말 마켓

주로 음식과 식재료가 많은 마켓.
따뜻한 날씨였다면 간단한
먹을거리를 사서 운하를 구경하며
먹고 싶었다. 평일에도 열리지만
토요일에 서는 장이 크다고 한다.

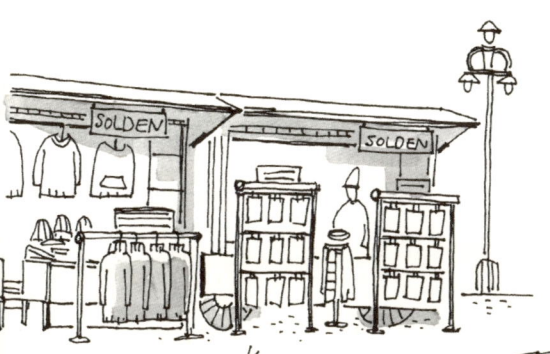

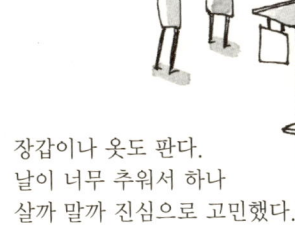

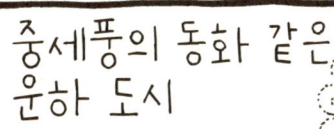

장갑이나 옷도 판다.
날이 너무 추워서 하나
살까 말까 진심으로 고민했다.

중세풍의 동화 같은
운하 도시

중세풍 건물과 레이스 공예품으로
유명한 브뤼주는 운하와
어우러지는 풍경이
아름다워 벨기에의
베니스로 불린다.
어딜 가도 동화 속 한 장면
같다고 하는 브뤼주를 기대하고 갔으나…

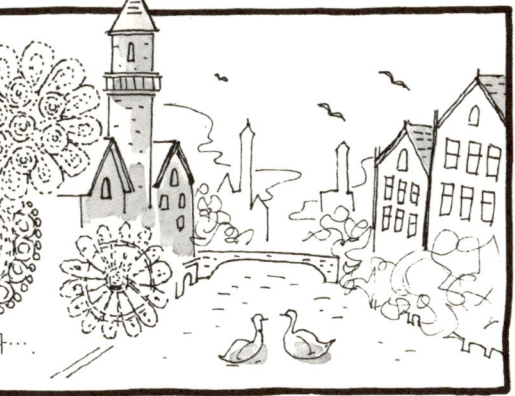

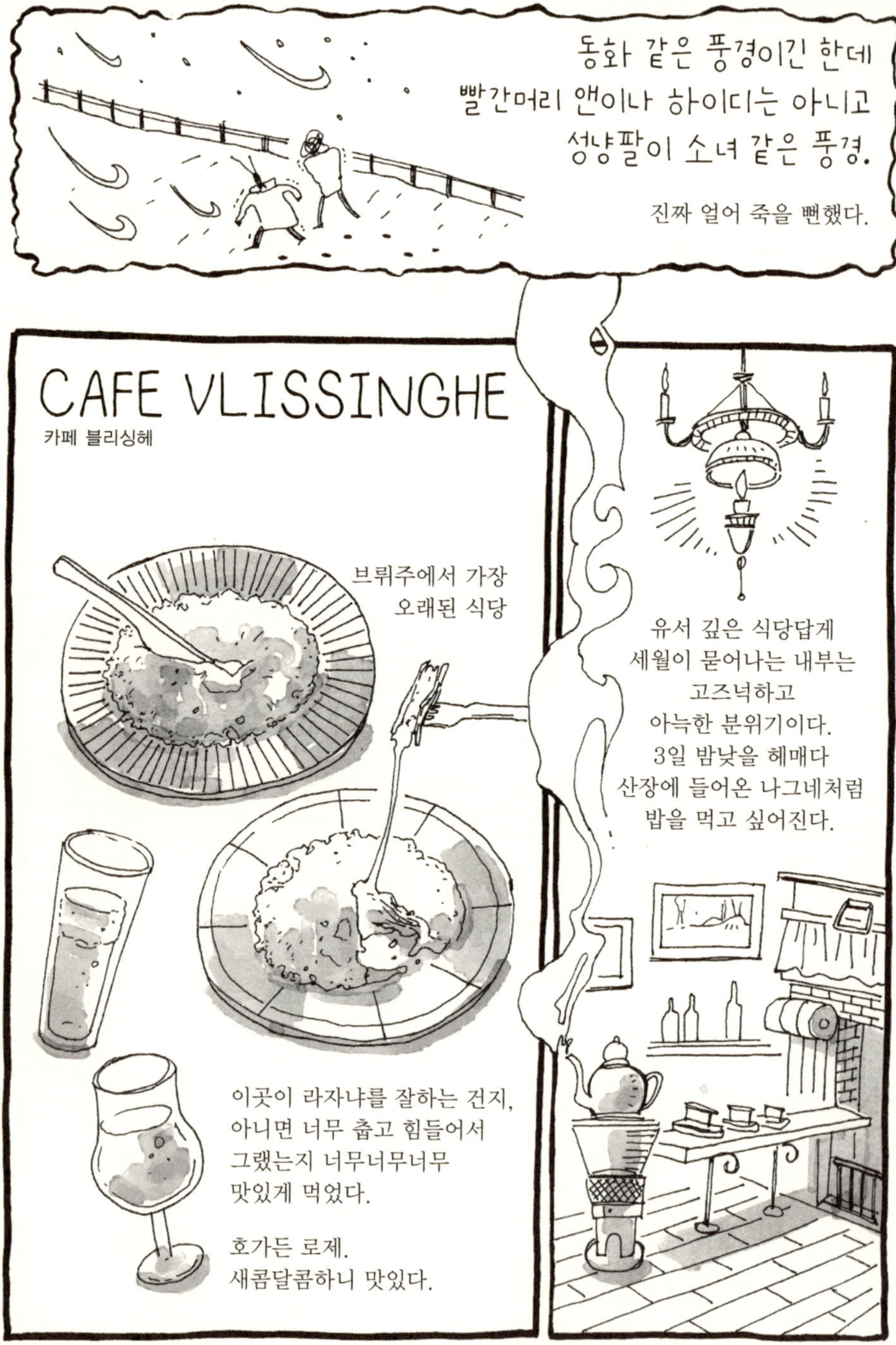

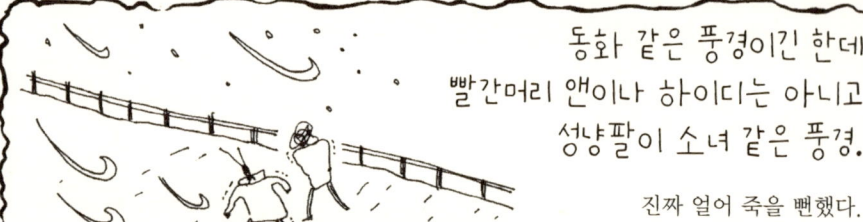

동화 같은 풍경이긴 한데
빨간머리 앤이나 하이디는 아니고
성냥팔이 소녀 같은 풍경.

진짜 얼어 죽을 뻔했다.

CAFE VLISSINGHE

카페 블리싱헤

브뤼주에서 가장
오래된 식당

유서 깊은 식당답게
세월이 묻어나는 내부는
고즈넉하고
아늑한 분위기이다.
3일 밤낮을 헤매다
산장에 들어온 나그네처럼
밥을 먹고 싶어진다.

이곳이 라자냐를 잘하는 건지,
아니면 너무 춥고 힘들어서
그랬는지 너무너무너무
맛있게 먹었다.

호가든 로제.
새콤달콤하니 맛있다.

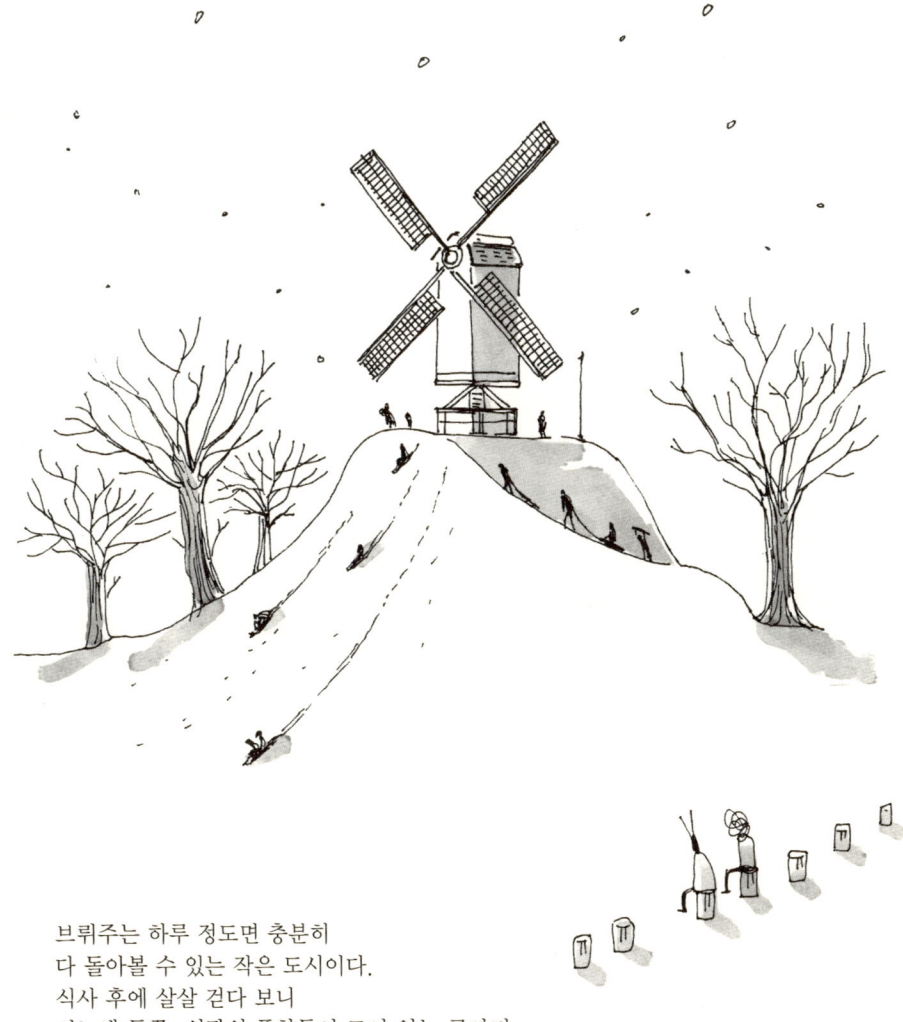

브뤼주는 하루 정도면 충분히
다 돌아볼 수 있는 작은 도시이다.
식사 후에 살살 걷다 보니
어느새 동쪽, 외곽의 풍차들이 모여 있는 곳까지
발길이 닿았다.
날이 흐리다 싶더니 오후가 되자 또 눈이 온다.
여행 내내 내리던 눈이 또 온다고 지겹다고 싫어했으나
그건 힘겨운 여행객의 입장이고
현지의 아이들에게는 온 동네가
썰매장으로 바뀌는 날이었다.

DAY

13
브뤼셀(BRUSSELS)

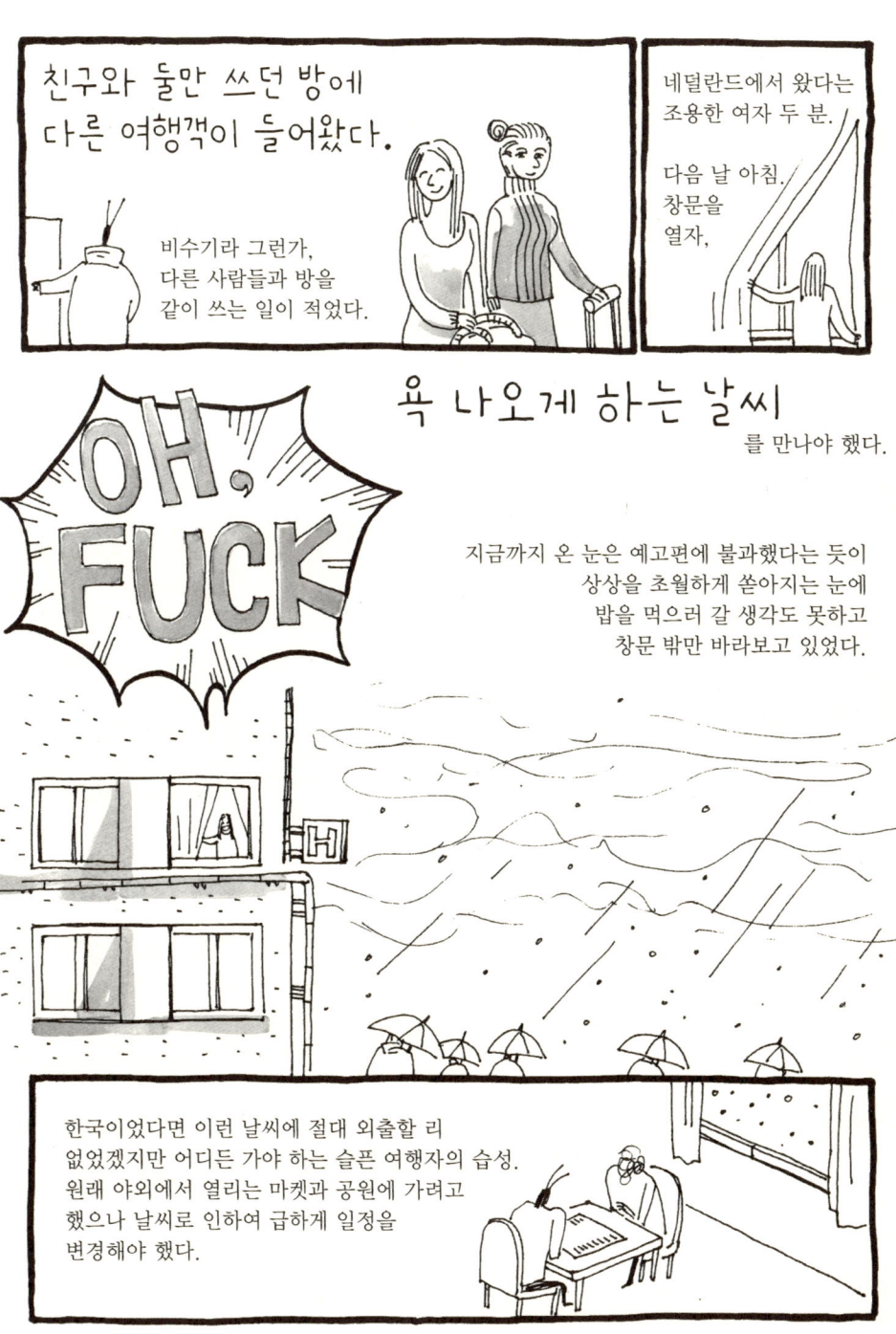

친구와 둘만 쓰던 방에 다른 여행객이 들어왔다.

비수기라 그런가, 다른 사람들과 방을 같이 쓰는 일이 적었다.

네덜란드에서 왔다는 조용한 여자 두 분.

다음 날 아침. 창문을 열자,

OH, FUCK

욕 나오게 하는 날씨

를 만나야 했다.

지금까지 온 눈은 예고편에 불과했다는 듯이 상상을 초월하게 쏟아지는 눈에 밥을 먹으러 갈 생각도 못하고 창문 밖만 바라보고 있었다.

한국이었다면 이런 날씨에 절대 외출할 리 없었겠지만 어디든 가야 하는 슬픈 여행자의 습성. 원래 야외에서 열리는 마켓과 공원에 가려고 했으나 날씨로 인하여 급하게 일정을 변경해야 했다.

일단 지하철을 타고 보자!

날씨 탓이었을까? 브뤼셀 지하철도
한국 통근 시간 못지않은 지옥철로 변해 있었다.
난 분명 유럽에 와 있는데 신도림이 느껴졌다.
너무 익숙한 느낌이어서 그랬나?
우리는 이런 상황에서
더 주위를 경계해야 한다는 걸
잠깐 잊어버렸다.

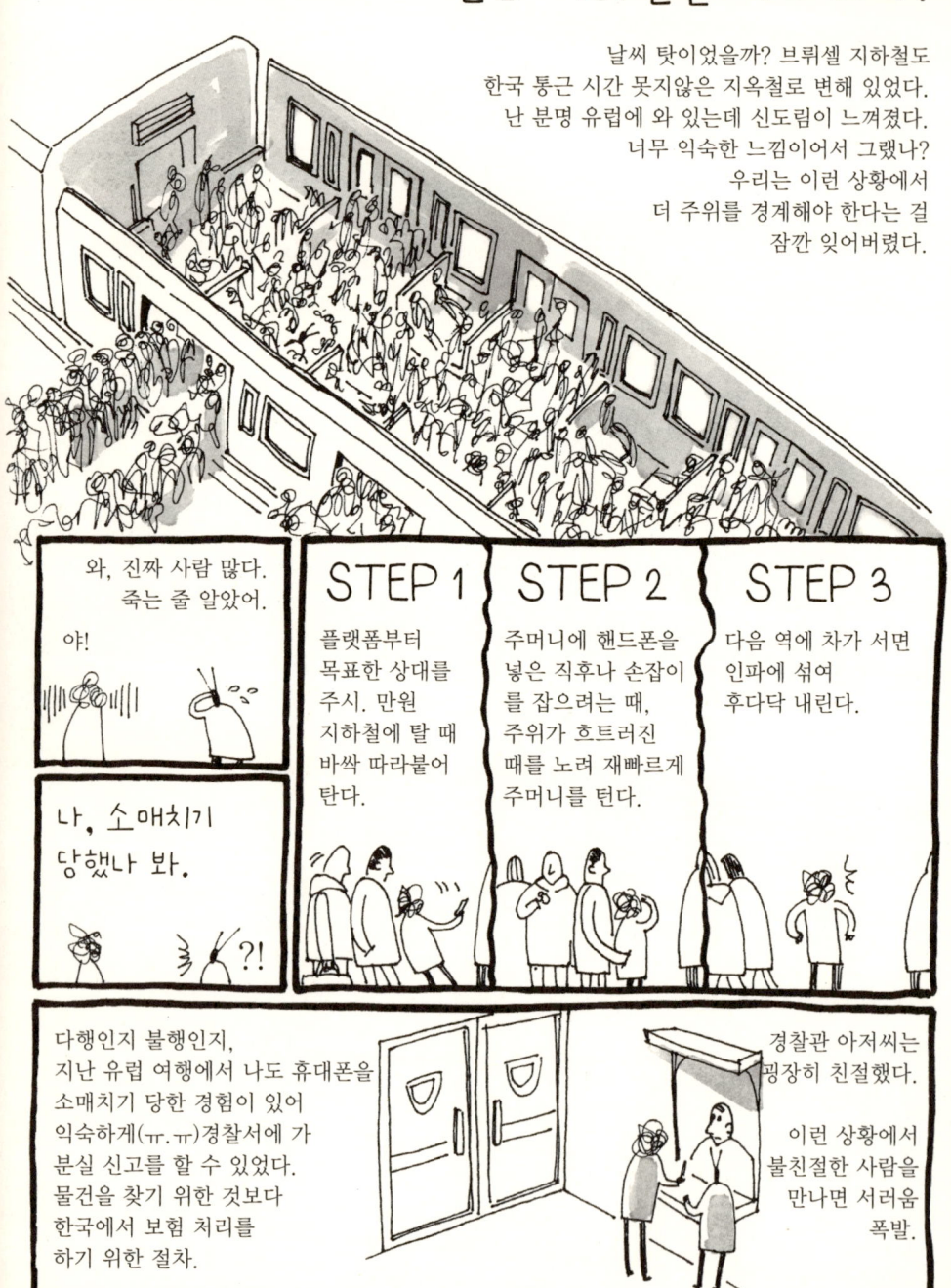

와, 진짜 사람 많다.
죽는 줄 알았어.

야!

나, 소매치기
당했나 봐.

STEP 1

플랫폼부터
목표한 상대를
주시. 만원
지하철에 탈 때
바싹 따라붙어
탄다.

STEP 2

주머니에 핸드폰을
넣은 직후나 손잡이
를 잡으려는 때,
주위가 흐트러진
때를 노려 재빠르게
주머니를 턴다.

STEP 3

다음 역에 차가 서면
인파에 섞여
후다닥 내린다.

다행인지 불행인지,
지난 유럽 여행에서 나도 휴대폰을
소매치기 당한 경험이 있어
익숙하게(ㅠ.ㅠ)경찰서에 가
분실 신고를 할 수 있었다.
물건을 찾기 위한 것보다
한국에서 보험 처리를
하기 위한 절차.

경찰관 아저씨는
굉장히 친절했다.

이런 상황에서
불친절한 사람을
만나면 서러움
폭발.

<관광객이 자주 당하는 소매치기 수법들>

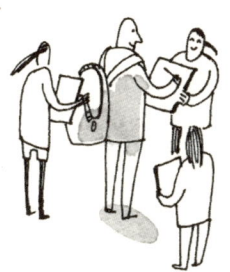 설문 조사를 핑계로 파일
같은 걸 들고 다니는
무리들이 접근한다.
설문에 응하는 사이
다른 사람이 가방을 털거나
보드로 시야를 가린 뒤
안 보이는 손으로
주머니를 턴다.

몸에 천을 두른 집시들이
구걸을 하거나
행운을 비는 주문을
걸어 준다는 둥
주위를 돌린 뒤
천에 가려진 손으로
주머니를 턴다.
로마에서는 이 수법에
당함!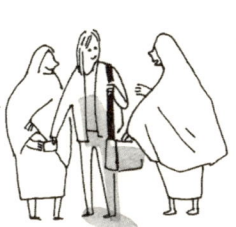

벤치에 앉아서 쉬거나
이동 중 힘들어서 멍때리는
여행객에게 접근하여
비교적 경계가 느슨해진
백팩을 노린다.
이동 중 관리가 어려운
백팩에는 자물쇠를
채우거나 옷핀을
걸어 두는 걸 추천.
이것도 당해 봄. 나는야, 기부천사!

자판기나 ATM기를 이용하는
사람을 노린다.
카드를 주머니에 넣은 직후
그 짧은 순간을 노리거나
ATM 옆에서 얼쩡거리며
비밀번호를 보려고 한다.

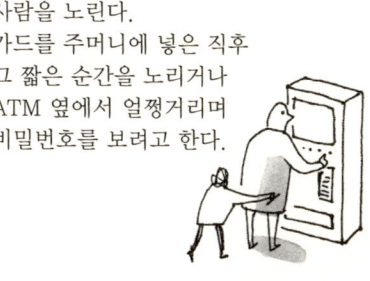

혼자 다니는 여행객들이 자주 당하는 수법.
횡단보도에 서 있거나 퍼레이드 등 거리 공연을
볼 때 접근,

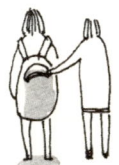 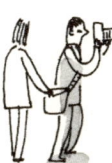 사진을 찍기 위
해 두 손이 가
방에서 떨어질
때를 노리기도
한다.

야외 테라스에서 식사할 때,
2인 1조로 접근하여
설문 조사, 구걸 등으로
주의를 끈 뒤 나머지 한 명이
테이블 위의 물건을 훔친다.

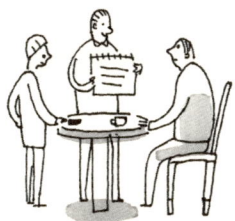

소매치기 당했을 때

1. 만약 소매치기를
잡더라도 주변에 패거리가
있을 수 있으니 신체적
위협을 가하지 말 것.

2. 경찰서에 가서 폴리스
레포트를 꼭! 받아 온다.
(보험사 제출용)

3. 휴대폰 및 신용카드를
도난 당했을 경우 반드시
한국에 연락하여 분실
신고를 한다.

4. 자책하지 않는다.

"Don't blame yourself."

울상이 된 친구에게 경찰관 아저씨가 해 준 말이다.

나에게 한 말도 아니었고
내가 소매치기를 당한 것도 아니었지만

여행 중에도, 한국에 돌아온 뒤에도
종종 그 말이 생각났다.

"자책하지 마세요."

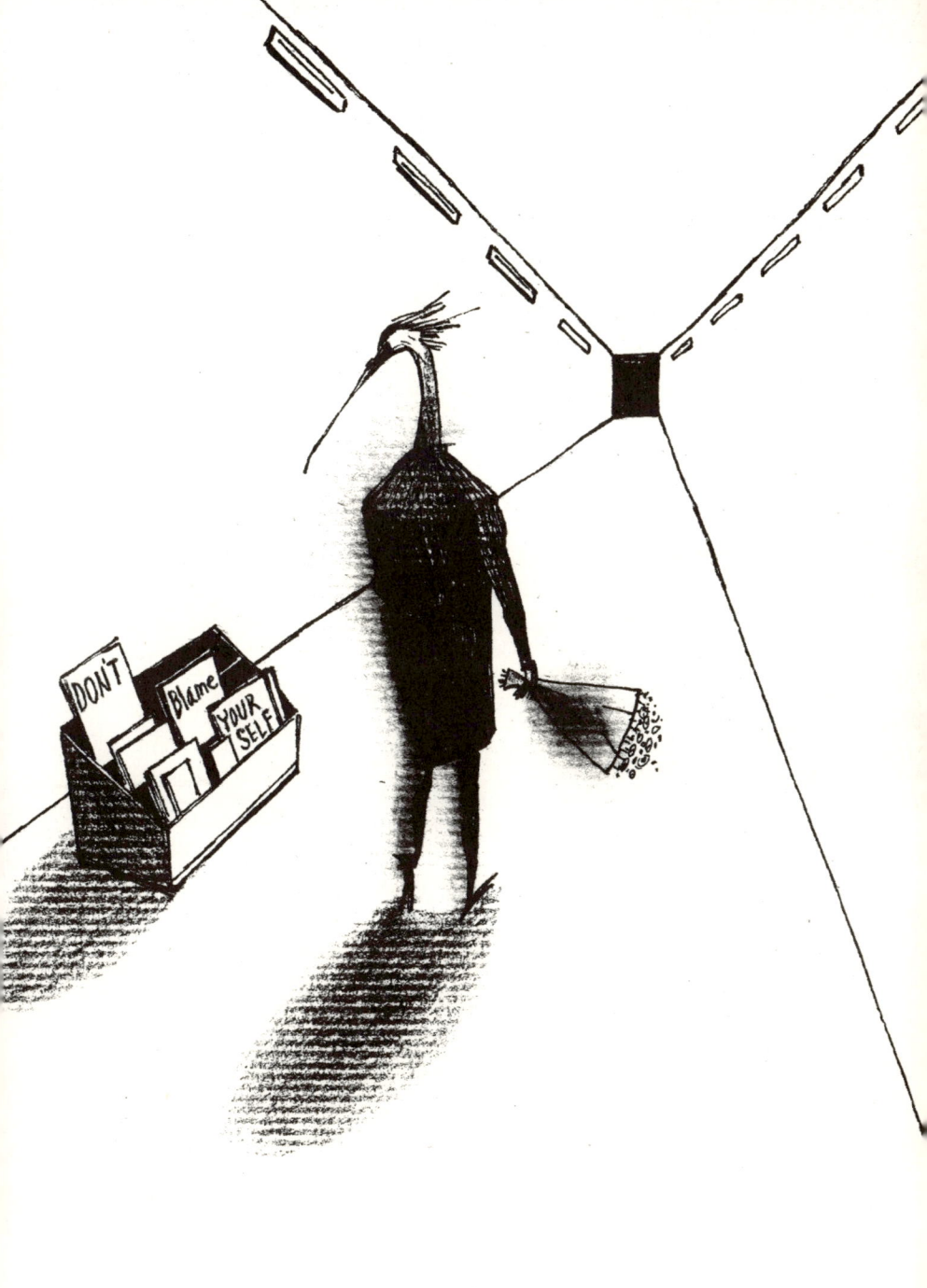

DAY

14
암스테르담(AMSTERDAM)

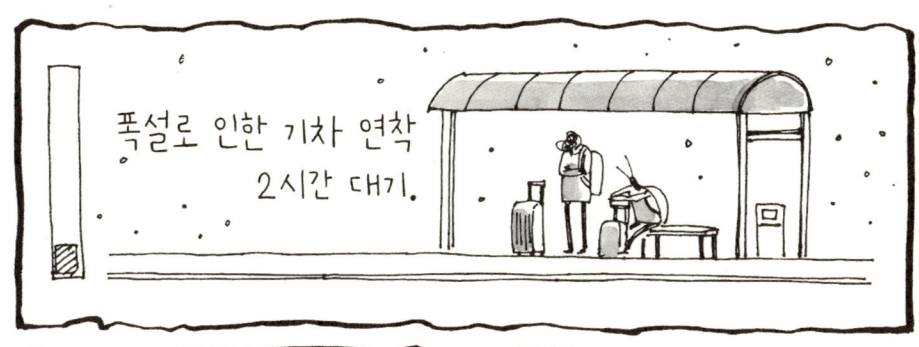

폭설로 인한 기차 연착
2시간 대기.

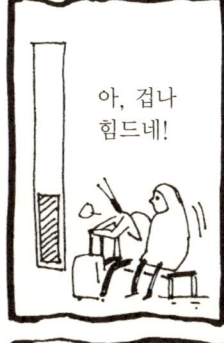

아, 겁나
힘드네!

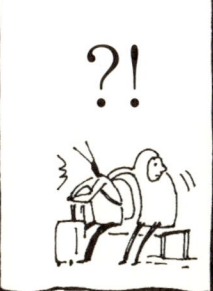

?!

지금 뭐하는
거예요?!?!?

니 가방이
열려 있어서
닫아 주고 있었지!

뭐래?!
지금 당신이
내 가방에 손댔…

어머, 기차 왔네.
안녕~

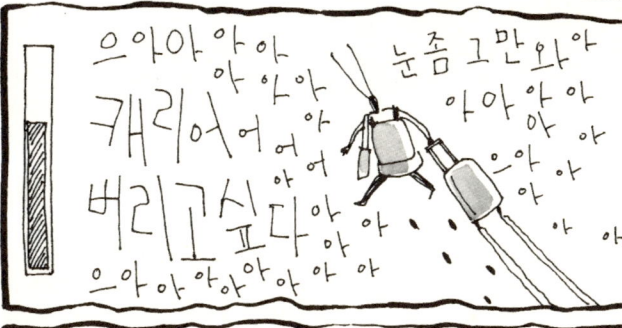

으아아아아아
아아
캐리어어어어아어
아아어
버리고싶다아아아
으아아아아아아아아아

눈좀 그만와아
아아아아
으아아
아아
아아
아

겨우 도착한
암스테르담도
역시 눈폭탄

심지어 길까지 잃음!

짜증나는 인종 차별 종자들

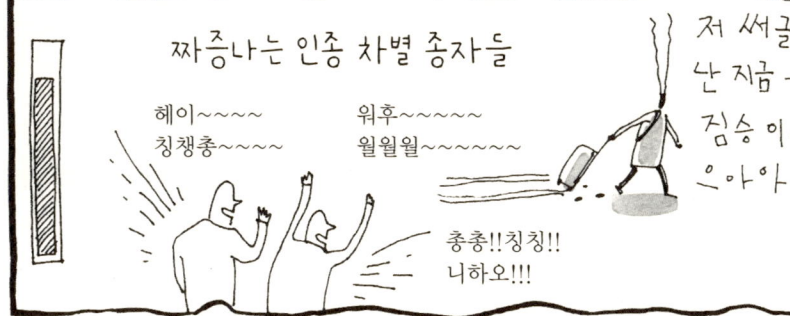

헤이~~~~
칭챙총~~~~

워후~~~~
월월월~~~~~

저 써글놈들
난 지금 위험한
짐승 이어라
으아아아아

총총!!칭칭!!
니하오!!!

71

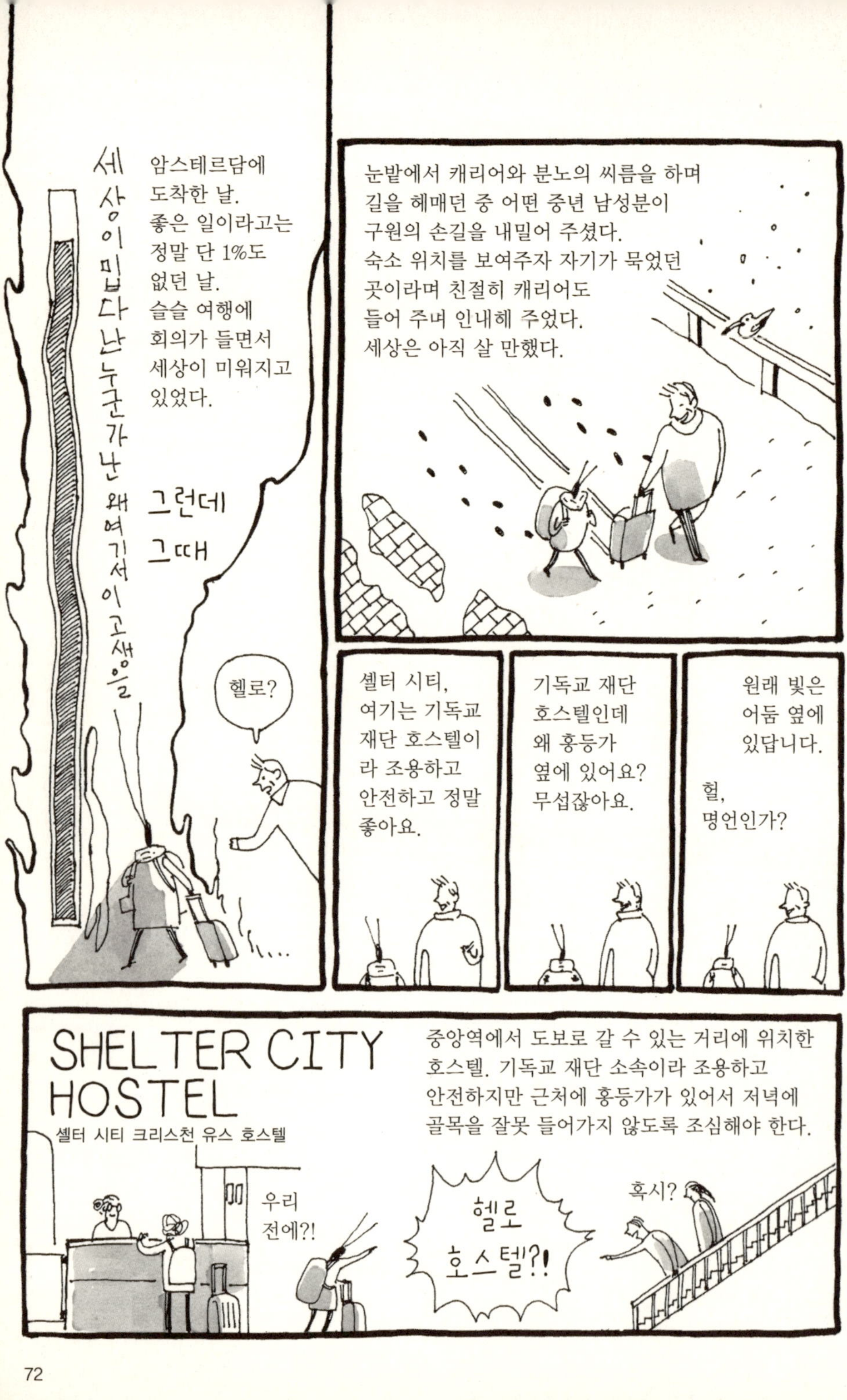

세상이밉다 난 누군가난 왜 여기서 이 고생을

암스테르담에 도착한 날. 좋은 일이라고는 정말 단 1%도 없던 날. 슬슬 여행에 회의가 들면서 세상이 미워지고 있었다.

그런데
그때

헬로?

눈밭에서 캐리어와 분노의 씨름을 하며 길을 헤매던 중 어떤 중년 남성분이 구원의 손길을 내밀어 주셨다. 숙소 위치를 보여주자 자기가 묵었던 곳이라며 친절히 캐리어도 들어 주며 안내해 주었다. 세상은 아직 살 만했다.

셸터 시티, 여기는 기독교 재단 호스텔이라 조용하고 안전하고 정말 좋아요.

기독교 재단 호스텔인데 왜 홍등가 옆에 있어요? 무섭잖아요.

원래 빛은 어둠 옆에 있답니다.

헐, 명언인가?

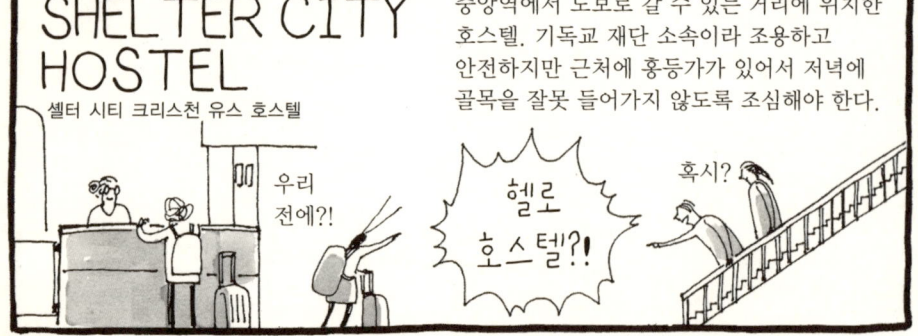

SHELTER CITY HOSTEL
셸터 시티 크리스천 유스 호스텔

우리 전에?!

헬로 호스텔?!

혹시?

중앙역에서 도보로 갈 수 있는 거리에 위치한 호스텔. 기독교 재단 소속이라 조용하고 안전하지만 근처에 홍등가가 있어서 저녁에 골목을 잘못 들어가지 않도록 조심해야 한다.

나의 사랑 너의 사랑

WOK TO WALK
웍 투 워크

편안한 분위기에서 아시안 밥과 면 요리를
즐길 수 있는 대중 음식점으로 암스테르담에
5개의 지점이 있다고 한다.

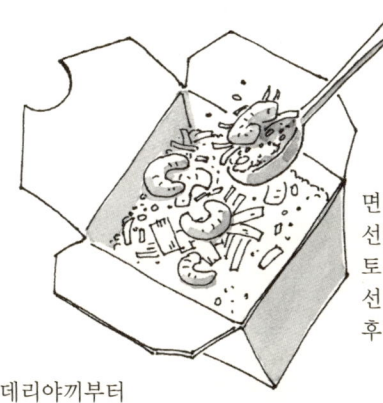

면 또는 밥을
선택하고 거기에
토핑와 소스를
선택하면 즉석에서
후다닥 볶아 준다.

데리야끼부터
약간 매운 태국식까지 소스가 다양.
빵이 물릴 때, 한식이 그리워질 때 먹으면 좋다.

벨기에 못지않게 암스테르담은 감자튀김으로
유명하다. 마요네즈 소스를 얹는 게 일반적이지만
한국인 입맛에는 칠리 소스가 더 잘 맞는 것 같다.

브뤼셀 호스텔에서 체크아웃할 때
잠깐 스쳤던 사람이었는데
암스테르담에서 같은 숙소에 묵게 되었다.

배낭여행의 묘미
뜻밖의 인연

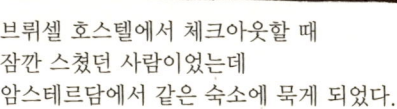

반갑습니다~.

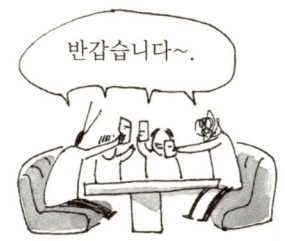

배낭여행의 또다른 재미는 숙소에서 만나는
다른 여행자들과의 짧은 인연이 아닌가 싶다.
개중에는 종종 연인으로 발전하기도! 난 아니다.

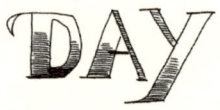

15
암스테르담(AMSTERDAM)

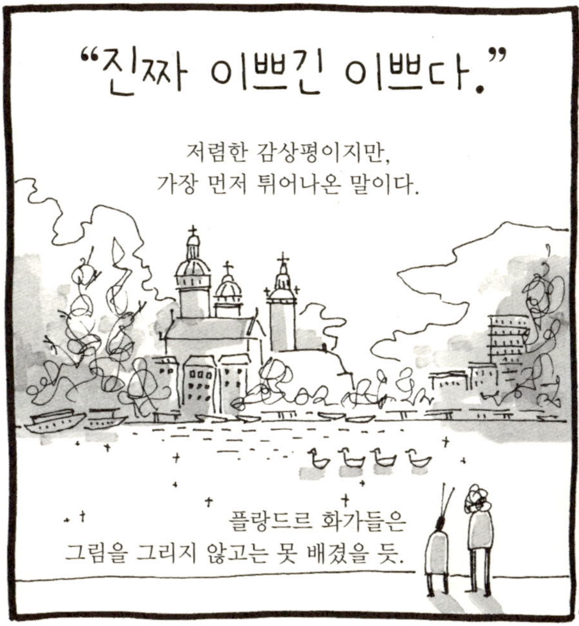

"진짜 이쁘긴 이쁘다."

저렴한 감상평이지만,
가장 먼저 튀어나온 말이다.

플랑드르 화가들은
그림을 그리지 않고는 못 배겼을 듯.

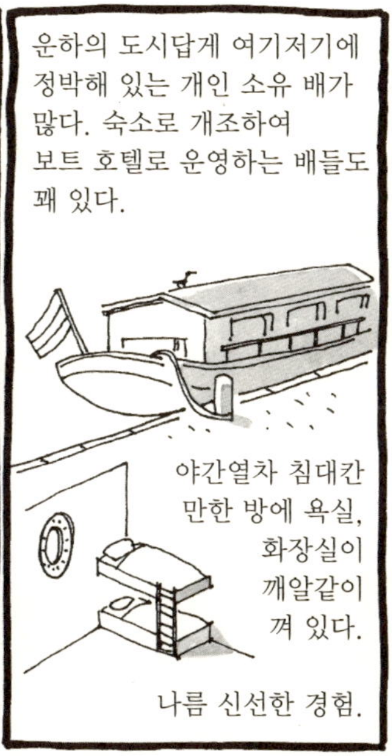

운하의 도시답게 여기저기에
정박해 있는 개인 소유 배가
많다. 숙소로 개조하여
보트 호텔로 운영하는 배들도
꽤 있다.

야간열차 침대칸
만한 방에 욕실,
화장실이
깨알같이
껴 있다.

나름 신선한 경험.

RIJKS MUSEUM
암스테르담 국립박물관

국립박물관으로 네덜란드에서 규모가
가장 크다. 15~19세기 네덜란드
화가들의 작품을 소장하고 있다.
빛의 화가 렘브란트*의
대표작이라 할 '야경'을
만날 수 있다.

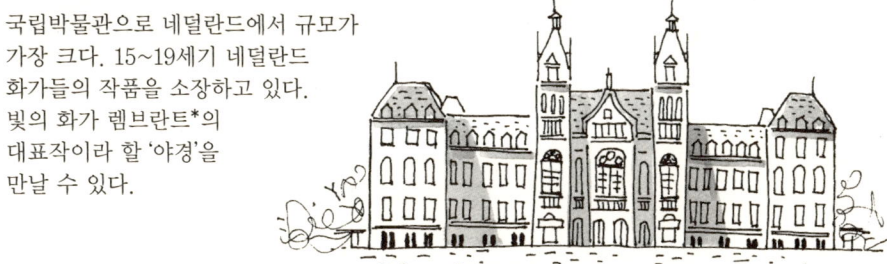

입구의 보안 검색대를 통과하던
중 앞에 서 있던 남자의 가방에서
칼들이 우르르 쏟아졌다.

말 그대로 돌부처처럼
굳어버린 그 남자.

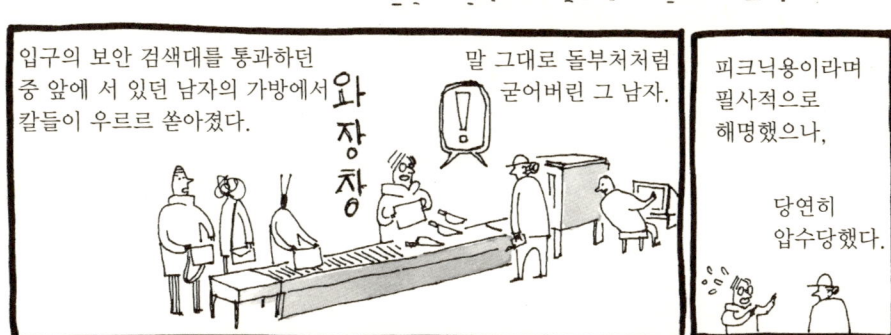

피크닉용이라며
필사적으로
해명했으나,

당연히
압수당했다.

*Rembrant Harmensz. van Rijn(1606~1669), 네덜란드 화가.

물품 보관소 직원에게 고흐 박물관 가는 길을 물었다. 지금은 공사 중이라 다른 곳에서 임시로 전시를 하고 있다며 친절히 알려주며 위치를 적어 주었다.

여행 초반에는 누군가에게 도움을 청하는게 부끄러웠지만, 점점 적극적으로 양해를 구하게 된다.

또, WOK TO WALK

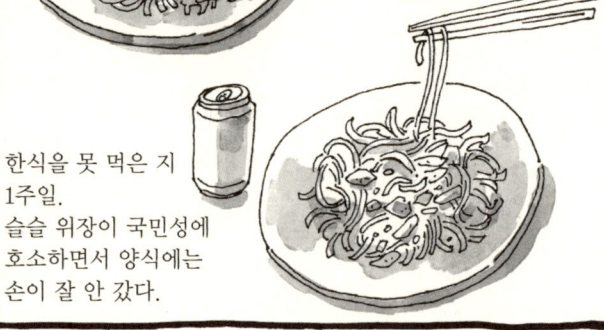

암스테르담에서 웍 투 워크 음식은 한식 같은 존재. 레이첼 광장에 있는 가게는 지도로 찾을 필요도 없이 친숙하게 자주 다녔다.

한식을 못 먹은 지 1주일. 슬슬 위장이 국민성에 호소하면서 양식에는 손이 잘 안 갔다.

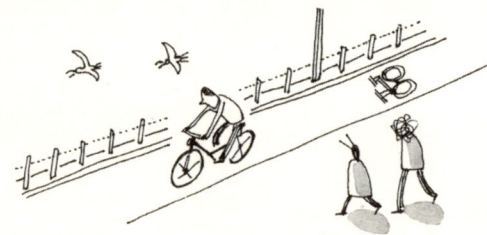

차보다 자전거에 치일 뻔한 일이 더 많았다.

자전거 이용자가 엄청나게 많은 도시답게 자전거 도로가 곳곳에 설치되어 있다. 멍때리고 걷다보면 자신도 모르는 사이 자전거 도로를 걷게 있게 되니, 주의!

HERMITAGE
에르미타주

러시아 상트페테르부르크에 위치한 에르미타주 박물관의 암스테르담 지점. 인상파 화가들 작품 위주의 근현대 미술품이 전시된다고 하는데 내가 갔을 때는 고흐 박물관의 소장품이 비중 있게 임시 전시되고 있었다.

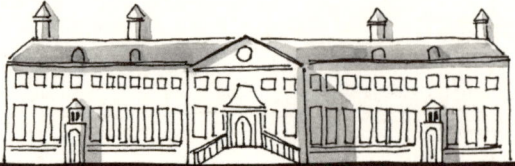

작품은 실물로 봤을 때 그 가치가 와 닿는다.

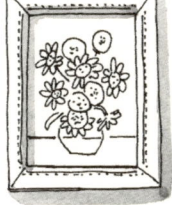
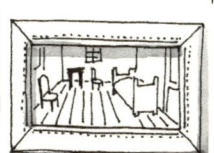
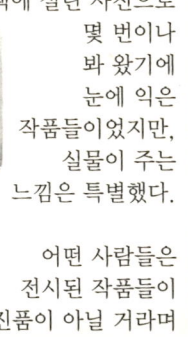

책에 실린 사진으로 몇 번이나 봐 왔기에 눈에 익은 작품들이었지만, 실물이 주는 느낌은 특별했다.

어떤 사람들은 전시된 작품들이 진품이 아닐 거라며 음모론을 제기하기도 하지만 말이다.

박물관에서 만난 한복을 입은 두 여성분

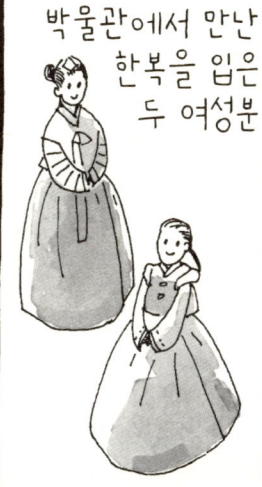

한복을 입고 배낭여행 온 한국인 여성 두 분을 만났다. 한복도 놀랍지만 이 날씨에? 의지가 대단해 보였다.

전시관 한쪽에는 고흐*의 일생과 작품에 관한 짧은 다큐멘터리를 상영하고 있었다. 내레이션이 얼추 알아들을 수 있는 쉬운 영어여서 다행이었다. 여행 중 언어 장벽에 부닥쳐 정보의 단절을 경험할 때면 영어 공부에 대한 의지가 불탄다. 막상 한국에 돌아가서는 말짱 도루묵이 될 것이 뻔하지만.

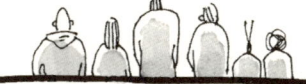
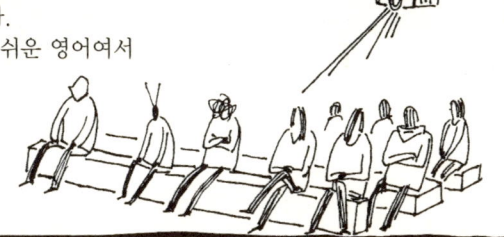

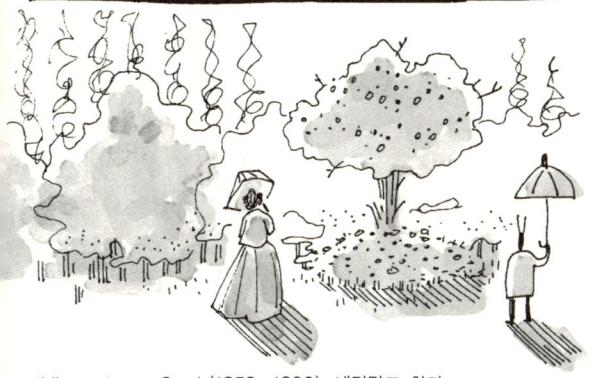

사실은 17.5유로라는 적지 않은 입장료에 볼까 말까 망설였으나 인상파 작가 작품들을 만나자 역시 입장료 값어치 그 이상을 얻었다는 생각이 들었다.

그림에서 빛이 쏟아진다.

*Vincent van Gogh(1853~1890), 네덜란드 화가.

폭풍간지 세탁소 아저씨

여행 중반에 이르자 슬슬 돌려입기에 한계가 왔다.
호스텔에 딸린 세탁실이 없어 근처 코인 세탁소에 갔는데
주인은 자리를 비우고 연락처만 남아 있었다.
국제 전화 요금이 생각나면서,
전화를 걸까 말까 고민하고 있던 차에
갑자기 세탁소 앞에 커다란 바이크가 멈추고
징 박힌 가죽 자켓에 카우보이 바지를 입은 남자가 내린다.

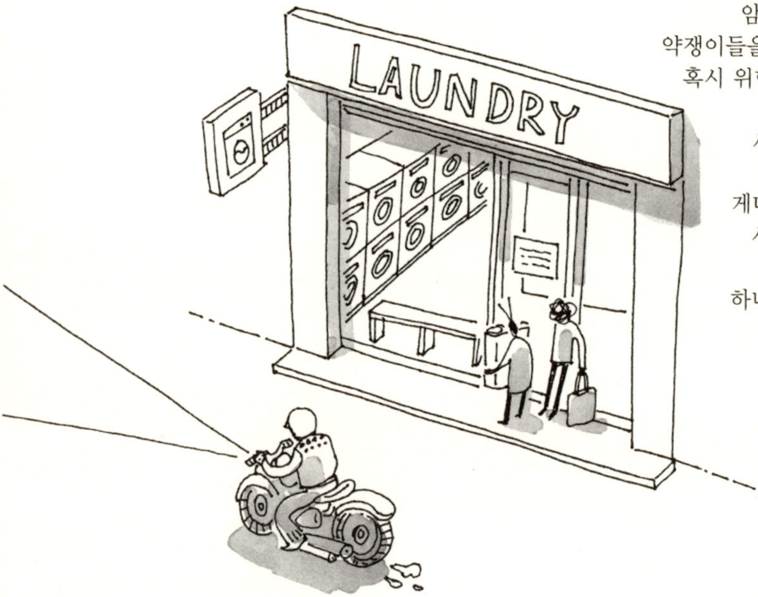

암스테르담에서 종종
약쟁이들을 마주쳐 왔던 터라
혹시 위험한 사람이 아닌가
쫄아 있었는데
세탁소 주인이란다.

게다가 코인 세탁기를
사용법을 잘 모르는
우리에게
하나하나 설명해 주는
친절함이란!

세탁기 돌아가는 동안 세탁소 구석에서 기다리는데
고딩쯤으로 보이는 학생들이 신나게
썸을 타고 있었다.

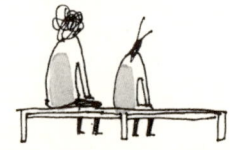

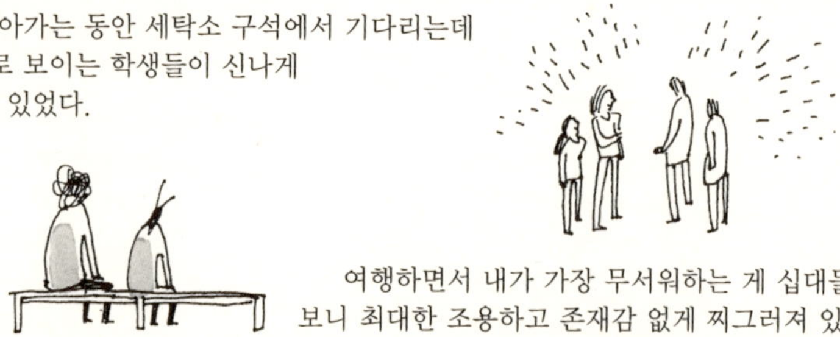

여행하면서 내가 가장 무서워하는 게 십대들이다
보니 최대한 조용하고 존재감 없게 찌그러져 있었다.

<여행 중 만나면 무서운 것들>

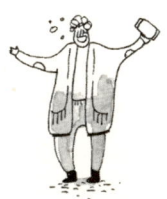 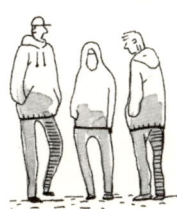 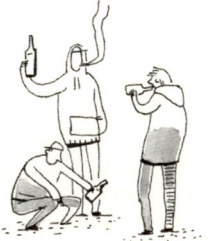

3위: 취객   2위: 십대   1위: 취한 십대

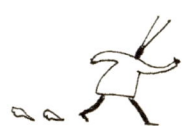

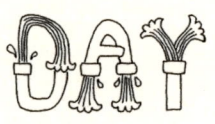

16
암스테르담(AMSTERDAM)

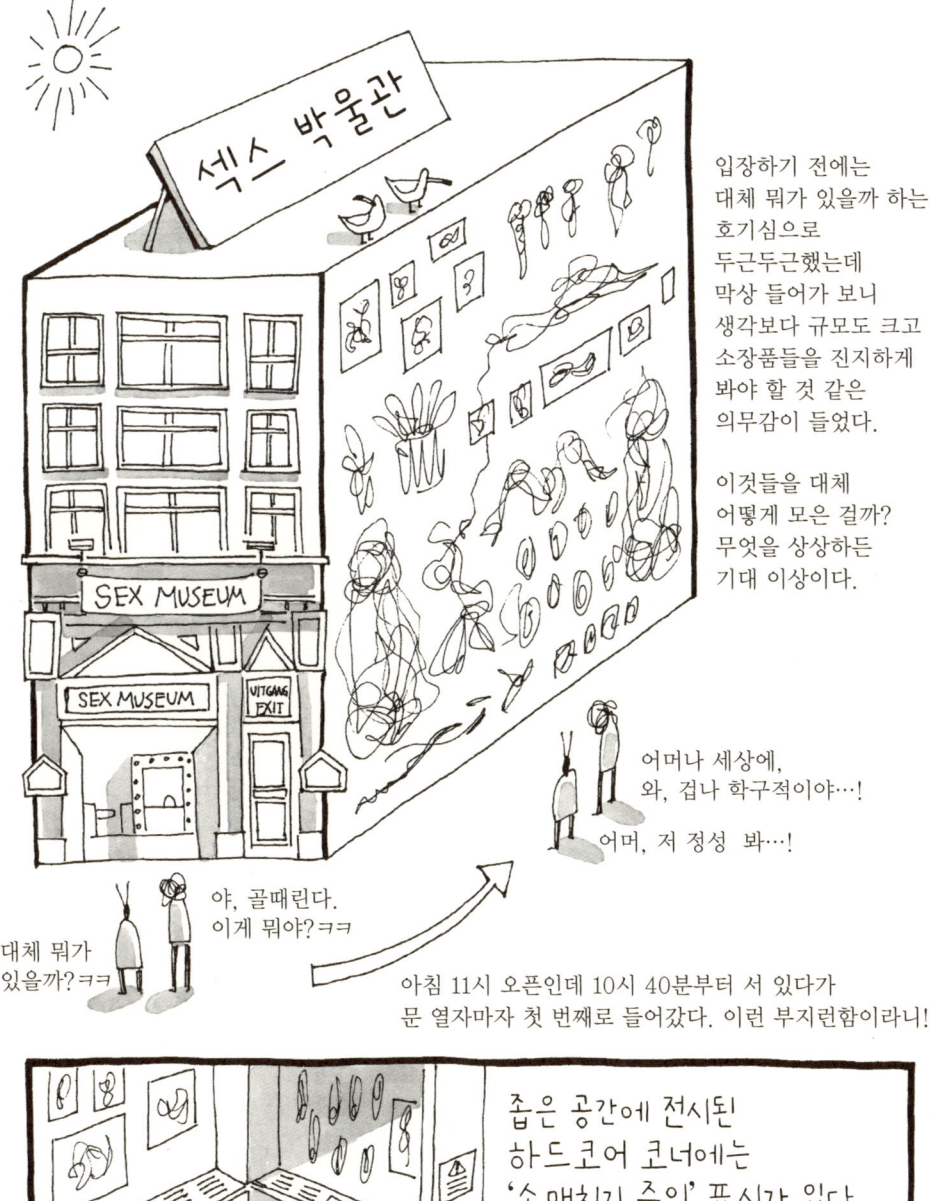

섹스 박물관

입장하기 전에는
대체 뭐가 있을까 하는
호기심으로
두근두근했는데
막상 들어가 보니
생각보다 규모도 크고
소장품들을 진지하게
봐야 할 것 같은
의무감이 들었다.

이것들을 대체
어떻게 모은 걸까?
무엇을 상상하든
기대 이상이다.

SEX MUSEUM

SEX MUSEUM

UITGANG
EXIT

어머나 세상에,
와, 겁나 학구적이야…!

어머, 저 정성 봐…!

야, 골때린다.
이게 뭐야?ㅋㅋ

대체 뭐가
있을까?ㅋㅋ

아침 11시 오픈인데 10시 40분부터 서 있다가
문 열자마자 첫 번째로 들어갔다. 이런 부지런함이라니!

좁은 공간에 전시된
하드코어 코너에는
'소매치기 주의' 표시가 있다.

여기서 소매치기 당하면
진짜 굴욕적이겠다.

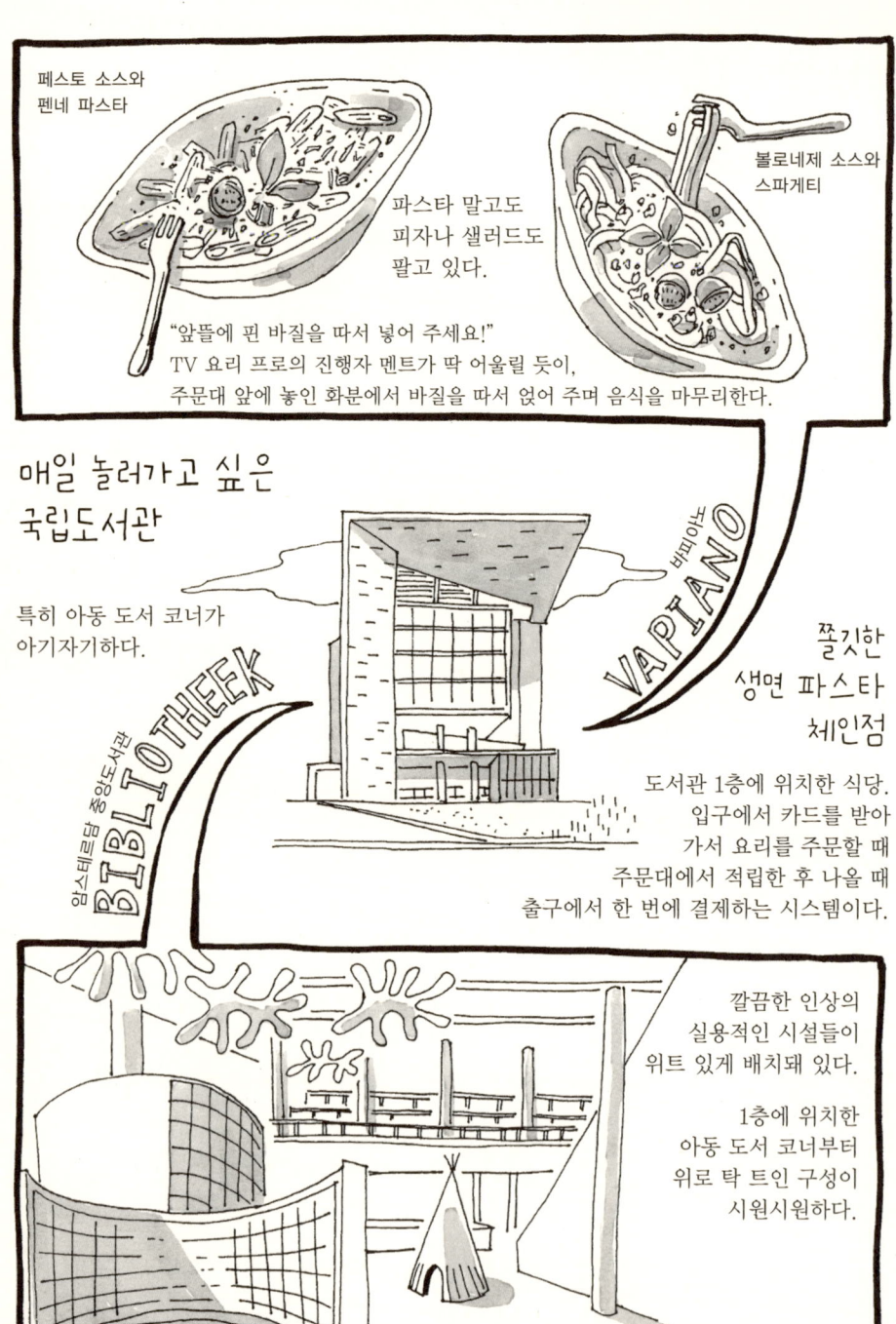

페스토 소스와
펜네 파스타

볼로네제 소스와
스파게티

파스타 말고도
피자나 샐러드도
팔고 있다.

"앞뜰에 핀 바질을 따서 넣어 주세요!"
TV 요리 프로의 진행자 멘트가 딱 어울릴 듯이,
주문대 앞에 놓인 화분에서 바질을 따서 얹어 주며 음식을 마무리한다.

매일 놀러가고 싶은
국립도서관

특히 아동 도서 코너가
아기자기하다.

VAPIANO
바피아노

쫄깃한
생면 파스타
체인점

도서관 1층에 위치한 식당.
입구에서 카드를 받아
가서 요리를 주문할 때
주문대에서 적립한 후 나올 때
출구에서 한 번에 결제하는 시스템이다.

BIBLIOTHEEK
암스테르담 중앙도서관

깔끔한 인상의
실용적인 시설들이
위트 있게 배치돼 있다.

1층에 위치한
아동 도서 코너부터
위로 탁 트인 구성이
시원시원하다.

암스테르담에서 마지막 날이다. 트램을 타고 거리를 지나치는 것조차 아쉬웠다.
가까운 거리는 아니지만 그냥 운하를 따라 중앙역에서
시립미술관까지 쭉 걷기로 했다.

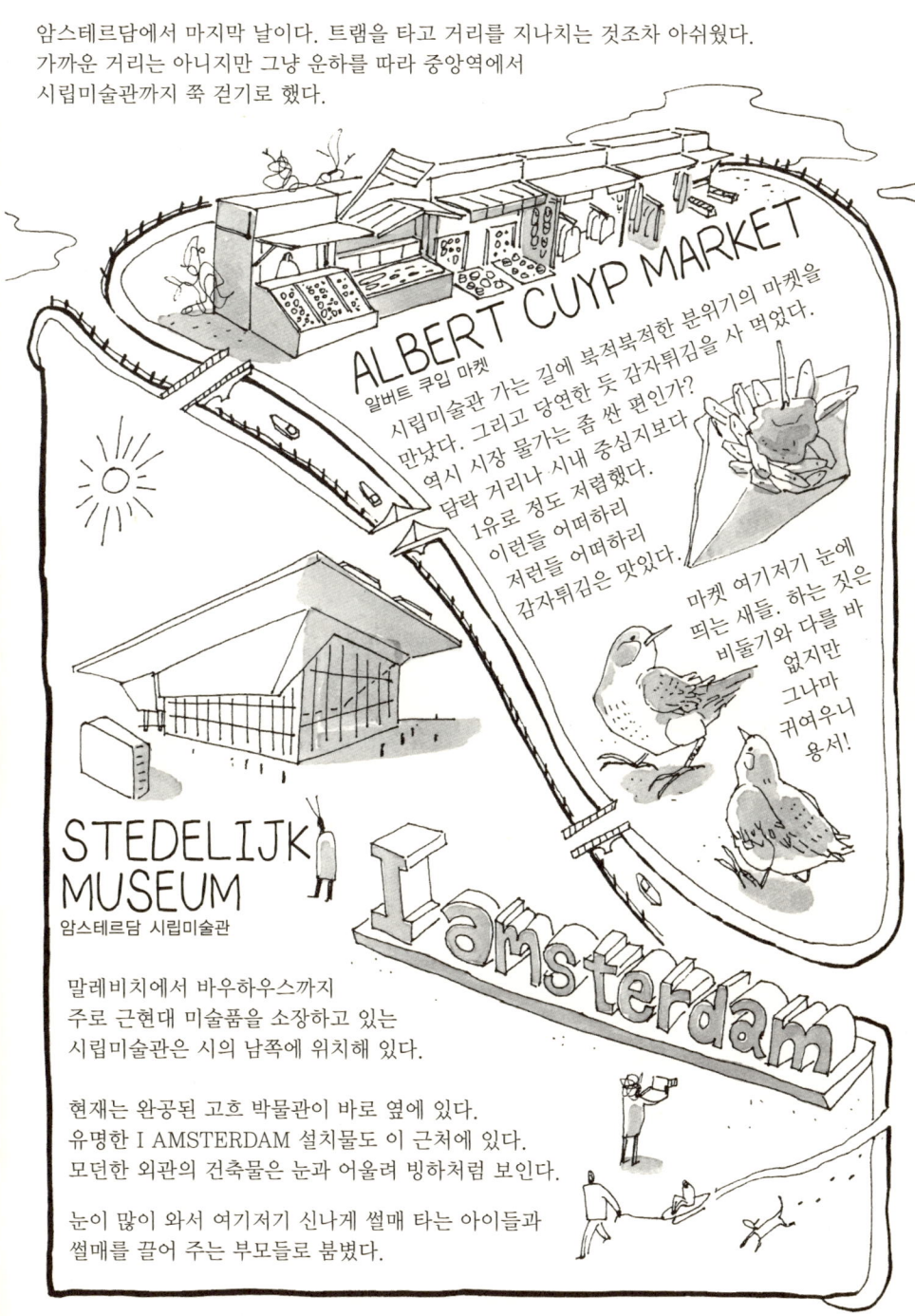

ALBERT CUYP MARKET
알버트 쿠입 마켓

시립미술관 가는 길에 북적북적한 분위기의 마켓을
만났다. 그리고 당연한 듯 감자튀김을 사 먹었다.
역시 시장 물가는 좀 싼 편인가?
담락 거리나 시내 중심지보다
1유로 정도 저렴했다.
이런들 어떠하리
저런들 어떠하리
감자튀김은 맛있다.

마켓 여기저기 눈에
띄는 새들. 하는 짓은
비둘기와 다를 바
없지만
그나마
귀여우니
용서!

STEDELIJK
MUSEUM
암스테르담 시립미술관

말레비치에서 바우하우스까지
주로 근현대 미술품을 소장하고 있는
시립미술관은 시의 남쪽에 위치해 있다.

현재는 완공된 고흐 박물관이 바로 옆에 있다.
유명한 I AMSTERDAM 설치물도 이 근처에 있다.
모던한 외관의 건축물은 눈과 어울려 빙하처럼 보인다.

눈이 많이 와서 여기저기 신나게 썰매 타는 아이들과
썰매를 끌어 주는 부모들로 붐볐다.

*Kazimir Severinorich Malerich(1878~1935), 러시아 화가.

1시간 넘게 걸어오다 보니 지치기도 하고
미술관 안에 분위기 좋은 카페가 있어서

눈 오는 풍경을 보며 여유 있게 커피 한 잔...

은 실패

문득 정신을 차리고
슬슬 입장하려 했는데
마감 1시간 전이었다.

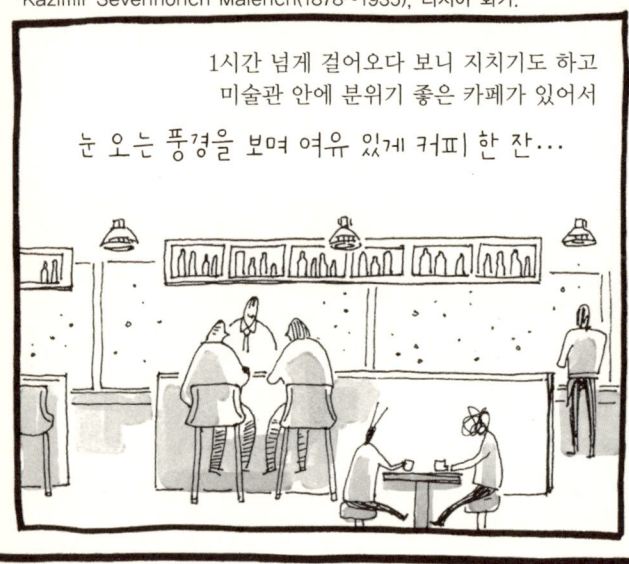

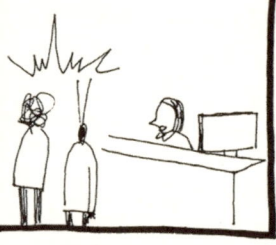

1시간 안에 관람을 마치는 건
무리라며 매표소 직원이 말렸지만

우리에게 내일은 없었다.

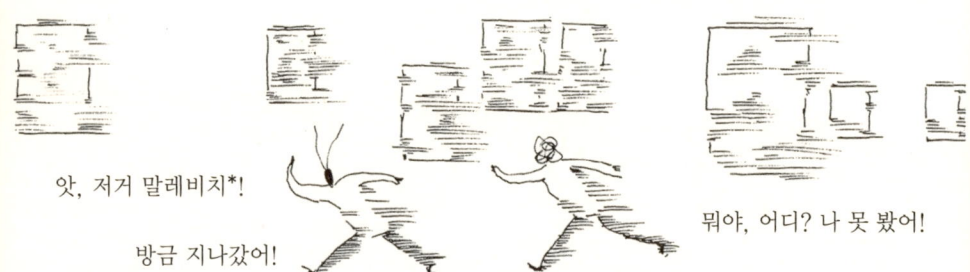

앗, 저거 말레비치*!

방금 지나갔어!

뭐야, 어디? 나 못 봤어!

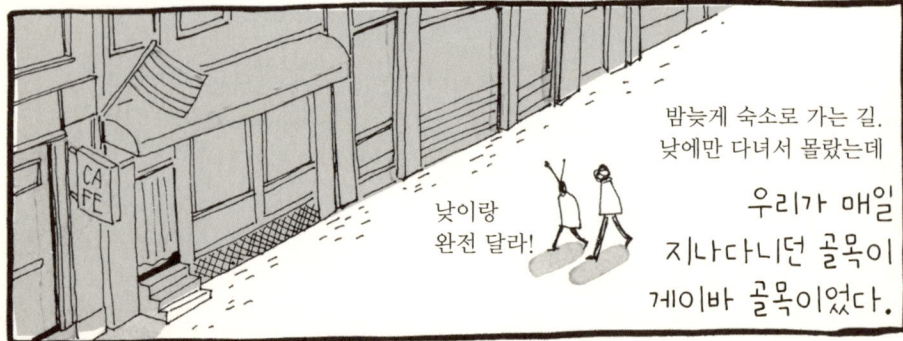

밤늦게 숙소로 가는 길.
낮에만 다녀서 몰랐는데

우리가 매일
지나다니던 골목이
게이바 골목이었다.

낮이랑
완전 달라!

네덜란드에서는 매춘이 합법이다. 하지만, 그래도, 역시,

너무 뻔뻔하게 마주치는 건 좀 당황스럽다.

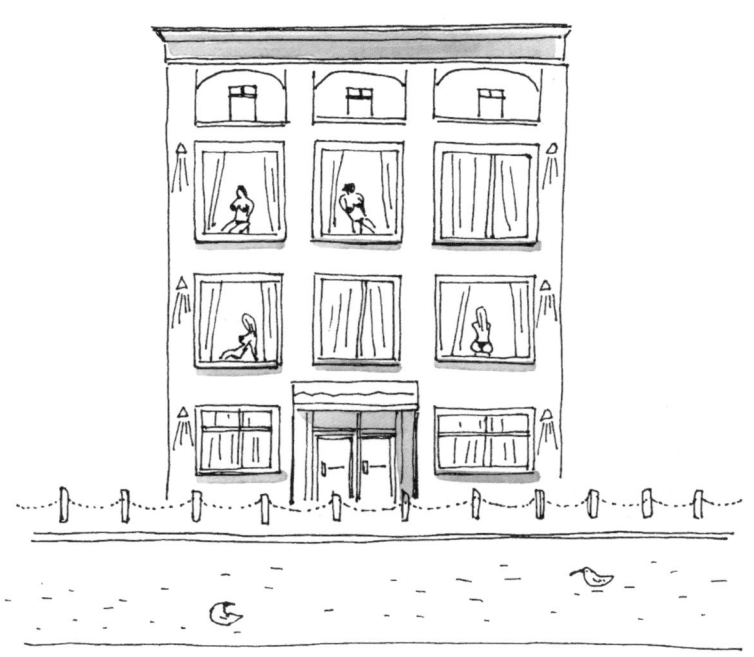

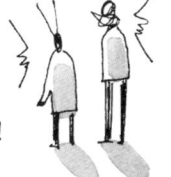

이런 곳에서,

아이들이 버젓이 지나다니잖아!!

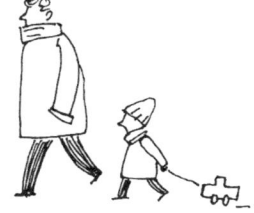

어느 나라든 매춘 합법에 대한 문제는 논란이 많다.
나는 매춘 합법에 반대하는 입장이지만
로마에서는 로마법을 따라야 하듯, 이해해 보려 했다.
하지만 마주치지 않으려는 노력에도 불구하고,
홍등가는 도시 이곳저곳에서 지뢰처럼 나타나며
나를 당황하게 만들었다.

DAY

17
베를린(BERLIN)

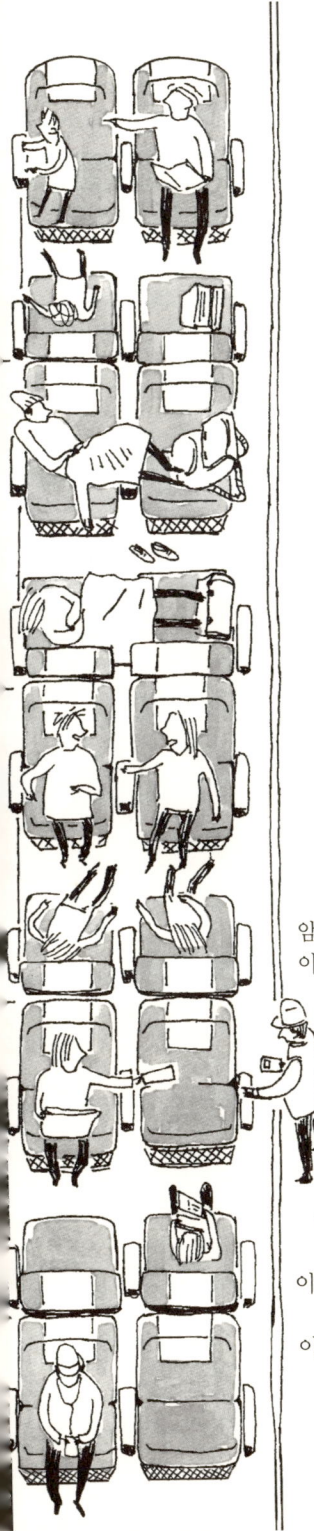

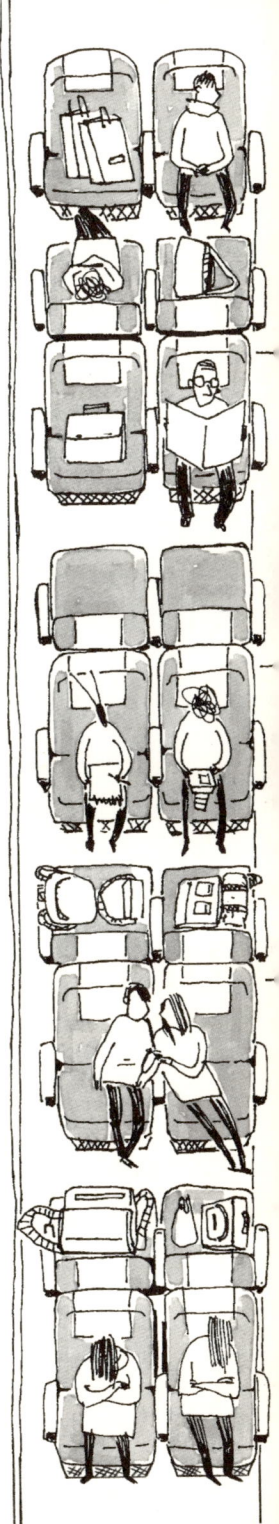

암스테르담에서
베를린까지

직행열차로도 장장 6시간이 걸리는
암스테르담에서 베를린까지의 장거리 이동.
이동하는데 하루를 온전히 쓴다는 생각으로
마음을 비우고, 기차에서 먹을 간식을
잔뜩 챙겨서 아침 일찍 나섰다.

여행을 오면 낯선 곳에서
차분히 생각에 잠기거나,
나 자신을 바라보는 시간을
가질 수 있을 거라고 기대한다.
하지만 정작 바쁘게 하루를 보내다 보면
생각은커녕 당장 눈앞에 펼쳐진
이국적 풍경을 소화하는 것만으로도 벅차다.

이럴 땐 장거리 이동이 오히려 도움이 된다.
6시간 동안 차창 밖으로 스쳐 지나는
눈밭을 보면서 할 수 있는 것은
생각밖에 없었다.

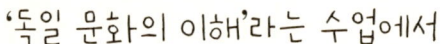

'독일 문화의 이해'라는 수업에서

독일 기차는 절대 늦지 않고 칼같이 시간을
지킨다는 강의 내용이 생각난다. 교수님 말씀에
독일 사람들은 일정에 늦는 것을 매우 싫어하는데
버스나 기차를 이용해 보면 그들의 국민성을
확실하게 알게 된다는….

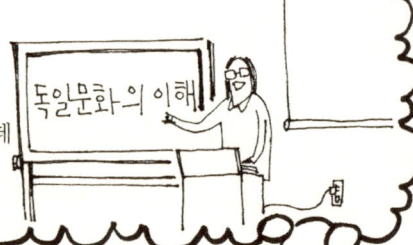

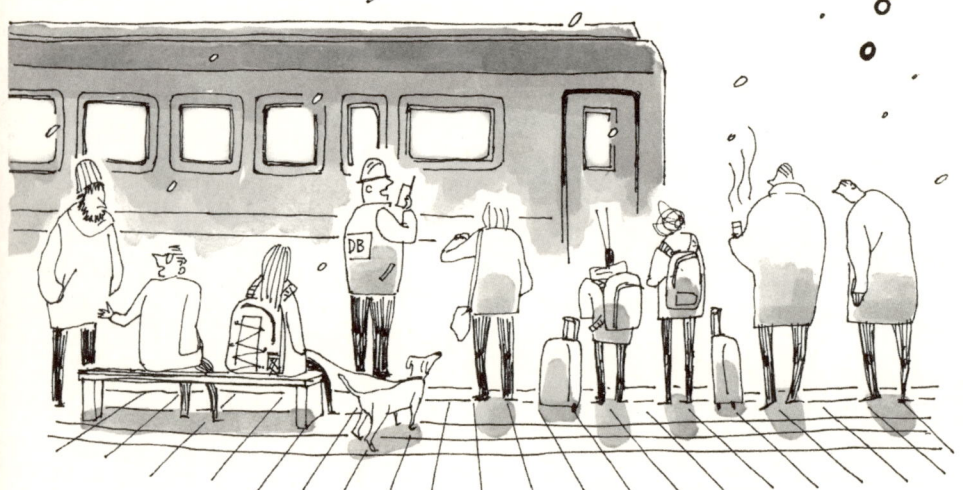

그리고 2시간 지연

기차에 무슨 일이 생겼는지
갑자기 모든 승객을 내리게 하더니 뒤쪽
기차 칸을 떼어서 어디론가 가져가 버렸다.
2시간 정도 지나서야 출발할 수 있었다.

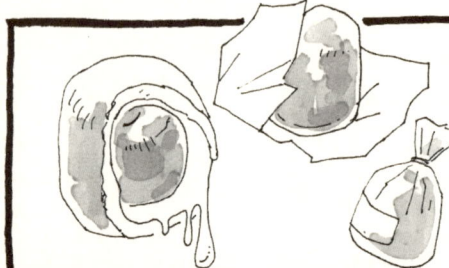

CHERRY LIQUEUR CHOCOLATE 체리 술 초콜릿

2시간 동안 개 떨듯 떨었다. 배고프고,
춥고…. 그 상황에서 체리 술이 들어간
초콜릿은 훌륭한 생존 식량이었다.

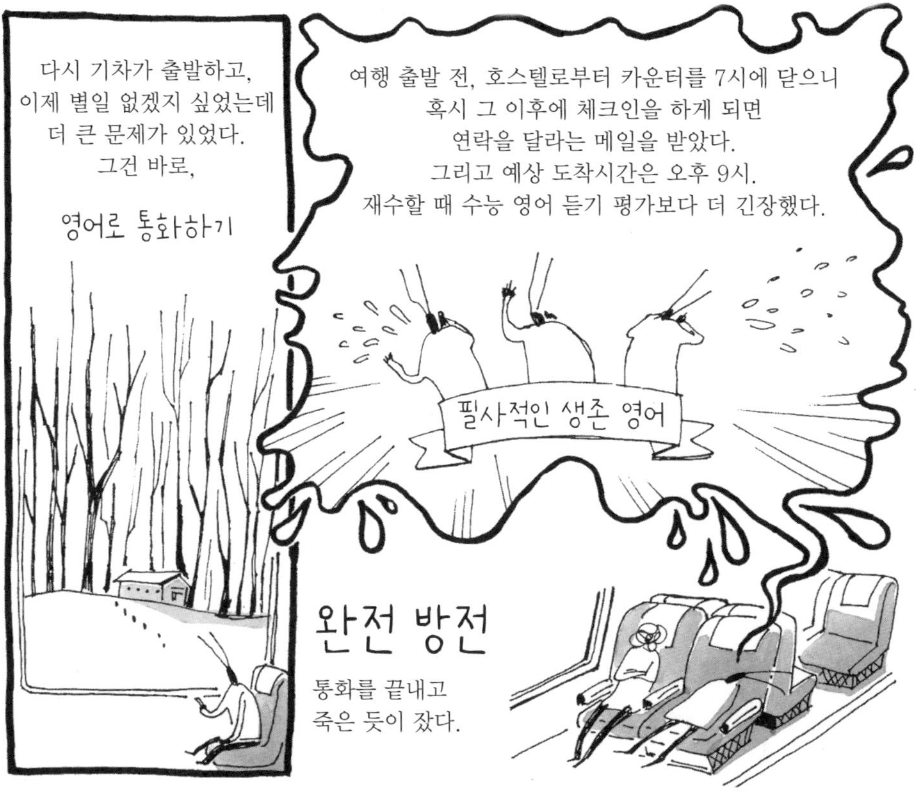

다시 기차가 출발하고,
이제 별일 없겠지 싶었는데
더 큰 문제가 있었다.
그건 바로,

영어로 통화하기

여행 출발 전, 호스텔로부터 카운터를 7시에 닫으니
혹시 그 이후에 체크인을 하게 되면
연락을 달라는 메일을 받았다.
그리고 예상 도착시간은 오후 9시.
재수할 때 수능 영어 듣기 평가보다 더 긴장했다.

필사적인 생존 영어

완전 방전

통화를 끝내고
죽은 듯이 잤다.

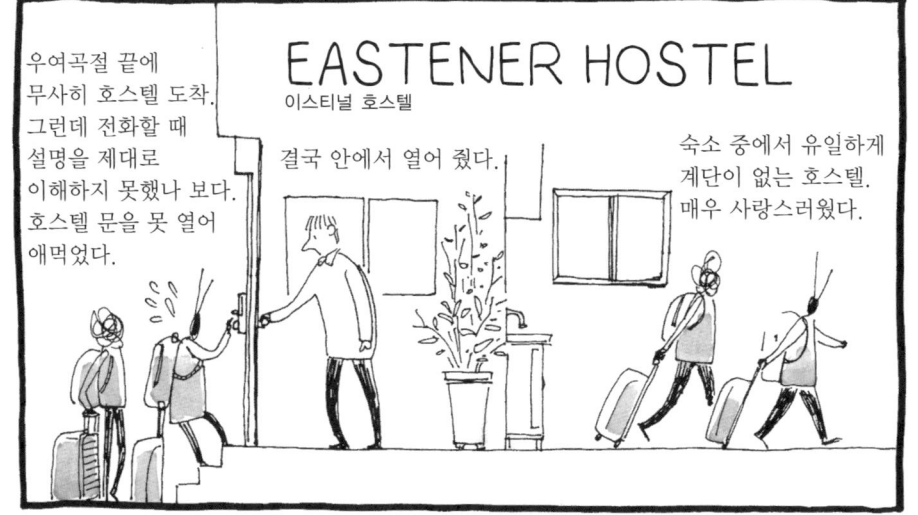

우여곡절 끝에
무사히 호스텔 도착.
그런데 전화할 때
설명을 제대로
이해하지 못했나 보다.
호스텔 문을 못 열어
애먹었다.

EASTENER HOSTEL
이스티널 호스텔

결국 안에서 열어 줬다.

숙소 중에서 유일하게
계단이 없는 호스텔.
매우 사랑스러웠다.

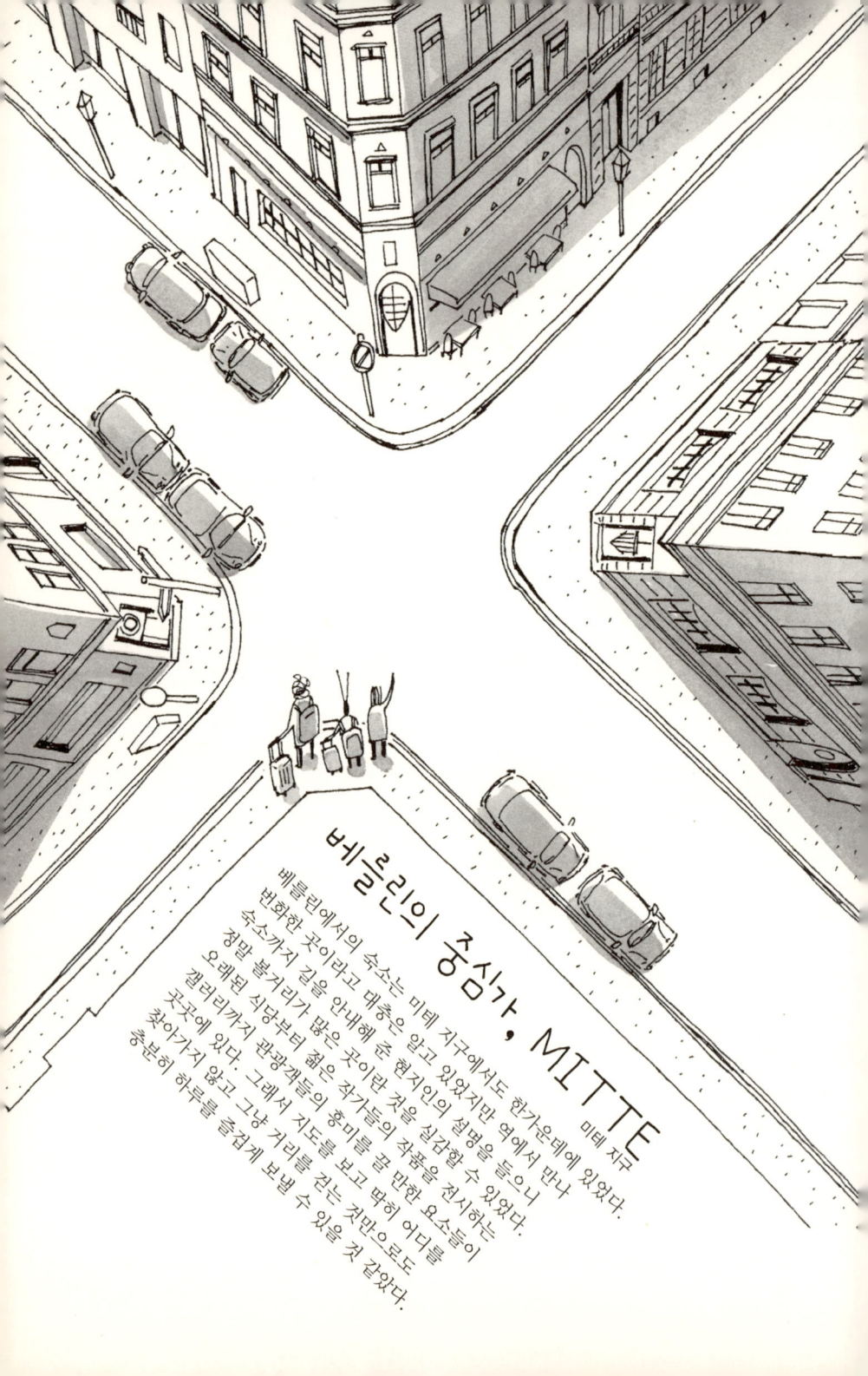

베를린의 중심가, MITTE
미테 지구

베를린에서의 숙소는 미테 지구에서도 한가운데에 있었다.
변화한 곳이라고 매홀은 알고 있었지만 역에서 만나
숙소까지 길을 안내해 준 현지인의 설명을 들으니
정말 볼거리가 많은 곳이란 것을 실감할 수 있었다.
오래된 식당부터 젊은 작가들의 작품을 전시하는
갤러리까지 관광객들의 흥미를 끌 만한 요소들이
곳곳에 있다. 그래서 지도를 보고 딱히 어디를
찾아가지 않고 그냥 거리를 걷는 것만으로도
충분히 하루를 즐겁게 보낼 수 있을 것 같았다.

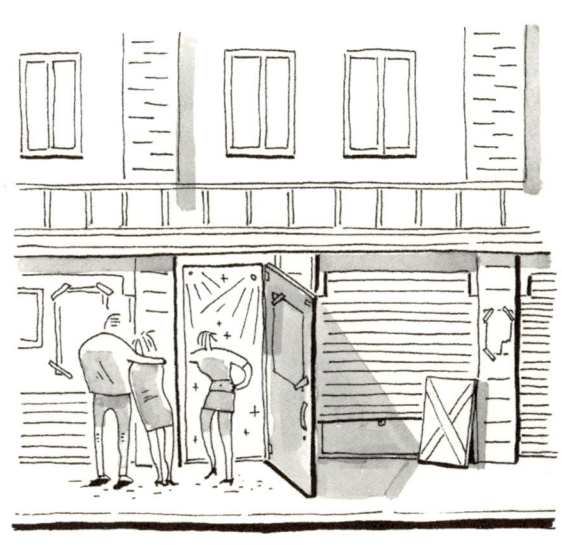

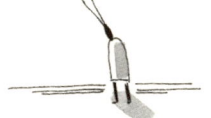

저녁거리를 사러 가다 우연히 발견한 숨겨진 공간.
겉으로 보기엔 그저 허름하고 간판도 없는 건물인데 안은 번쩍번쩍한 클럽.

DAY

18
베를린(BERLIN)

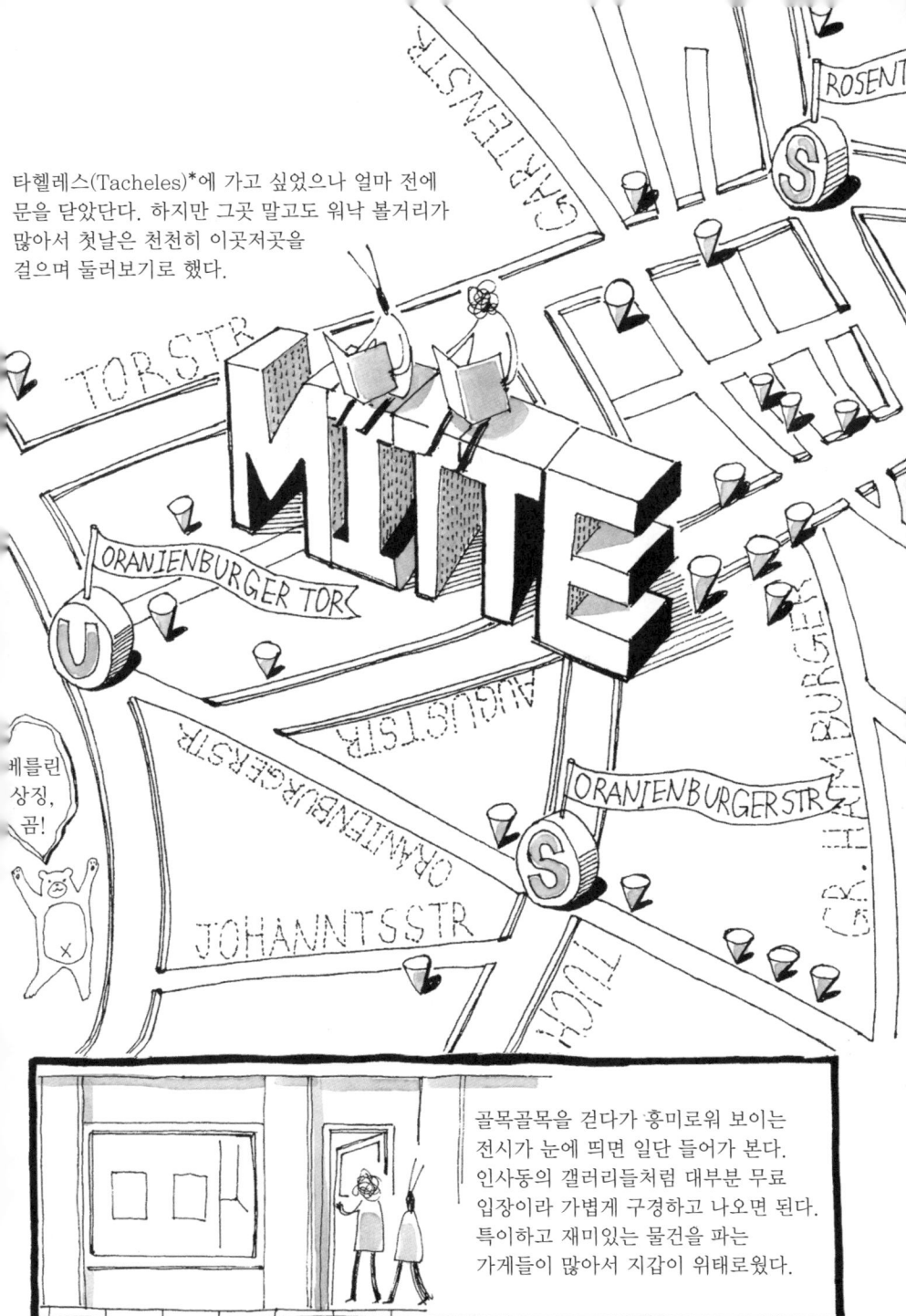

타헬레스(Tacheles)*에 가고 싶었으나 얼마 전에
문을 닫았단다. 하지만 그곳 말고도 워낙 볼거리가
많아서 첫날은 천천히 이곳저곳을
걸으며 둘러보기로 했다.

CRATEWSTR

ROSENT

TOR.STR

MITTE

ORANIENBURGER TOR

U

베를린
상징,
곰!

AUGUSTSTR

ORANIENBURGER STR

GR.HAMBURGER

ORANIENBURGERSTR

S

TUCH

JOHANNTSSTR

골목골목을 걷다가 흥미로워 보이는
전시가 눈에 띄면 일단 들어가 본다.
인사동의 갤러리들처럼 대부분 무료
입장이라 가볍게 구경하고 나오면 된다.
특이하고 재미있는 물건을 파는
가게들이 많아서 지갑이 위태로웠다.

*타헬레스 : 50여 명의 예술가들이 창작 활동을 하는 아틀리에와 공연, 전시회,
　　　　　음악 콘서트 등이 열리는 홀과 카페가 있던 건물.

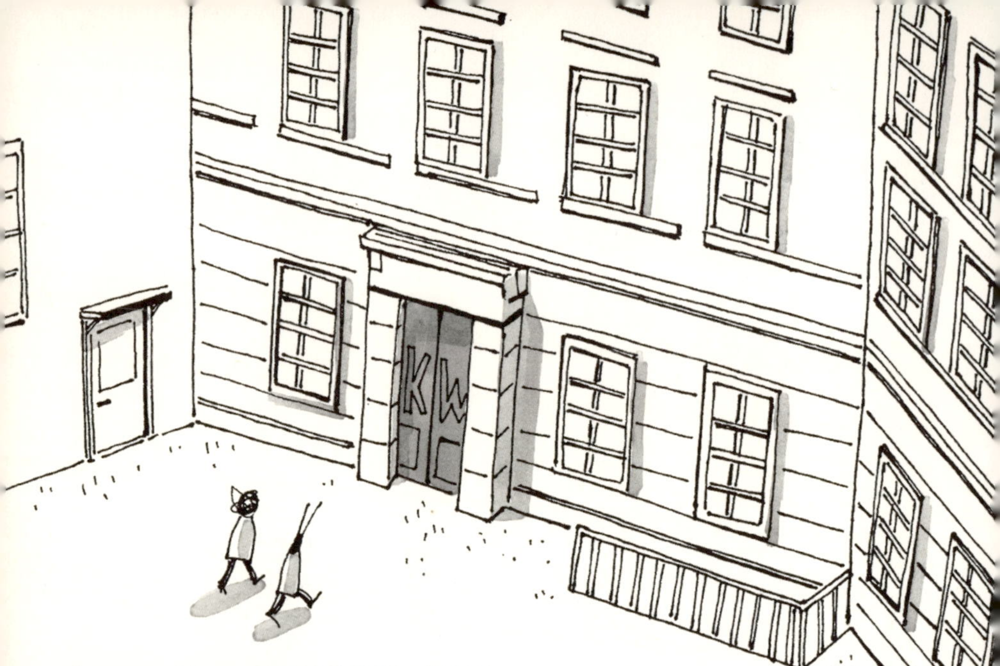

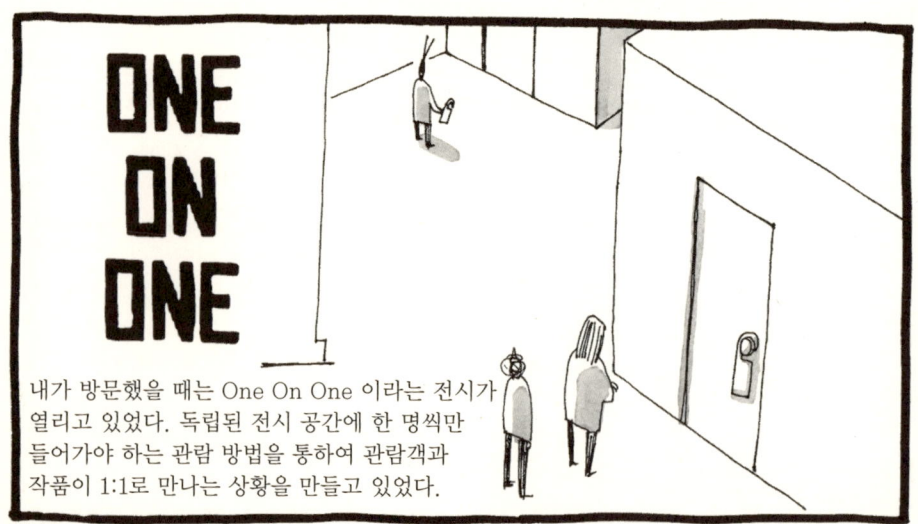

KW-INSTITUTE
FOR CONTEMPORARY ART
KW 인스티튜트

매번 새로운 방향의 전시를 선보이는 갤러리이며 베를린비엔날레를 주관한다.
옆 건물에 붙어 있는 카페 브라보는 미국 예술가 댄 그레이엄*이 디자인했는데
커피나 디저트뿐 아니라 아기자기하고 재미있는 디자인 소품 및 장난감도 팔고 있다.

내가 방문했을 때는 One On One 이라는 전시가
열리고 있었다. 독립된 전시 공간에 한 명씩만
들어가야 하는 관람 방법을 통하여 관람객과
작품이 1:1로 만나는 상황을 만들고 있었다.

*Dan Graham(1942~), 미국 예술가, 작가, 큐레이터.

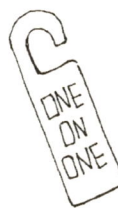

DND(Do Not Disturb!)카드를 나눠준 뒤,
문고리에 걸고 혼자만 입장하게 한다.

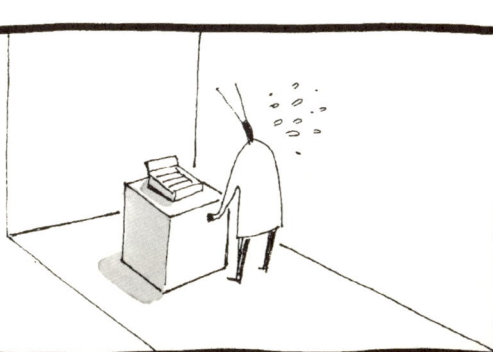

방 한가운데에 초코바가 놓여 있고
'새 것'이라는 표시가 붙어있다.
초코바를 하나 집어 갈까,
아무도 없는데!
집어 가라고 있는 건가?
당황스럽다. 선택은 개인의 몫이다.

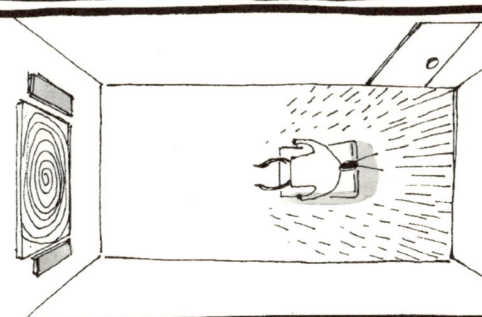

의자에 앉으면
화면을 통해 관람객에게
최면을 걸기 시작한다.
하지만 영어가 짧아서
몰입하기는 어려웠다.

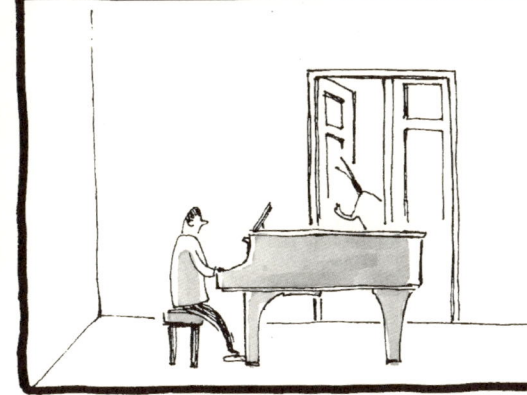

제일 재미있었던 방.
피아노 연주가 들린다.
문을 열고 들어가자 연주자는
피아노 연주를 멈추고 관람객을
마치 불청객인 것처럼 노려본다.
당황하여 후다닥 문을 닫고
나왔는데, 이게 뭔가 싶었다.

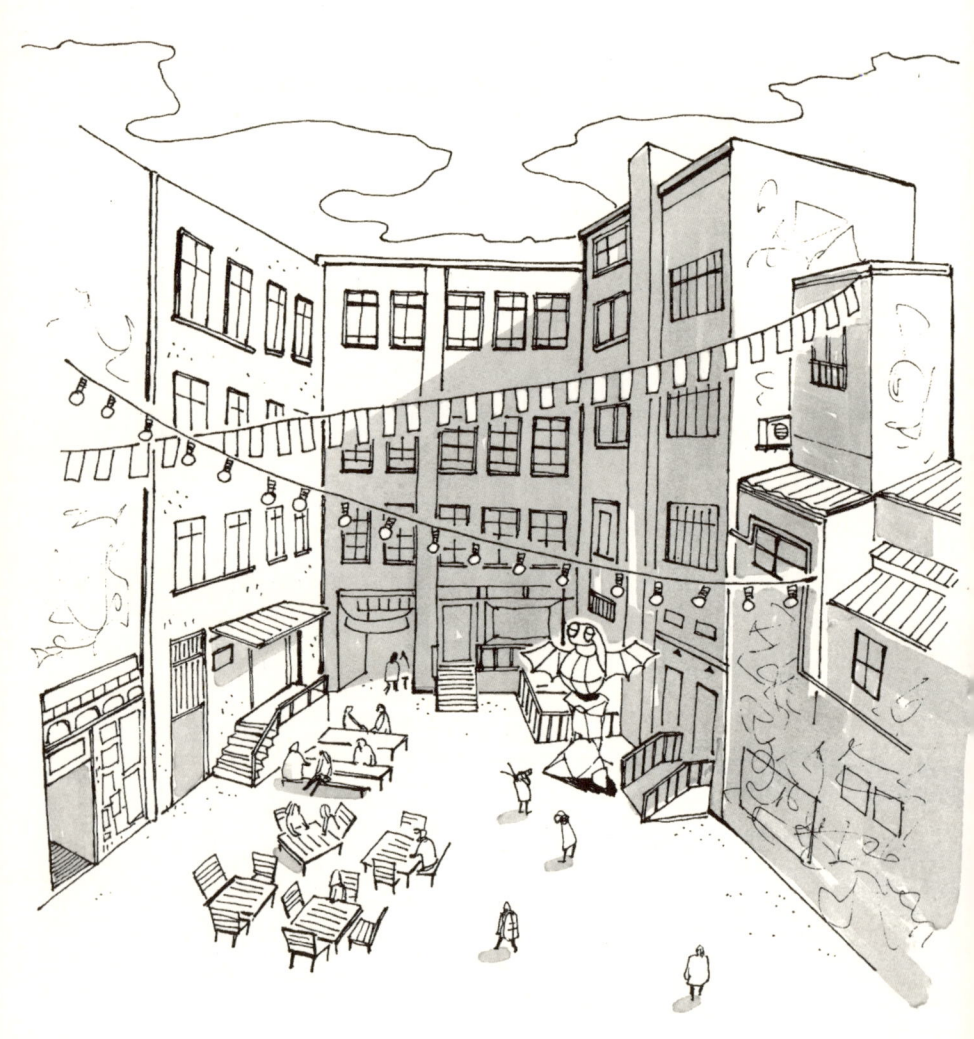

HAUS SCHWARZENBERG

하우스 슈바르첸베르크

슈바르첸베르크협회가 하케셔 마크트(Hackescher Markt) 역 주변에
조성한 예술 단지이다.
작은 골목 같은 입구를 들어가자마자 압도적인 그래피티*들이 눈에
들어오므로 예술 단지임을 쉽게 알 수 있다.
관광객의 관심을 끄는 빈티지숍, 독특한 분위기의 카페와 바가 있고
학생들을 위한 예술 수업이 열리는 곳도 있다. 그래피티가 가득한
건물들로 둘러싸인 노천카페는 마치 다른 세상에 떠 있는 작은 섬 같다.

*그래피티 : 벽이나 그밖의 화면에 낙서처럼 긁거나 스프레이 페인트를 이용해 그리는 그림.

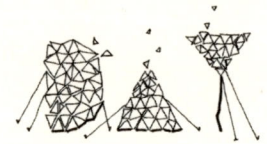

19
베를린(BERLIN)

BRANDENBURG GATE

브란덴부르크 문

베를린의 상징이라 할 수 있는 브란덴부르크 문은 과거 동독과 서독의 경계였던
곳에 있다. 불과 20년 전만 해도 이곳을 기점으로 서로 다른 나라로 갈라져 분단되어
있었다는 게 실감이 나지 않는다. 시간의 흔적을 만나는 건 늘 기분이 묘한 일이다.

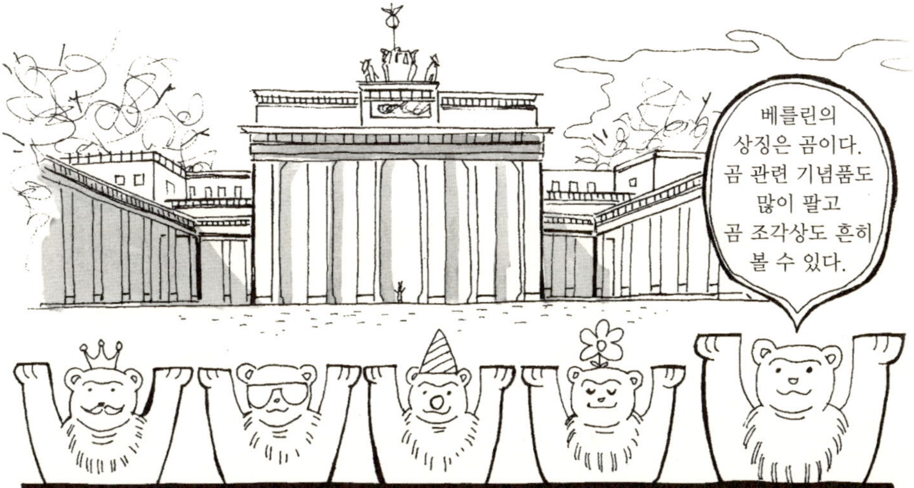

> 베를린의
> 상징은 곰이다.
> 곰 관련 기념품도
> 많이 팔고
> 곰 조각상도 흔히
> 볼 수 있다.

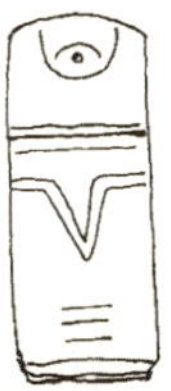

여행물품 중에서 의외로 유용했던 '뿌리는파스'가 다 떨어져서 약국에 갔다.
하지만 어떤 식으로 소통해 봐도 구할 수가 없었다. 유럽에는 뿌리는
파스가 없나? 한국에 돌아와서 영어 학원 원어민
선생님에게 이 이야기를 했더니 하시는 말.

"코리안 매직 스프레이"

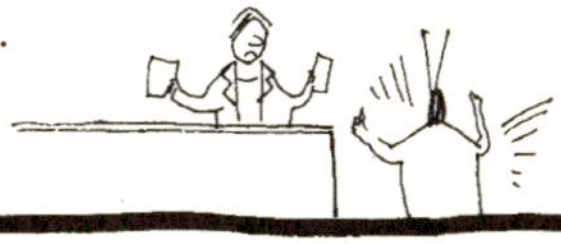

베를린은 현대 건축의 박람회장

숙소에서 만난 건축 전공자 여행자들은 온종일
건물 사진만 찍으러 뛰어다니더라. 그만큼 베를린 곳
곳에는 거장 건축가들의 작품이 많다고 한다.

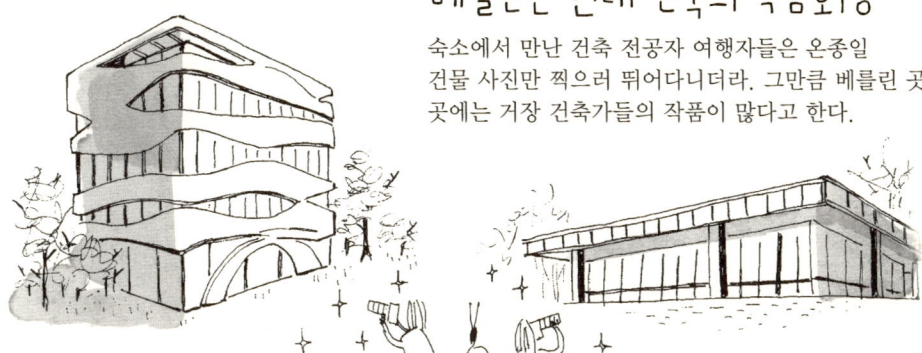

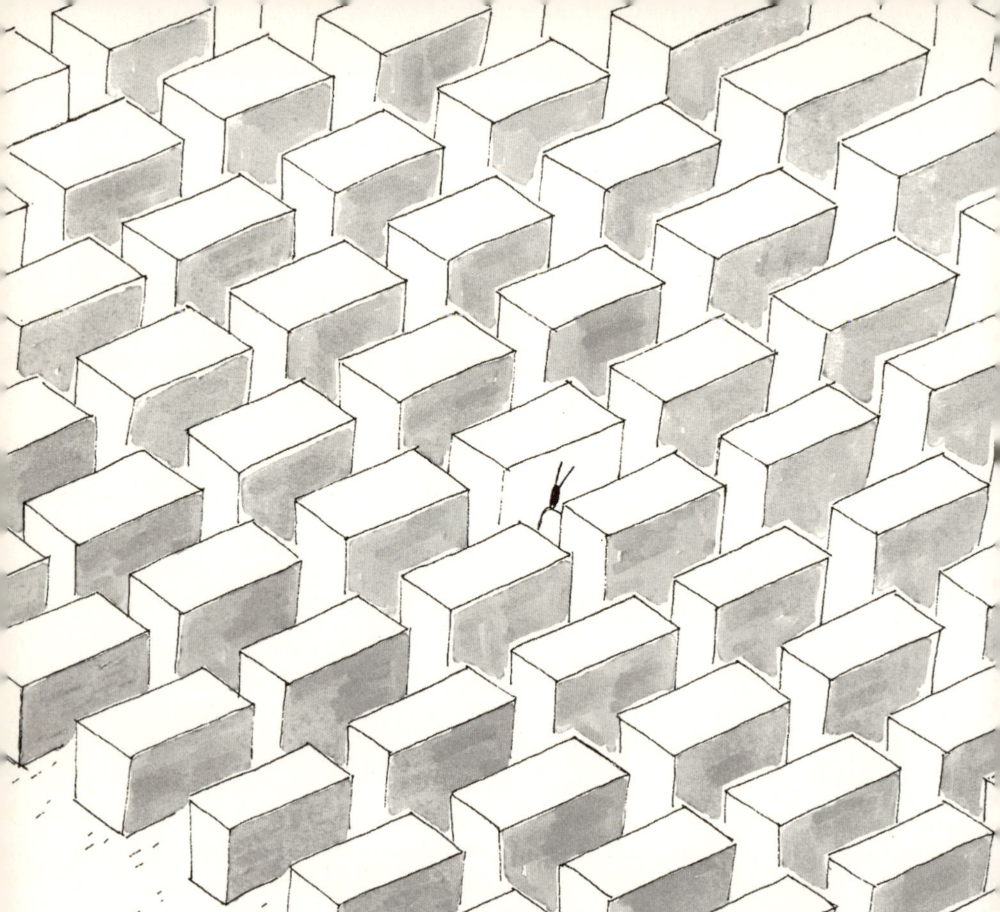

가해자가 기억하는 역사

HOLOCAUST MEMORIAL

홀로코스트 메모리얼

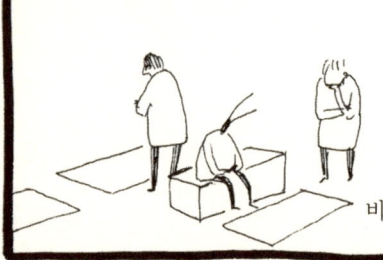

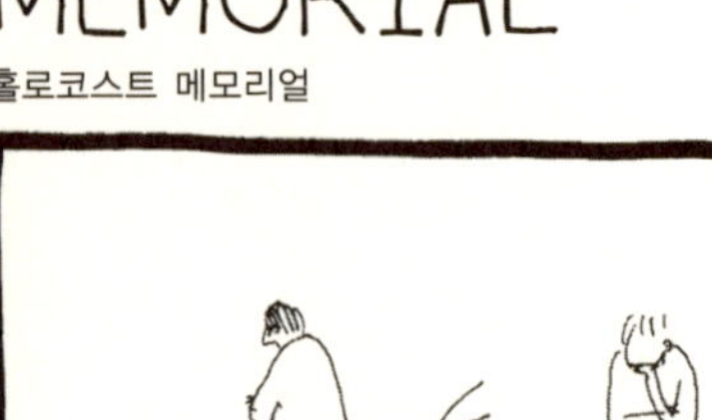

2005년에 종전 60주년 기념으로 조성되었다.
학살 당한 유태인들을 추모하는 의미로 관을
형상화하여 만든 조각상들이 세워져 있다.
안쪽에는 전시장이 있는데 입장은 무료다.
나치의 횡포를 자세히 기록해 두었다.
아픈 역사일지라도 묻을 때가 아니라 드러낼 때
비로소 역사의 진보를 이룰 수 있다는 생각이 들었다.

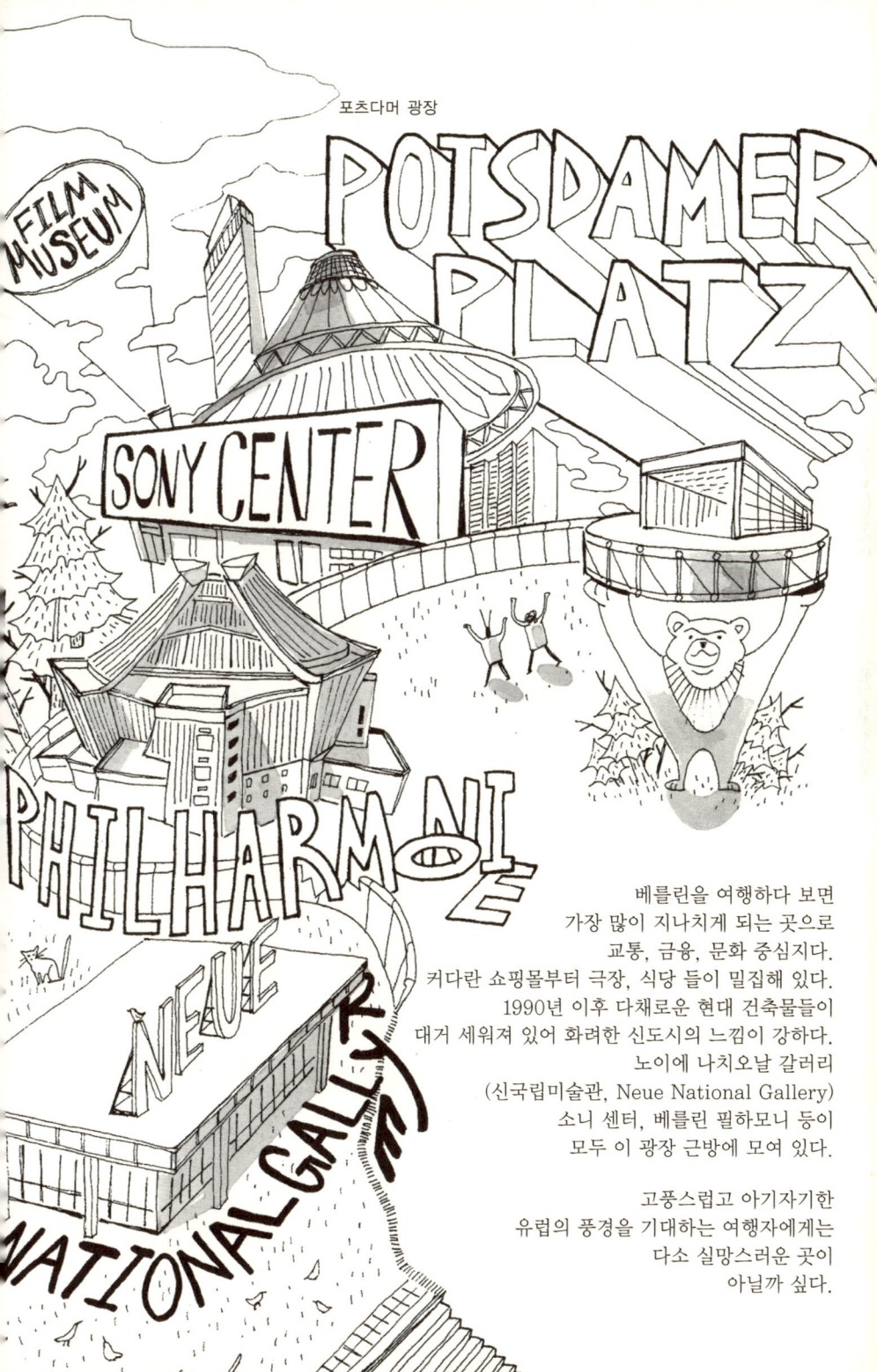

포츠다머 광장

FILM MUSEUM

POTSDAMER PLATZ

SONY CENTER

PHILHARMONIE

NEUE

NATIONAL GALLERY

베를린을 여행하다 보면
가장 많이 지나치게 되는 곳으로
교통, 금융, 문화 중심지다.
커다란 쇼핑몰부터 극장, 식당 들이 밀집해 있다.
1990년 이후 다채로운 현대 건축물들이
대거 세워져 있어 화려한 신도시의 느낌이 강하다.
노이에 나치오날 갈러리
(신국립미술관, Neue National Gallery)
소니 센터, 베를린 필하모니 등이
모두 이 광장 근방에 모여 있다.

고풍스럽고 아기자기한
유럽의 풍경을 기대하는 여행자에게는
다소 실망스러운 곳이
아닐까 싶다.

베를린 중심에 자리한 커다란 공원 티어가르텐에는 전승 기념탑이 있다.
꼭대기에는 세 개의 전쟁에서 승리한 것을 기념하는 승리의 여신 조각상이 있다.
세계 2차대전 당시 폭격을 받지 않아 지금은 베를린의 대표적인 관광지 중 하나가 되었다.
탑 위로 올라가려면 8유로 정도의 입장료를 내야 하는데 원형 계단을 타고 한참
걸어 올라가야 한다. 힘들지 않다고는 말하지 못하는 높이.

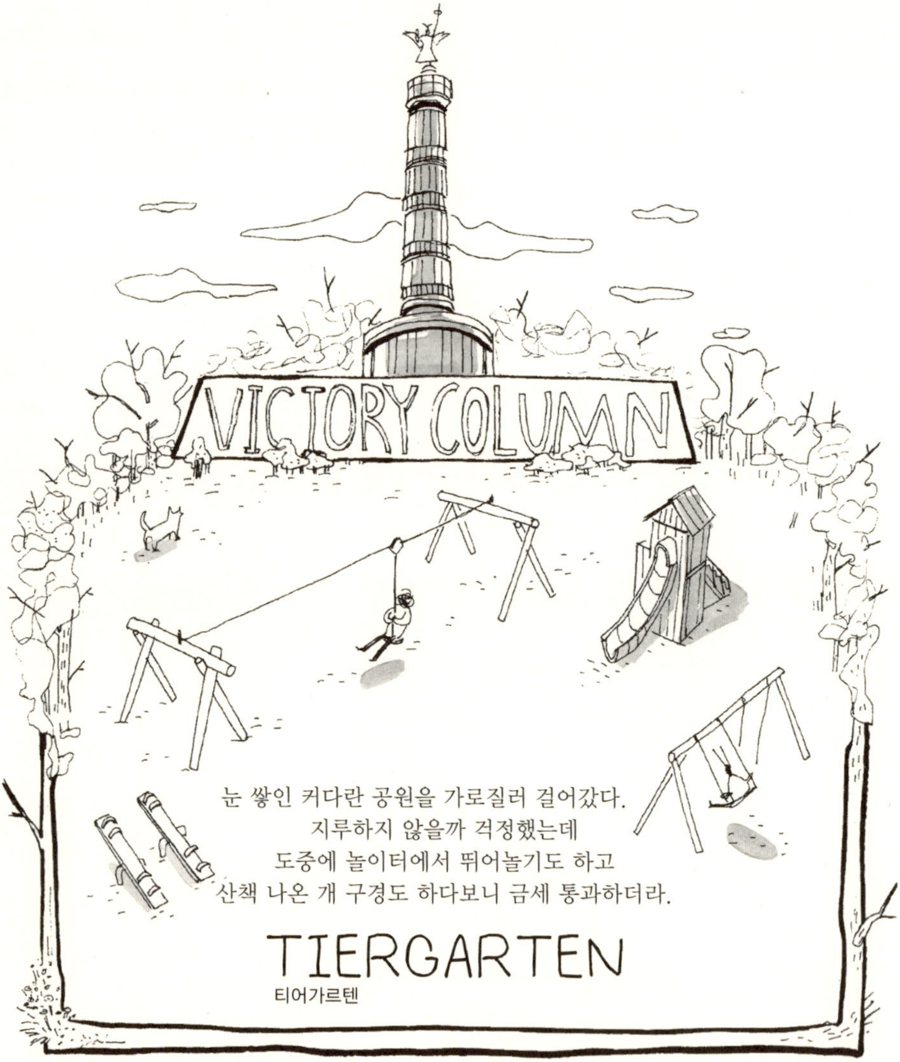

VICTORY COLUMN

눈 쌓인 커다란 공원을 가로질러 걸어갔다.
지루하지 않을까 걱정했는데
도중에 놀이터에서 뛰어놀기도 하고
산책 나온 개 구경도 하다보니 금세 통과하더라.

TIERGARTEN
티어가르텐

산책 나온 개가 많다.
목줄을 매지 않은 큰 개들도 있었지만 대부분 얌전하고
말도 잘 들었다. 우리집 개는 망나니인데,
쟤들은 어떻게 교육하는 걸까?
그래도 나는 우리 집 망나니가 더 귀엽다.

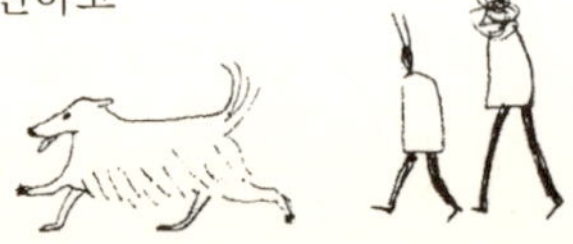

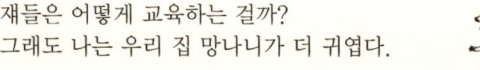
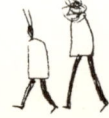

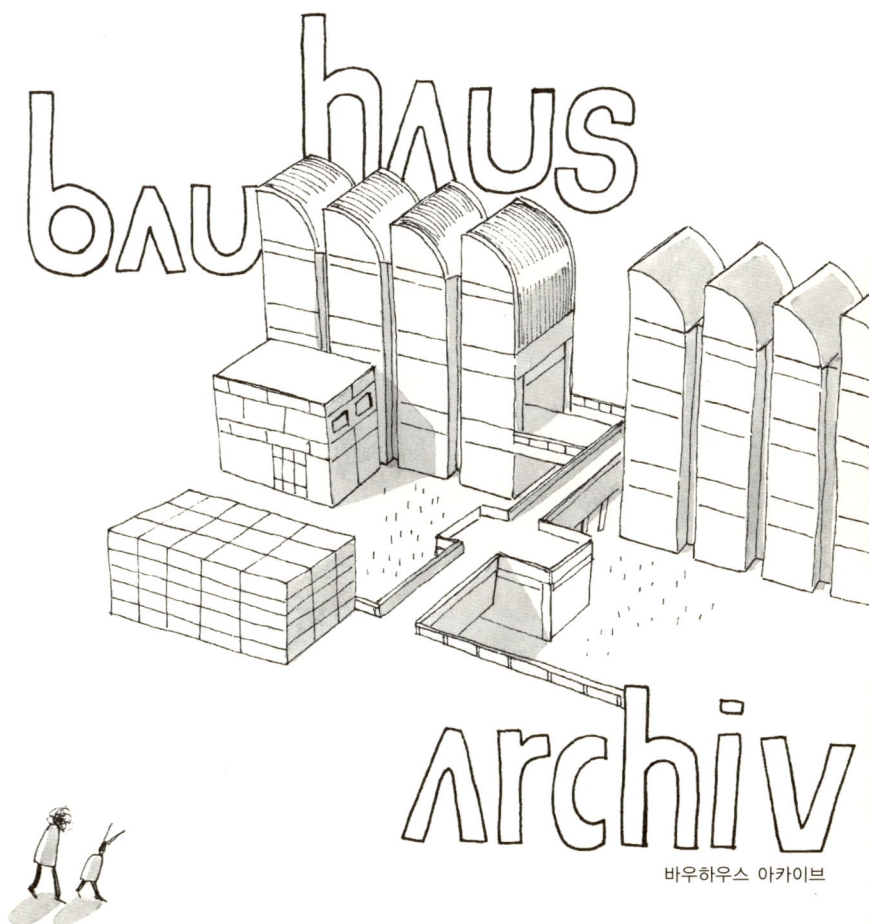

바우하우스 아카이브

바우하우스의 교육 과정을 전시하는 곳이다.
칸딘스키, 그로피우스, 미스반데어로어 등
책에서나 만나던 거장들이 교수로 재직하는 학교라니,
마치 해리포터의 호그와트를 구경하고 나온 기분이랄까?

하지만 한편으로는
여행하는 동안 잊고 있던 졸업 전시 준비의 압박이 되살아났다.

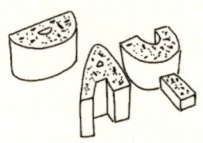

20
베를린(BERLIN)

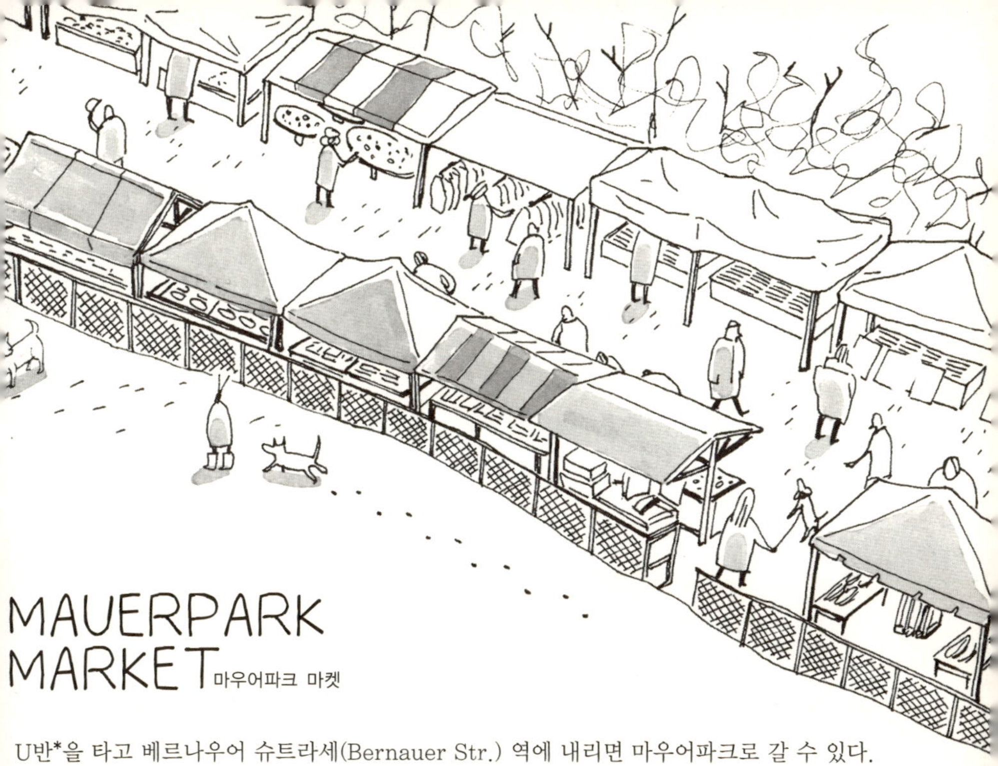

MAUERPARK
MARKET 마우어파크 마켓

U반*을 타고 베르나우어 슈트라세(Bernauer Str.) 역에 내리면 마우어파크로 갈 수 있다.
일요일에는 마켓이 열린다. 마켓을 구경하지 않더라도 공원에서 한가롭게 산책하기 좋아 보였다.
마켓 안쪽에는 간단하게 소시지를 사 먹을 수 있는 노점도 있고 앉아서 쉴 수 있는 카페도 있다.
이날도 눈이 많이 왔지만 관광객과 썰매를 타러 온 주민들로 붐볐다.

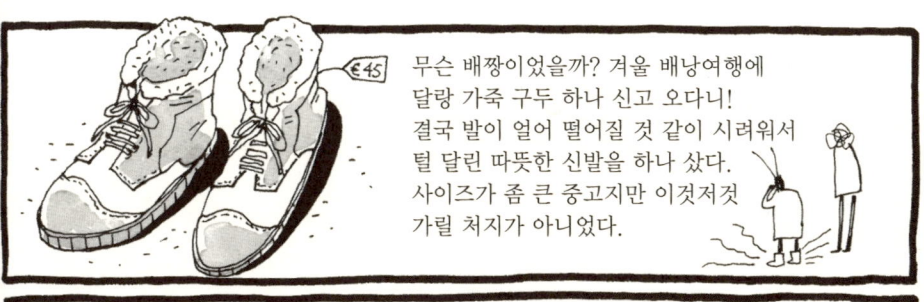

무슨 배짱이었을까? 겨울 배낭여행에
달랑 가죽 구두 하나 신고 오다니!
결국 발이 얼어 떨어질 것 같이 시려워서
털 달린 따뜻한 신발을 하나 샀다.
사이즈가 좀 큰 중고지만 이것저것
가릴 처지가 아니었다.

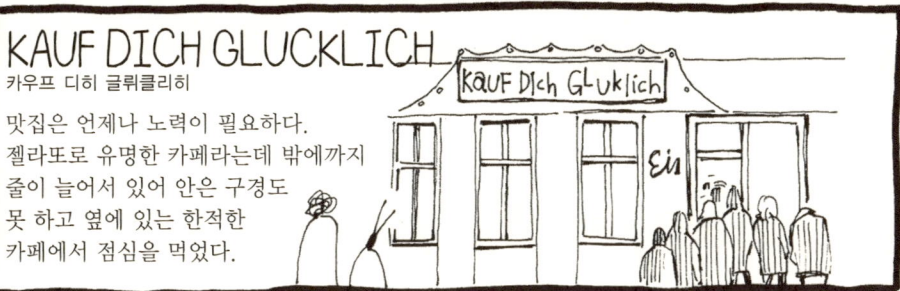

KAUF DICH GLUCKLICH
카우프 디히 글뤼클리히

맛집은 언제나 노력이 필요하다.
젤라또로 유명한 카페라는데 밖에까지
줄이 늘어서 있어 안은 구경도
못 하고 옆에 있는 한적한
카페에서 점심을 먹었다.

*U-반(Bahn) : 독일의 지하철. 우반이라고 읽는다.

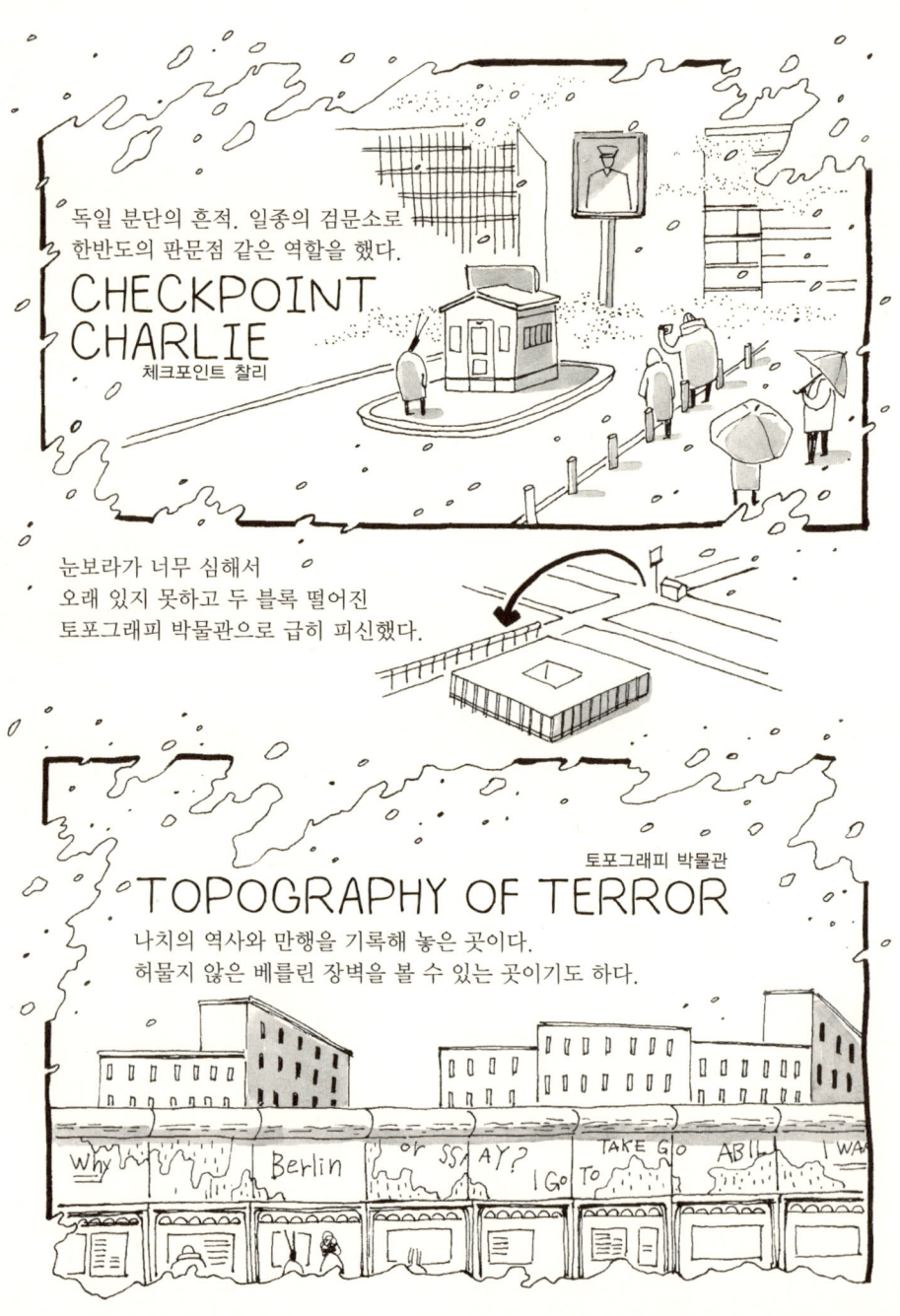

독일 분단의 흔적. 일종의 검문소로
한반도의 판문점 같은 역할을 했다.

CHECKPOINT CHARLIE
체크포인트 찰리

눈보라가 너무 심해서
오래 있지 못하고 두 블록 떨어진
토포그래피 박물관으로 급히 피신했다.

토포그래피 박물관
TOPOGRAPHY OF TERROR

나치의 역사와 만행을 기록해 놓은 곳이다.
허물지 않은 베를린 장벽을 볼 수 있는 곳이기도 하다.

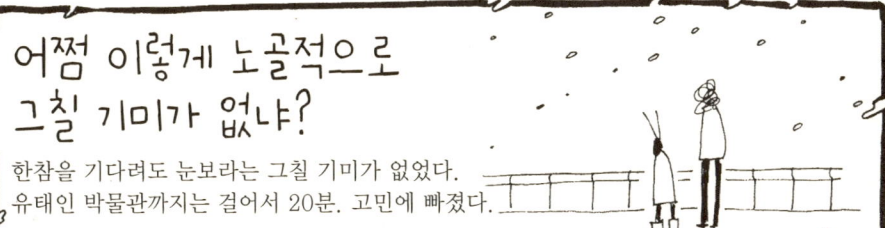

어쩜 이렇게 노골적으로 그칠 기미가 없냐?

한참을 기다려도 눈보라는 그칠 기미가 없었다.
유태인 박물관까지는 걸어서 20분. 고민에 빠졌다.

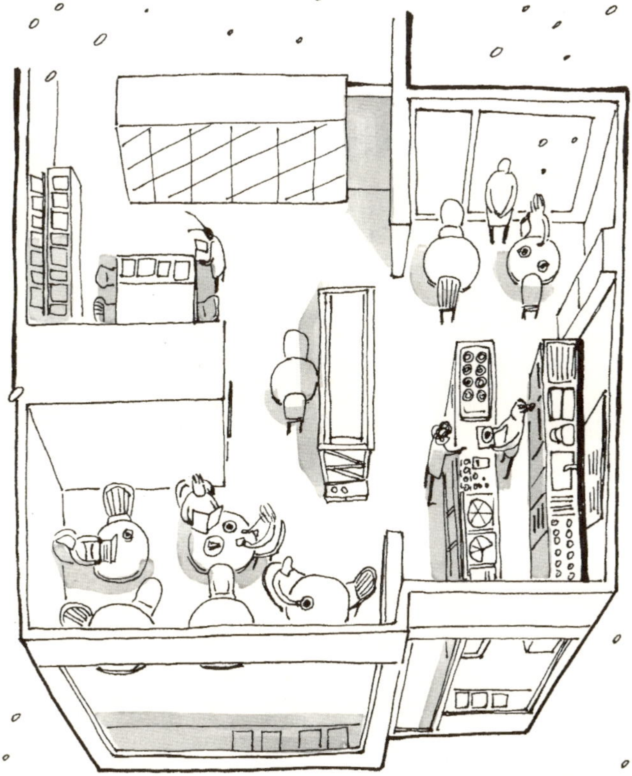

WEST BERLIN

카페 웨스트 베를린

체크포인트 찰리까지는 어찌어찌 갈 수 있었다. 하지만 그 이상은 무리인 것 같아
근처 아무 카페에 들어갔고 뜻밖의 횡재를 맞았다. 기대 이상으로 분위기가 좋은
카페였다. 카페 주인이 건축가라서 그런가, 인테리어에 들인 정성이 예사롭지 않다.
안쪽에서는 예술, 건축 서적도 판매하고 있었다.

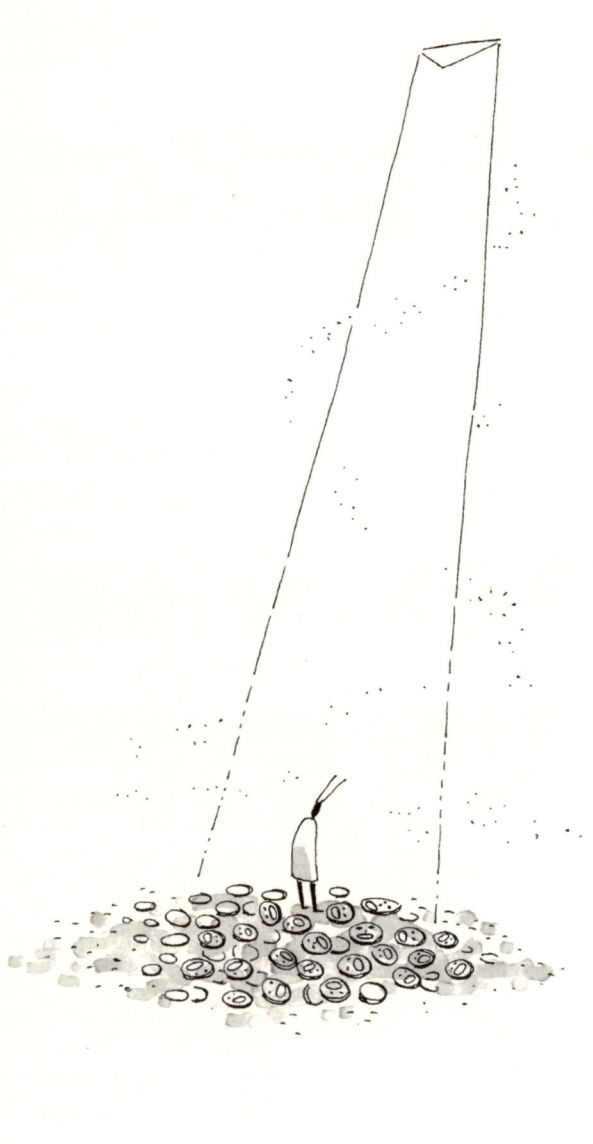

JEWISH MUSEUM

유태인 박물관

다니엘 리베스킨트가 디자인한 이 건물은 매우 인상적이어서
멀리서도 금방 알아볼 수 있다.
날카로우면서 차가운 회색 건물은 어떻게 보면 흉물스러워 보인다.
하지만 내부에 있는 홀로코스트 탑에 들어가면 건물의 의미를 짐작할 수 있다.
춥고 어두운 높은 탑, 벽의 틈새로 바깥 바람과 빛이 새어 들어오긴 하지만
보일 듯 말 듯 비치는 빛과 힘겹게 들어오는 바람 소리는
오히려 더 음산하고 외로운 느낌을 준다.
그 외에도 건물 곳곳에 나치에 희생당한 유태인의 넋을 기리는 공간들이 마련되어 있고
유태인의 역사와 전통 및 문화를 기발한 방법으로 전시해 놓았다.
인포그래픽과 사용자 안내 디자인이 뛰어나다고 느낀 곳.
어느 곳 하나 디자이너의 손길이 닿지 않은 곳이 없다.

*Daniel Libeskind(1946~), 폴란드 건축가.

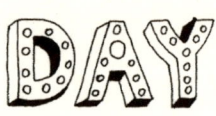

21
베를린(BERLIN)

더 스토리 오브 베를린

박물관에 관심 없고
한 번도 자기 돈 내고
그런 데 가본 적 없다는
베를린 숙소 주인장이
유일하게 추천한 박물관

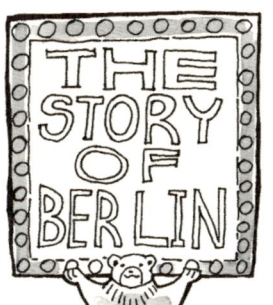

패션과 유행부터 베를린 장벽에
이르기까지 베를린의 800년
역사와 문화를 소개하는 곳이다.

하지만 이곳을 추천한 이유를
짐작케 하는 것은 바로,

1970년대에 지어진 벙커를
둘러보는 투어

입구에 있는 시계에
표시된 시간이 되면
사람들이 로비에 모인다.

다들 모이셨죠?
영어 하실 수 있는 분들 손 들어 보세요!

어 리를. 벗….

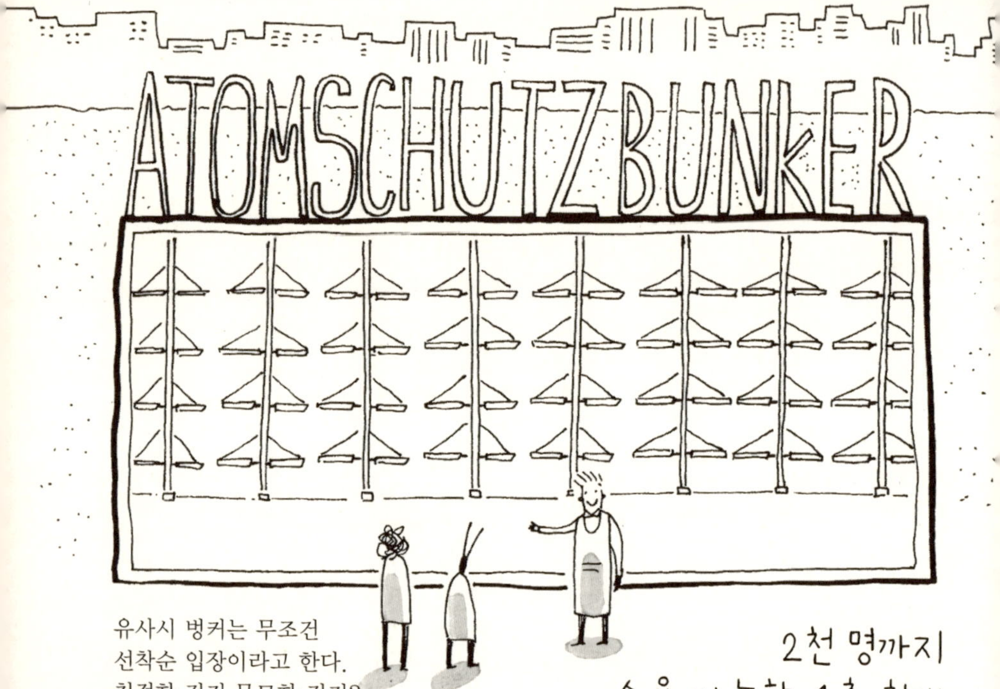

ATOMSCHUTZBUNKER

유사시 벙커는 무조건
선착순 입장이라고 한다.
친절한 건지 무모한 건지?

**2천 명까지
수용 가능한 4층 침대**

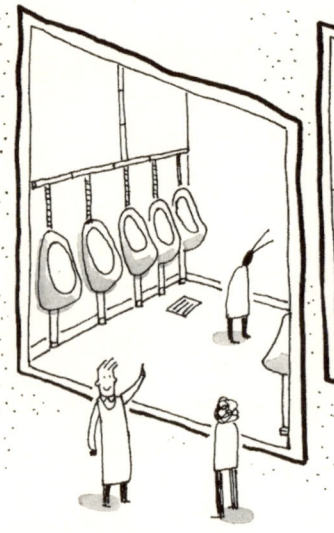

화장실에는 거울이 없다.
유리가 자해, 혹은 타살의
위험이 있어서란다.

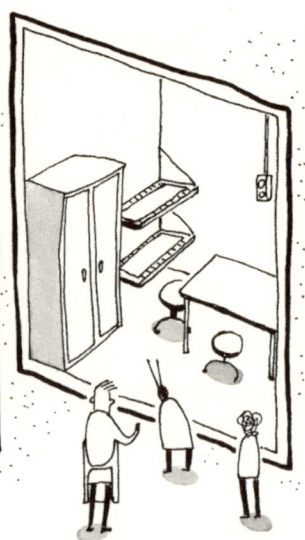

한 쪽에는 의무실도 있고,

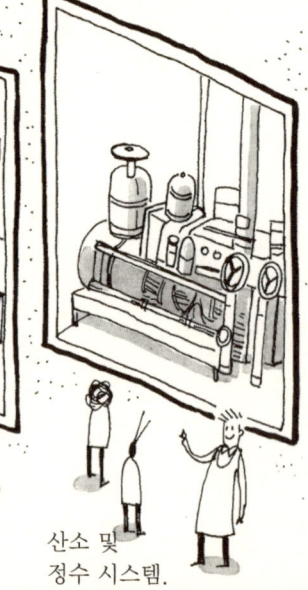

산소 및
정수 시스템.
하지만 2천 명을 수용할 경우
온도가 30도까지 올라갈 것이라

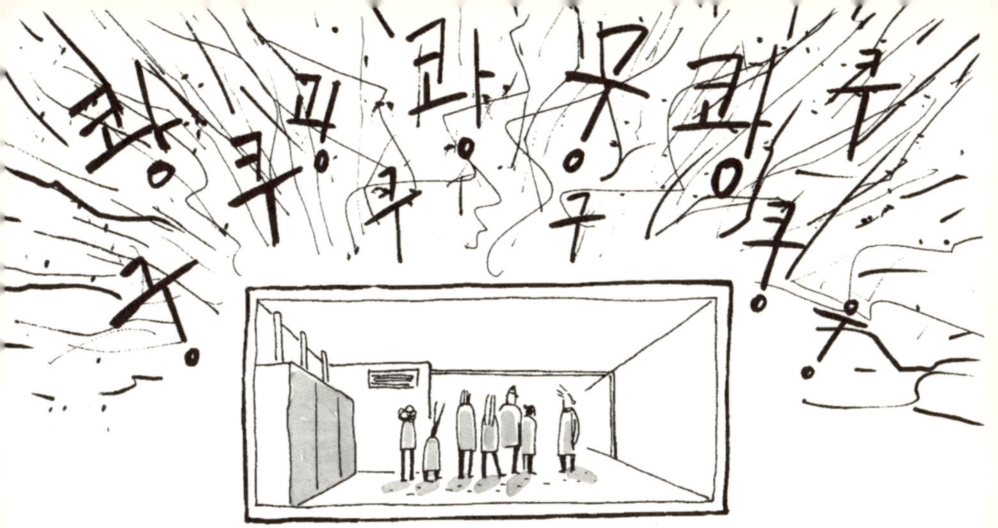

투어가 끝나고
실제 전쟁이 일어났을 때 벙커에서 듣게 될 소리와
2차 세계대전 당시 녹음된 히틀러의 음성을 들려준다.

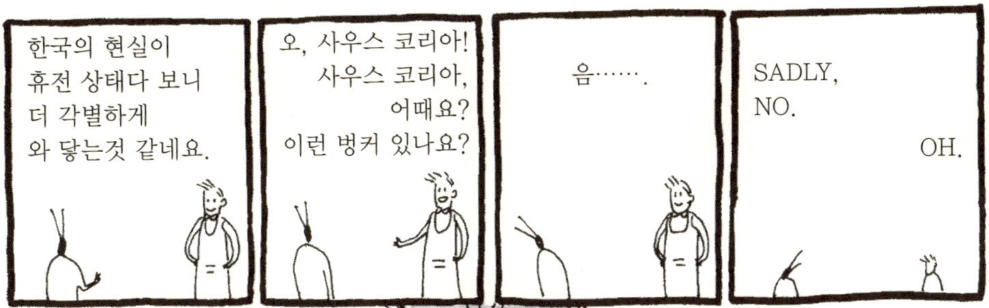

| 한국의 현실이 휴전 상태다 보니 더 각별하게 와 닿는것 같네요. | 오, 사우스 코리아! 사우스 코리아, 어때요? 이런 벙커 있나요? | 음……. | SADLY, NO.

OH. |

20여 개의 전시관 중에
가장 인상 깊었던 곳

한 방을 서독-동독의
각 다른 스타일로 꾸며 놓은 곳이다.
언젠가 남한-북한으로도
비슷한 전시를 하게 되지 않을까?

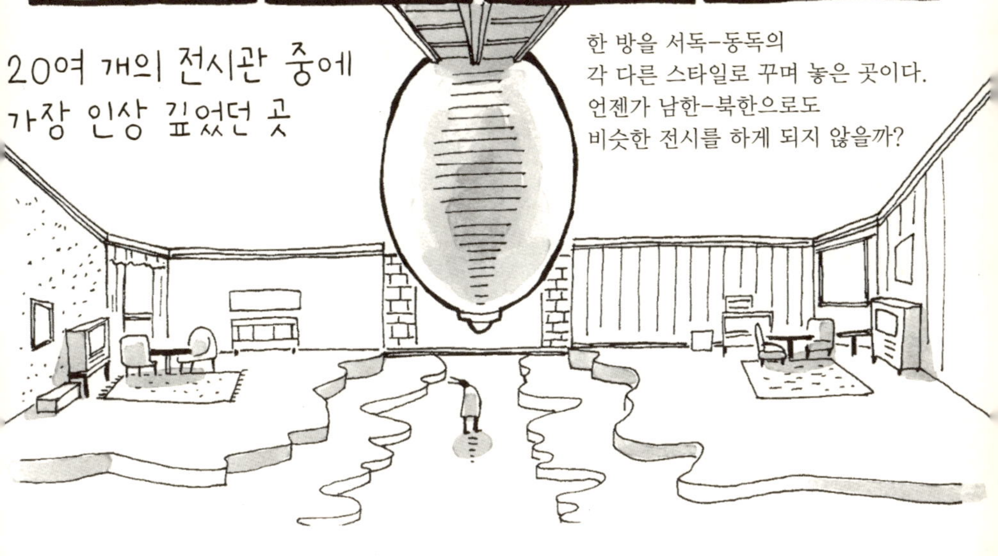

DO YOU READ ME?!
서점, 두 유 리드 미

미테 지구에 있는 디자인 및 예술 전문 서점.
건물의 긴 한쪽 벽 전체를 각종 잡지들이 가득 메우고 있다.
가벼운 사진 잡지에서 전위적인 예술 잡지까지
잡지의 종류가 이렇게나 다양할 수 있나 싶었다.

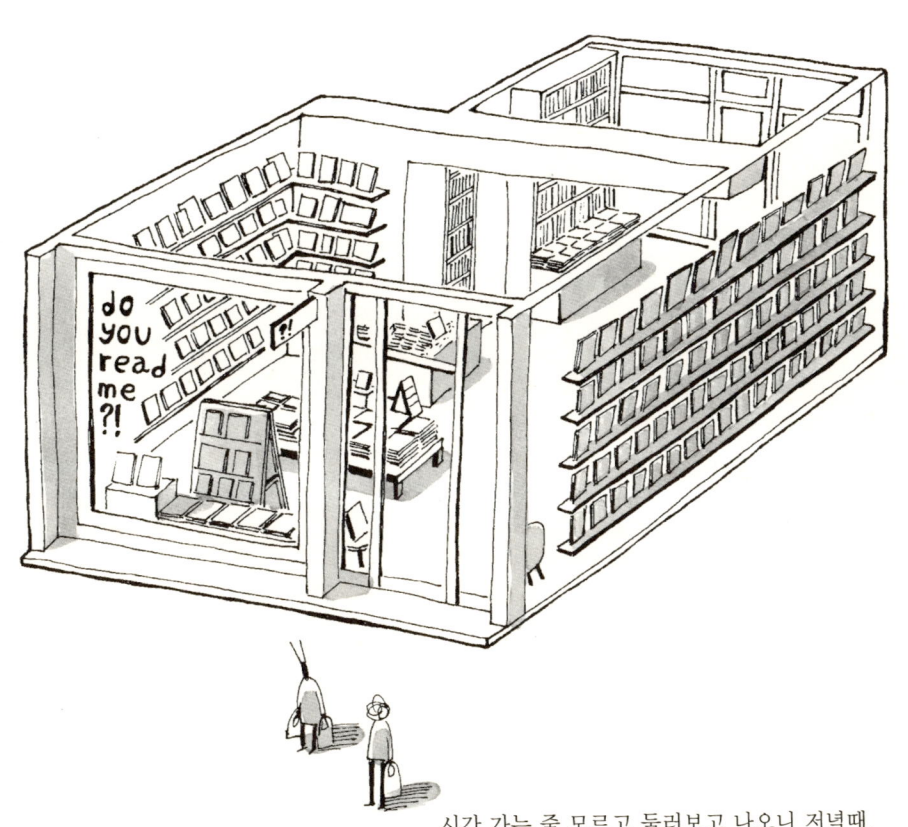

시간 가는 줄 모르고 둘러보고 나오니 저녁때.
지갑에는 돈 대신 영수증이 가득.

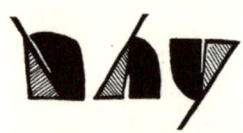

22
베를린(BERLIN)

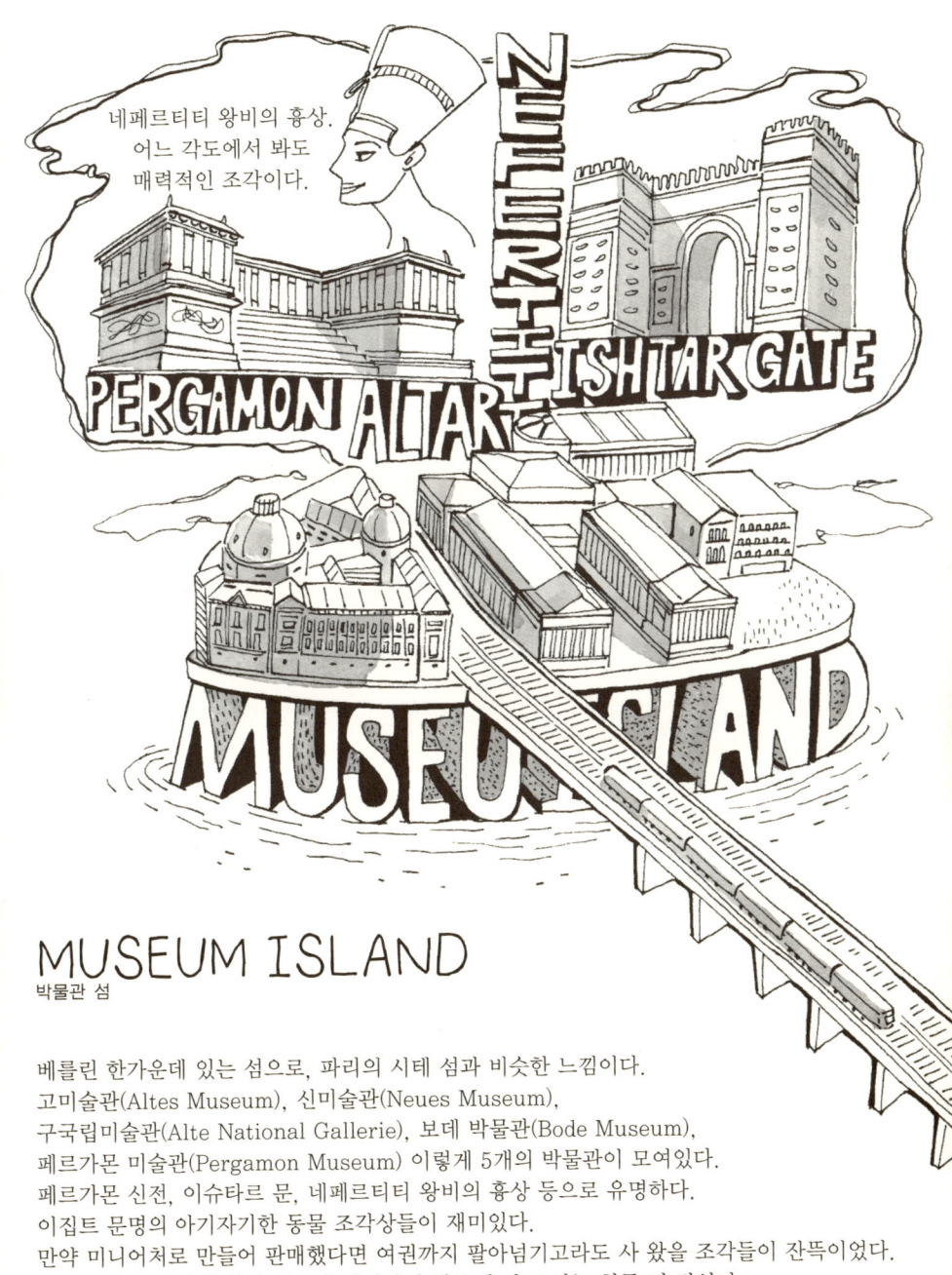

네페르티티 왕비의 흉상.
어느 각도에서 봐도
매력적인 조각이다.

NEFERTITI

PERGAMON ALTAR ISHTAR GATE

MUSEUM ISLAND

MUSEUM ISLAND
박물관 섬

베를린 한가운데 있는 섬으로, 파리의 시테 섬과 비슷한 느낌이다.
고미술관(Altes Museum), 신미술관(Neues Museum),
구국립미술관(Alte National Gallerie), 보데 박물관(Bode Museum),
페르가몬 미술관(Pergamon Museum) 이렇게 5개의 박물관이 모여있다.
페르가몬 신전, 이슈타르 문, 네페르티티 왕비의 흉상 등으로 유명하다.
이집트 문명의 아기자기한 동물 조각상들이 재미있다.
만약 미니어처로 만들어 판매했다면 여권까지 팔아넘기고라도 사 왔을 조각들이 잔뜩이었다.
규모가 커서 가볍게 둘러보는 게 아니라면 하루에 다 보기는 힘들 것 같았다.
박물관을 전부 돌아볼 수 있는 패키지 티켓을 팔긴 하는데 좀 빡빡한 일정일 듯하다.

진리의 터키식 케밥

되너라고 읽는다.

한국에서 주로 팔고 있는 케밥과는 달리
쫄깃한 빵과 촉촉한 고기의 조화는
자다가도 생각나는 맛.
게다가 가격도 저렴해서
부담 없이 한 끼를 해결하기엔
더할 나위 없다.
양도 많다! 얼마나 착해!

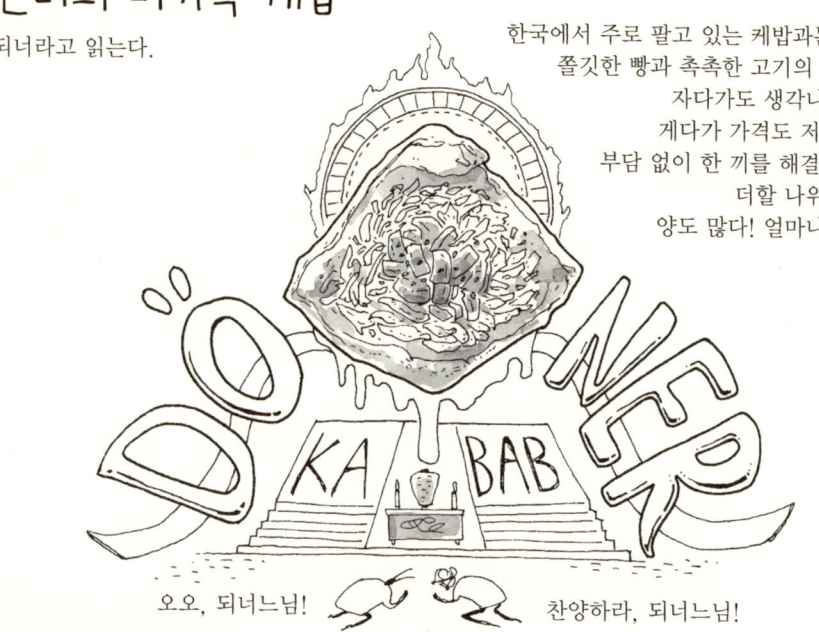

오오, 되너느님!　　　　　찬양하라, 되너느님!

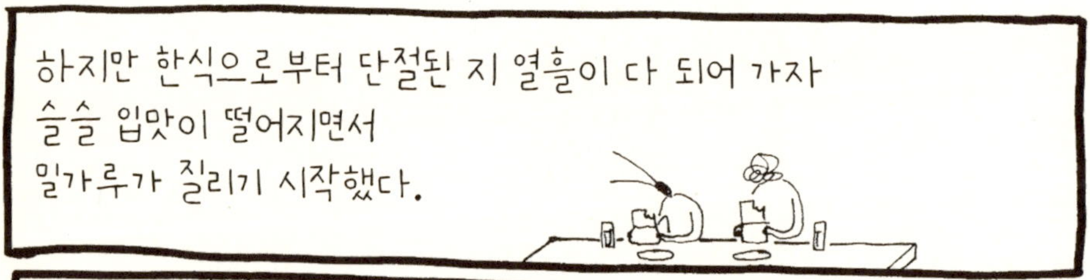

하지만 한식으로부터 단절된 지 열흘이 다 되어 가자
슬슬 입맛이 떨어지면서
밀가루가 질리기 시작했다.

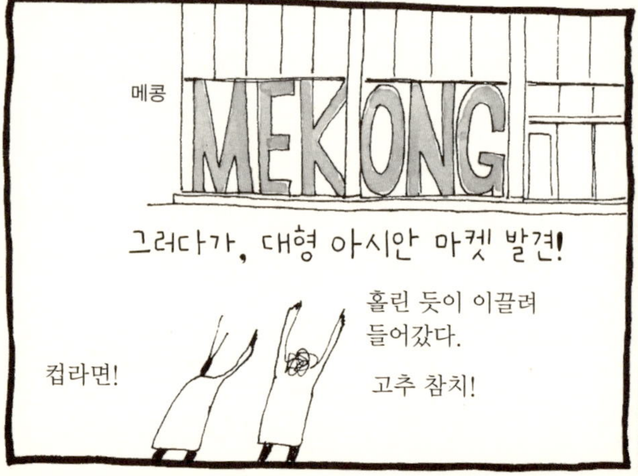

메콩

MEKONG

그러다가, 대형 아시안 마켓 발견!

홀린 듯이 이끌려
들어갔다.

컵라면!

고추 참치!

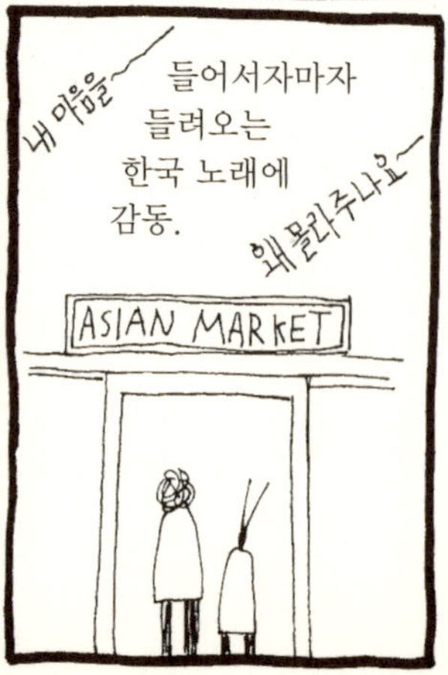

내 마음을 들어서자마자
들려오는
한국 노래에
감동.

왜 몰라주나요~

ASIAN MARKET

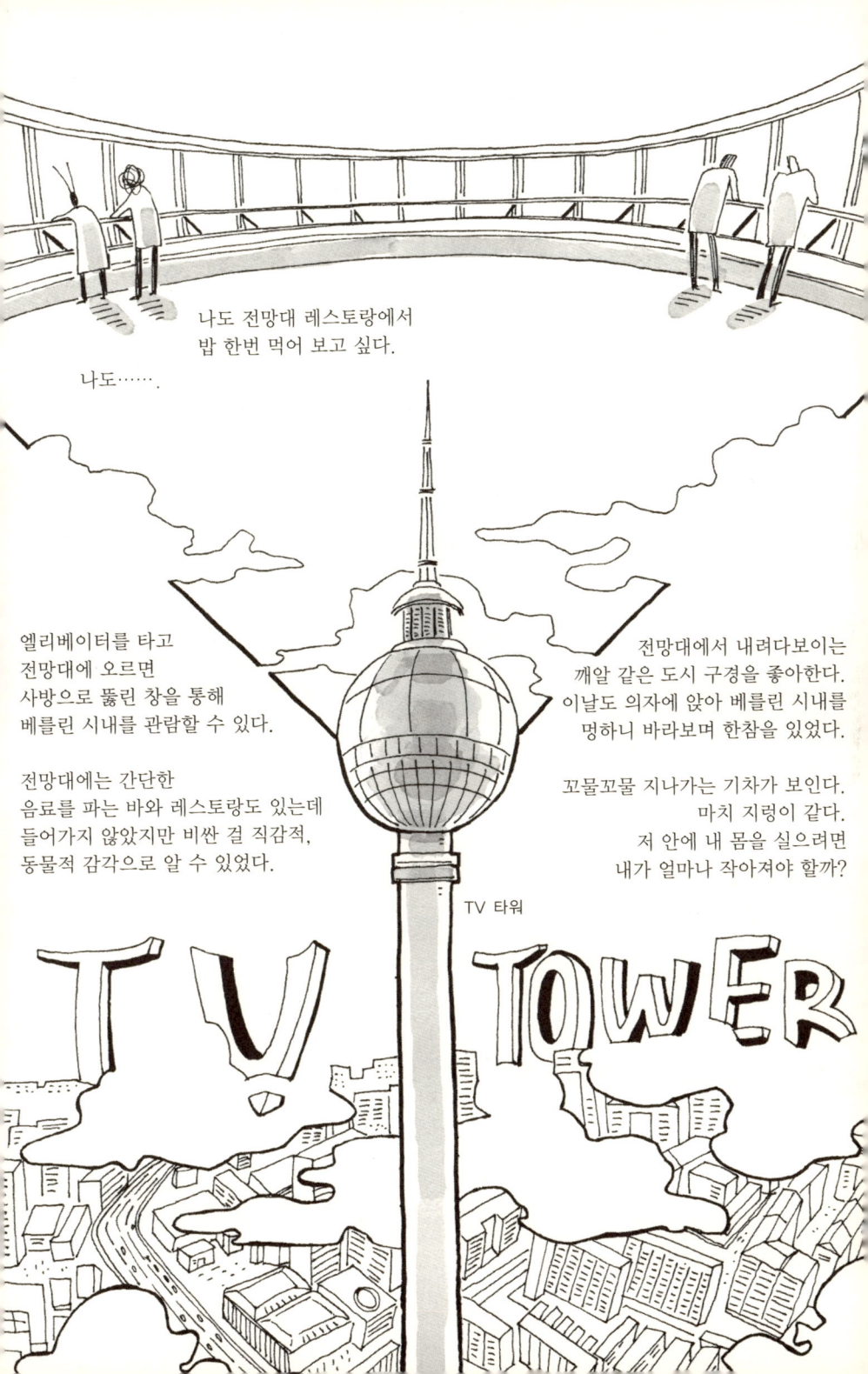

나도 전망대 레스토랑에서
밥 한번 먹어 보고 싶다.

나도…….

엘리베이터를 타고
전망대에 오르면
사방으로 뚫린 창을 통해
베를린 시내를 관람할 수 있다.

전망대에는 간단한
음료를 파는 바와 레스토랑도 있는데
들어가지 않았지만 비싼 걸 직감적,
동물적 감각으로 알 수 있었다.

전망대에서 내려다보이는
깨알 같은 도시 구경을 좋아한다.
이날도 의자에 앉아 베를린 시내를
멍하니 바라보며 한참을 있었다.

꼬물꼬물 지나가는 기차가 보인다.
마치 지렁이 같다.
저 안에 내 몸을 실으려면
내가 얼마나 작아져야 할까?

TV 타워

TV TOWER

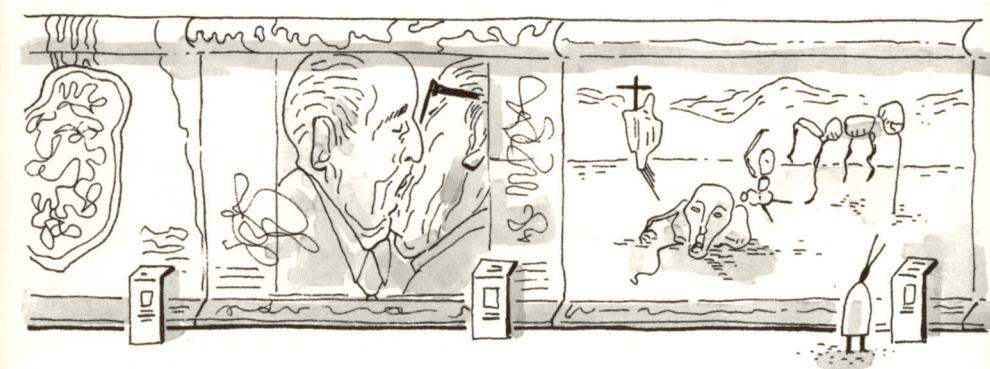

베를린 장벽 위에 그림을 그려 야외 갤러리로 조성했다.
차도 쪽은 작가들의 이름이 표시되어 있고 자리 분배도 확실하지만

EASTSIDEGALLERY

이스트사이드 갤러리

공원 쪽인 뒷면은 자유로운 그래피티로 꾸며져 있다.
뒷면의 자유분방한 분위기가 더 마음에 든다.

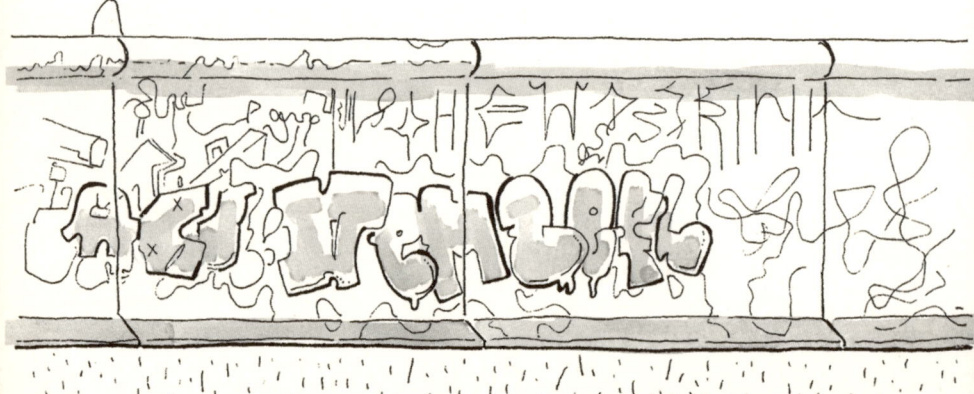

YAAM KULT EV얌

갤러리 옆, 얌이라는 이름의 독특한 분위기의 클럽.
강가의 모래사장과 이어진 레게풍의 클럽과 바가 있다.
우리가 도착한 해 질 녘 쯤, 사람들이 모여들고 있었다.

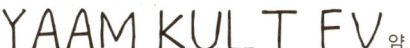

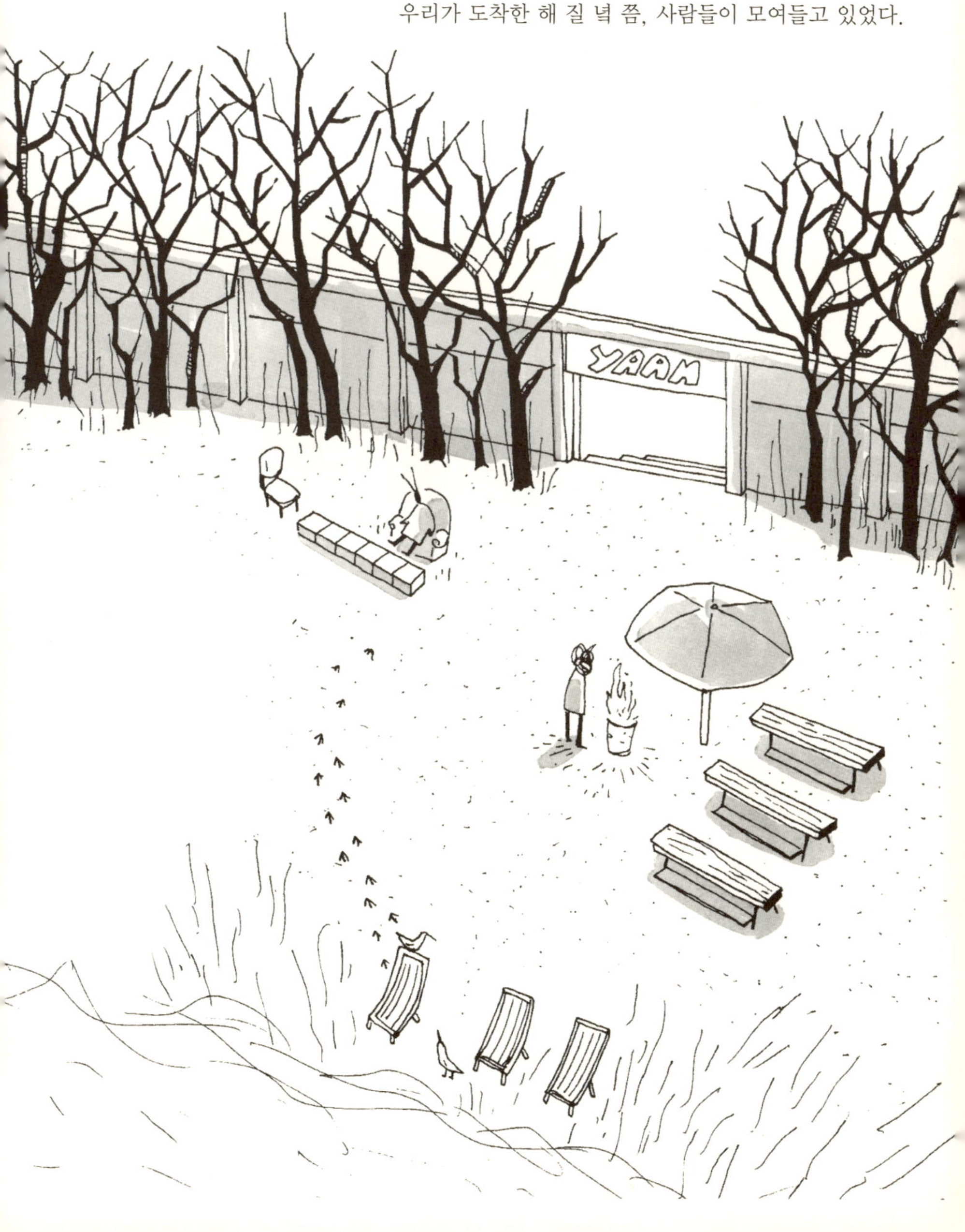

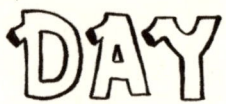

23
베를린(BERLIN)

함부르거 반호프 현대미술관

HAMBURGER BAHN HOF

기차역을 개조해 만든
미술관으로 앤디 워홀*의
작품들을 만날 수 있다.
베를린의 오래된 대표 건물
중 하나로 기차역의 골조를
따 온 높은 천장이 고래의
배 속을 연상시킨다.

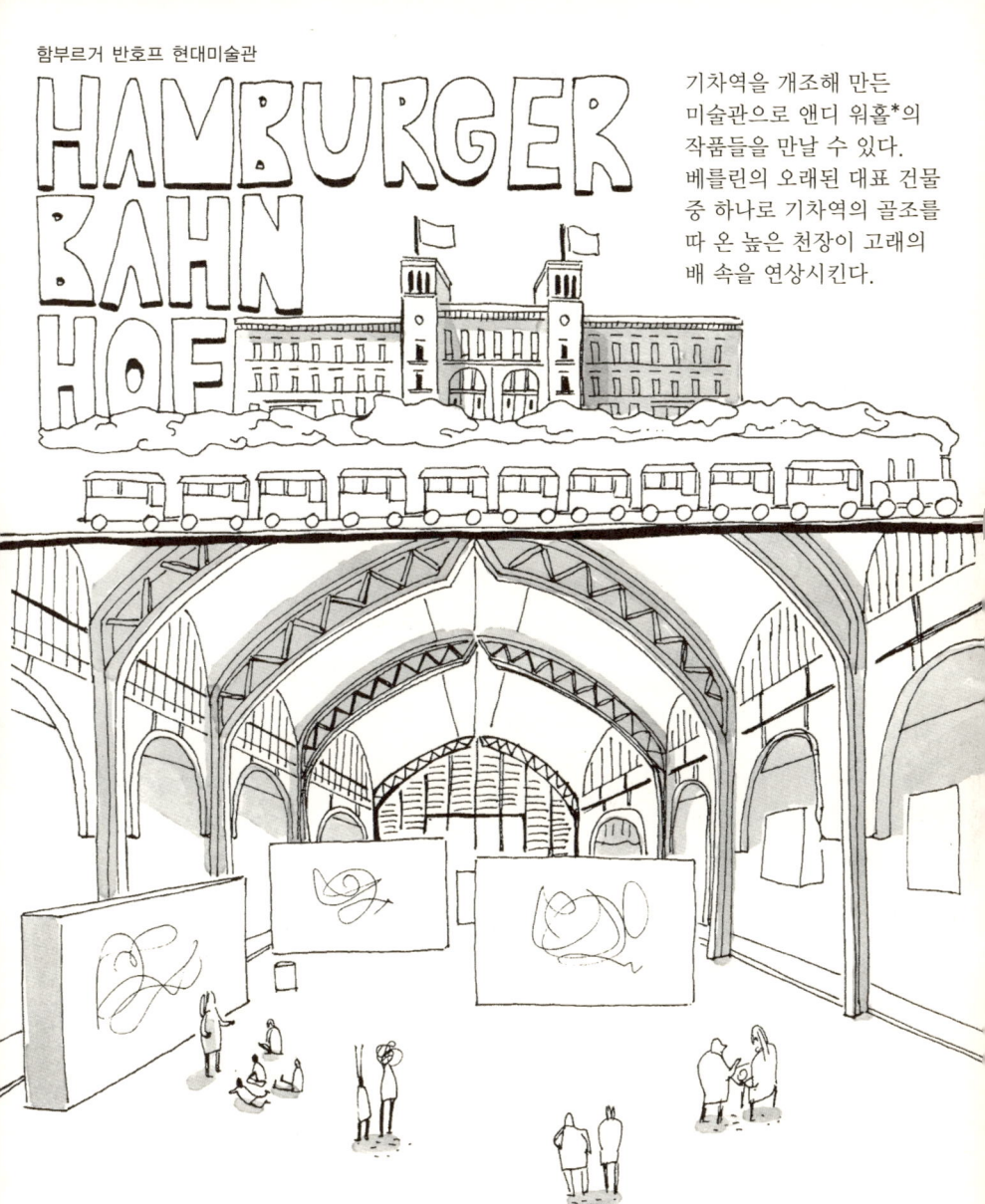

이른 아침인데도 현장 학습을 나온 어린이들이 많다.
자유롭게 바닥에 앉거나 엎드려서 편안한 분위기로 시간을 보내는 모습이 부러웠다.
나도 일행인 척 같이 드러눕고 싶었다.

*Andy Warhol(1928~1987), 미국 팝아트 예술가.

밥 먹으러 가는 길. 집회가 열리고 있었고
그 옆을 무장한 경찰들이 둘러싸고 있었다.

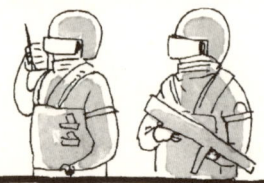

갑자기 바른 자세로 걷는다.

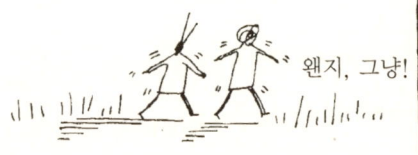

왠지, 그냥!

베를린 중앙역

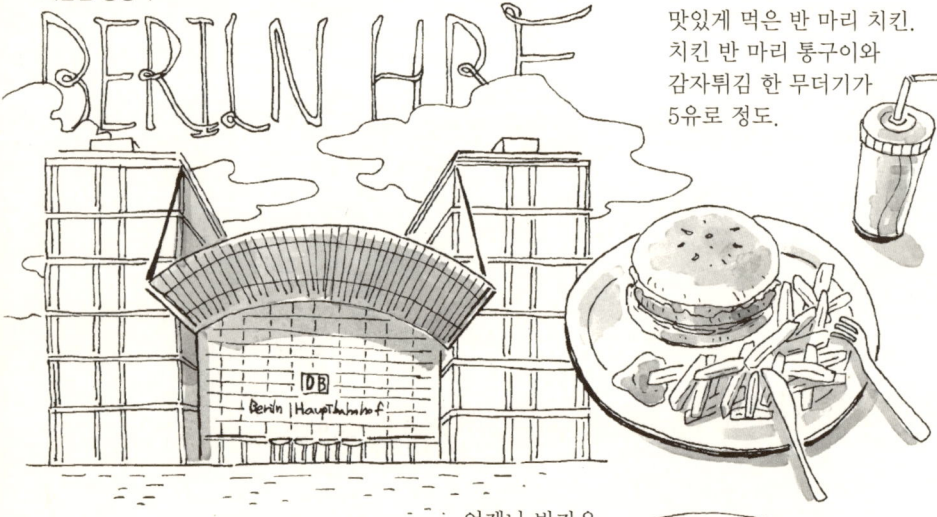

맛있게 먹은 반 마리 치킨.
치킨 반 마리 통구이와
감자튀김 한 무더기가
5유로 정도.

언제나 반가운
버거킹.

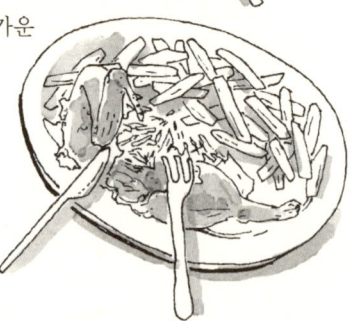

베를린 중앙역은 2006년에 문을 연
반짝반짝한 새 건물이다. 유동 인구도 많고
들고 나는 기차도 많은 교통 중심지다.
그래서인지 역내에는 식당도 많고
먹을거리도 다양해서 끼니 해결하기엔
딱 좋은 장소다.

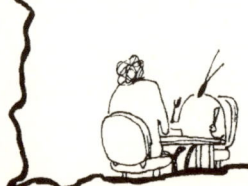

옆 테이블에서 한 커플이
음식을 집어던지며 싸우고
있었다. 먹는 거 가지고
저러면 안 되는데……

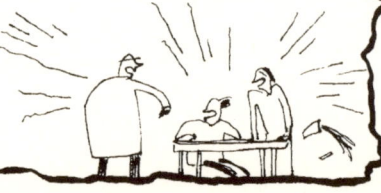

걸어가기에는 다소 험난한 날씨

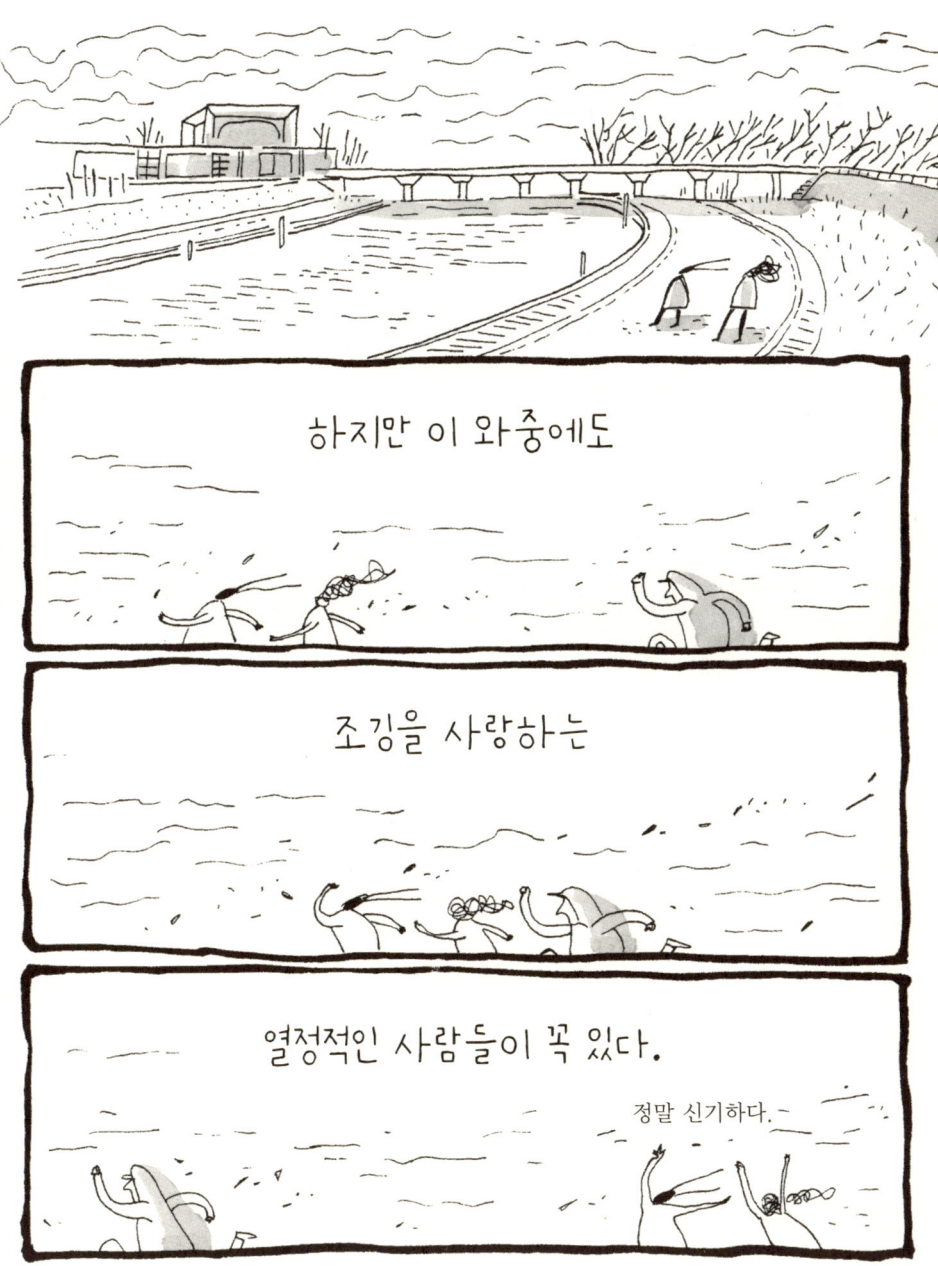

하지만 이 와중에도

조깅을 사랑하는

열정적인 사람들이 꼭 있다.

정말 신기하다.

HAUS DER KULTUREN
DER WELT 세계 문화의 집

세계 문화라는 이름과는 달리 유럽을 제외한 지역의 문화와 예술을 전시하는 곳이다.
설치, 연극, 음악 등 다양한 장르의 작품들이 소개된다.
'문화의 등대'라는 별명을 가지고 있지만 특이한 외형 때문에
'임신한 굴'이라는 별명도 가지고 있다. 등대와 굴이라?
공통점이 있는 듯 없는 듯 아리송한 별명이다.

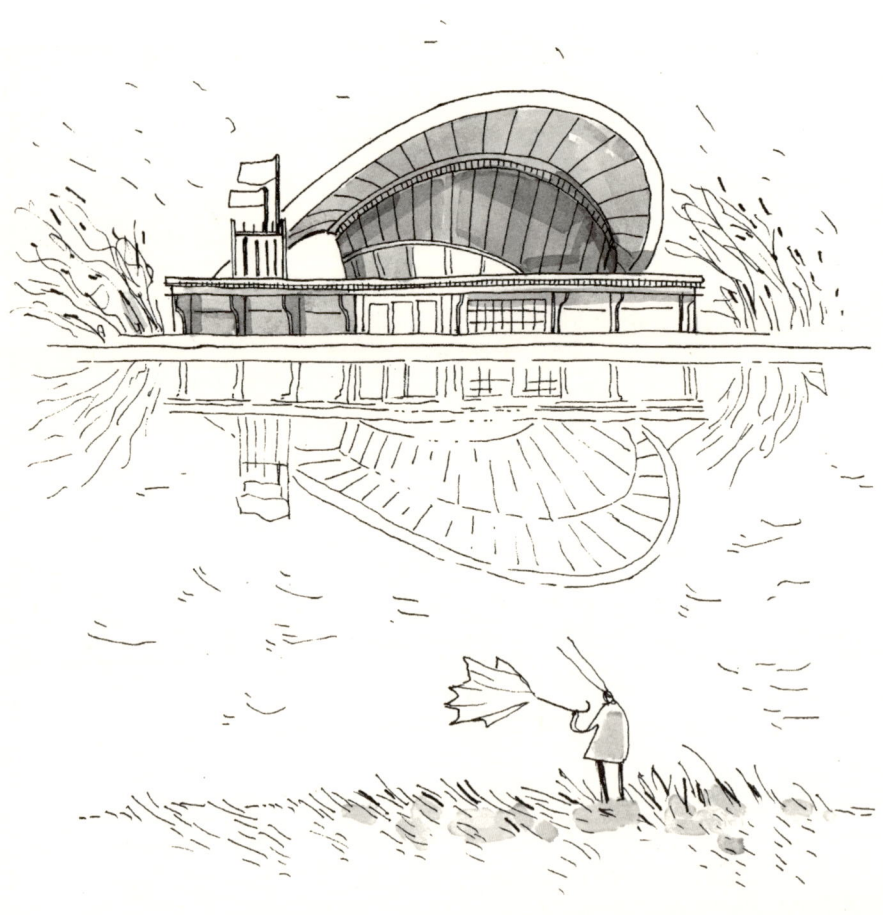

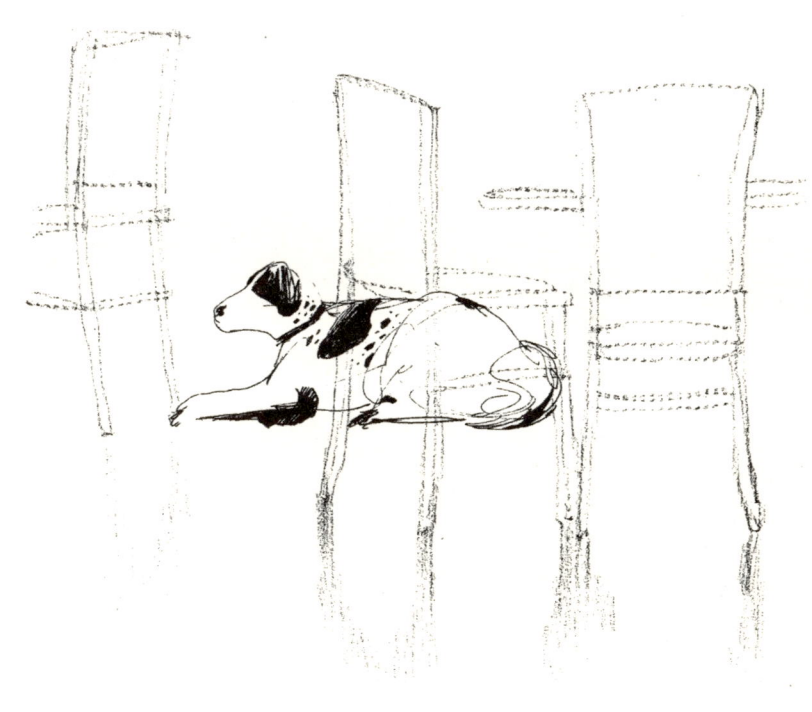

카페에 들어와 있던 강아지.
큰 개를 데리고 전철을 타거나 카페에 들어오는
사람들을 어렵지 않게 만날 수 있다.
우리나라에서는 상상할 수 없는 일이다.

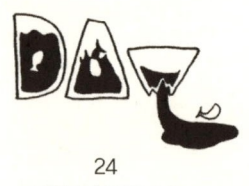

24
베를린(BERLIN)

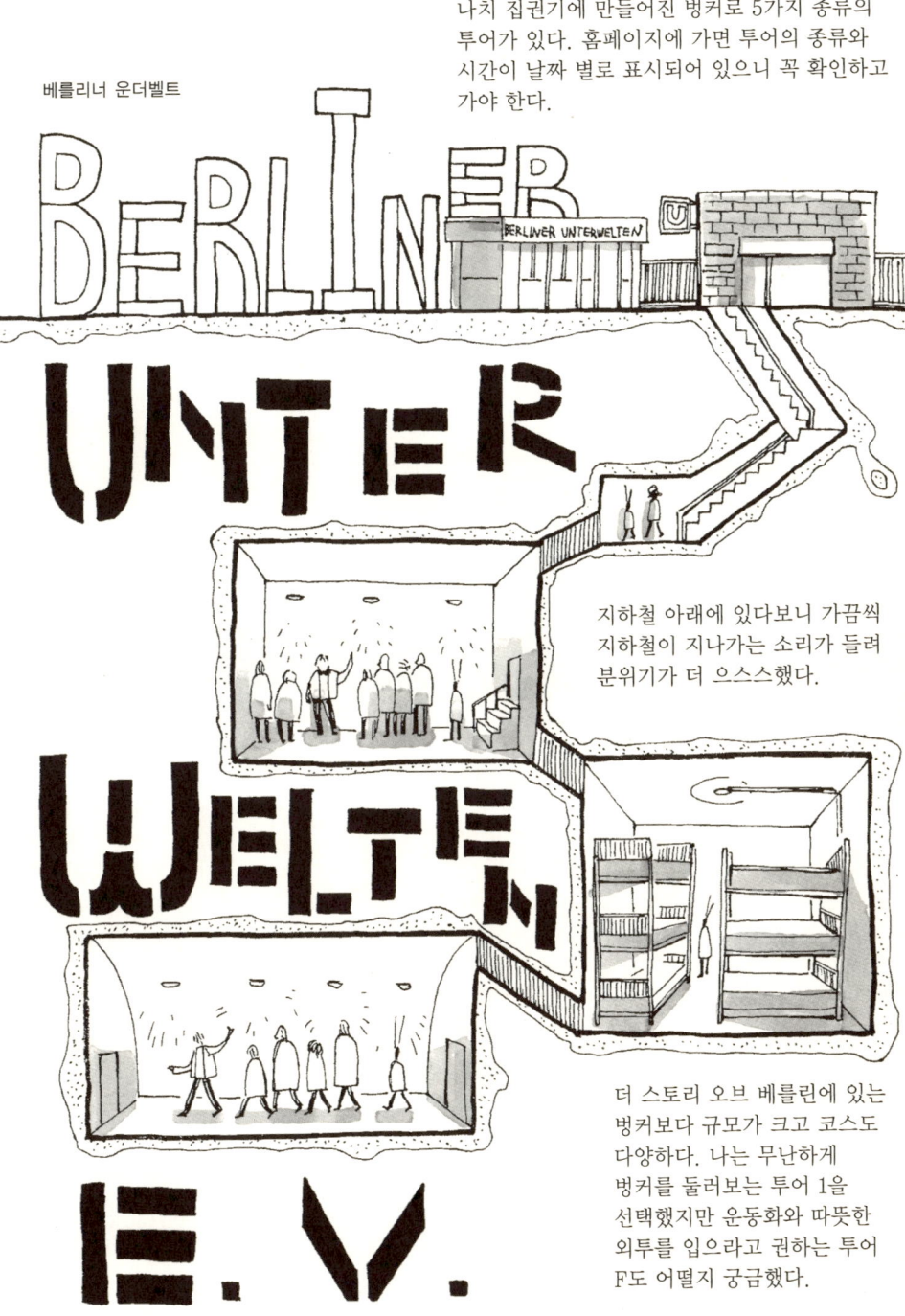

나치 집권기에 만들어진 벙커로 5가지 종류의 투어가 있다. 홈페이지에 가면 투어의 종류와 시간이 날짜 별로 표시되어 있으니 꼭 확인하고 가야 한다.

베를리너 운더벨트

BERLINER UNTER WELTEN E.V.

BERLINER UNTERWELTEN

지하철 아래에 있다보니 가끔씩 지하철이 지나가는 소리가 들려 분위기가 더 으스스했다.

더 스토리 오브 베를린에 있는 벙커보다 규모가 크고 코스도 다양하다. 나는 무난하게 벙커를 둘러보는 투어 1을 선택했지만 운동화와 따뜻한 외투를 입으라고 권하는 투어 F도 어떨지 궁금했다.

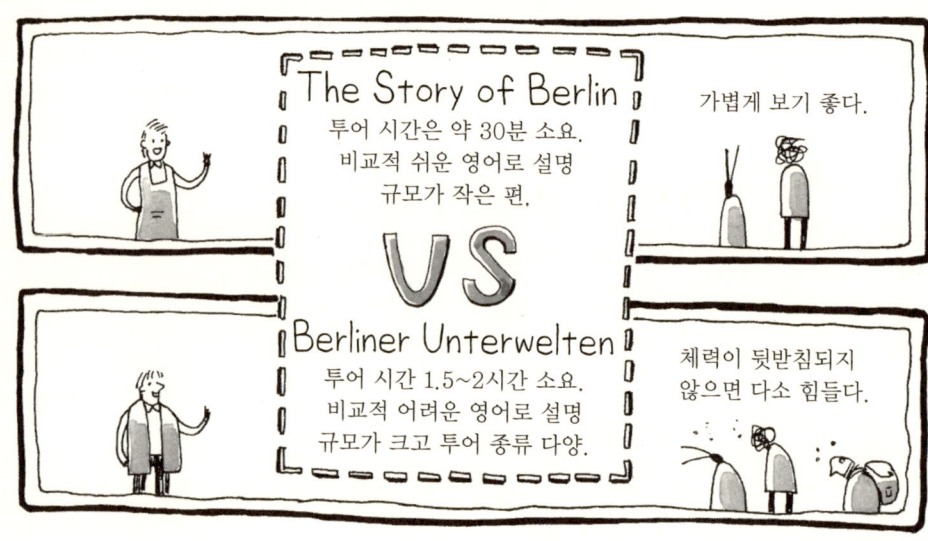

The Story of Berlin
투어 시간은 약 30분 소요.
비교적 쉬운 영어로 설명
규모가 작은 편.

가볍게 보기 좋다.

VS

Berliner Unterwelten
투어 시간 1.5~2시간 소요.
비교적 어려운 영어로 설명
규모가 크고 투어 종류 다양.

체력이 뒷받침되지
않으면 다소 힘들다.

투어를 마치고
다시 숙소가 있는 미테 지구로

어제 둘러보려다
시간이 늦어서
그냥 지나쳤던 갤러리

열려있길래 다시 방문했다.

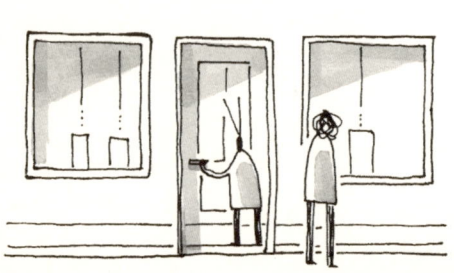

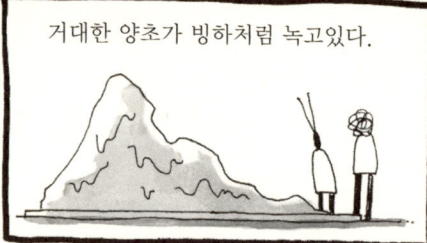

거대한 양초가 빙하처럼 녹고있다.

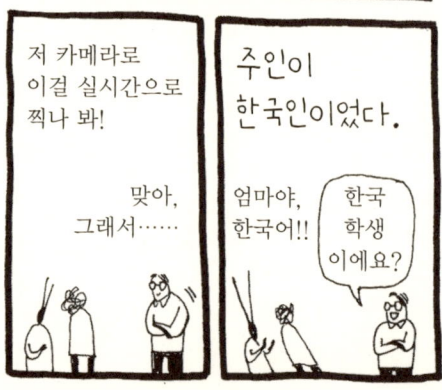

저 카메라로
이걸 실시간으로
찍나 봐!

맞아,
그래서……

주인이
한국인이었다.

엄마야,
한국어!!

한국
학생
이에요?

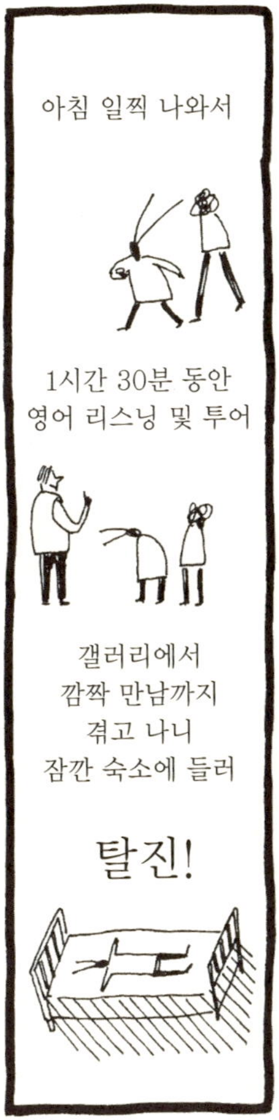

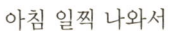

아침 일찍 나와서

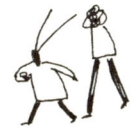

1시간 30분 동안
영어 리스닝 및 투어

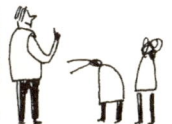

갤러리에서
깜짝 만남까지
겪고 나니
잠깐 숙소에 들러

탈진!

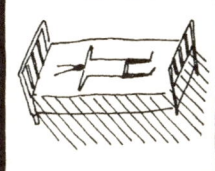

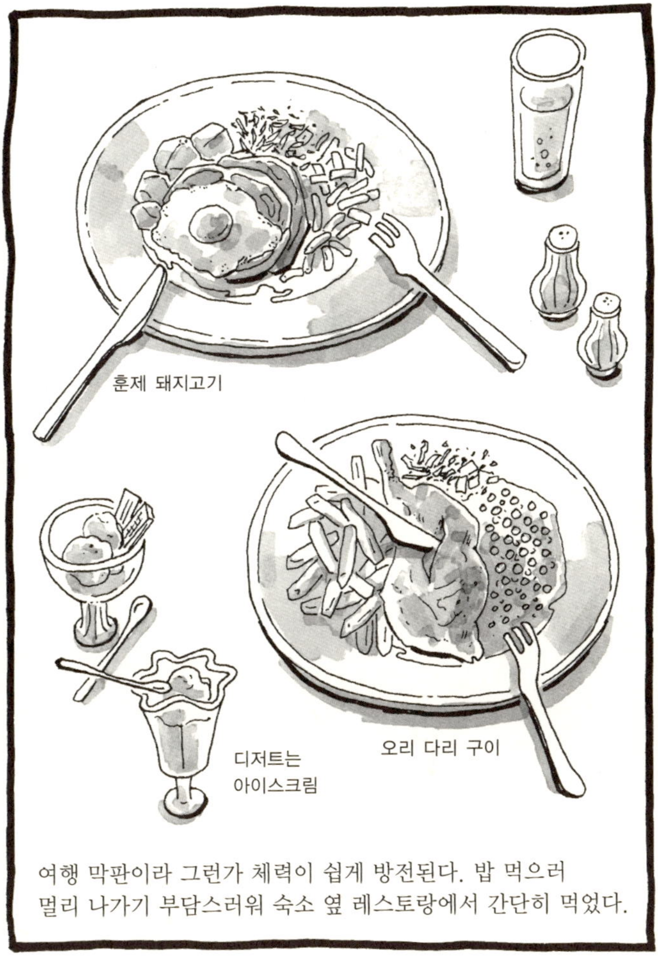

훈제 돼지고기

오리 다리 구이

디저트는
아이스크림

여행 막판이라 그런가 체력이 쉽게 방전된다. 밥 먹으러
멀리 나가기 부담스러워 숙소 옆 레스토랑에서 간단히 먹었다.

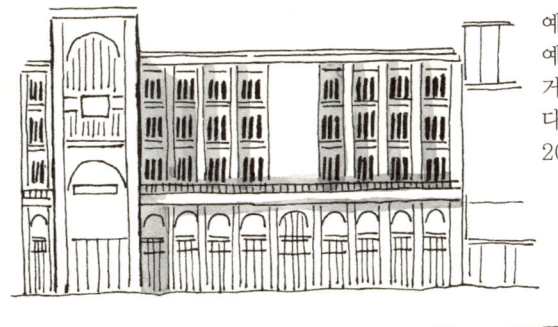

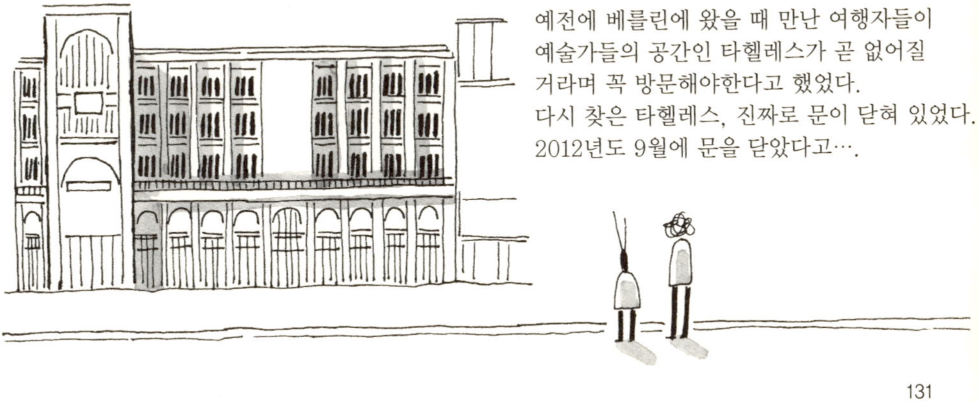

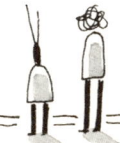

예전에 베를린에 왔을 때 만난 여행자들이
예술가들의 공간인 타헬레스가 곧 없어질
거라며 꼭 방문해야한다고 했었다.
다시 찾은 타헬레스, 진짜로 문이 닫혀 있었다.
2012년도 9월에 문을 닫았다고….

딱히 계획은 없고 그냥 걸어 다니기

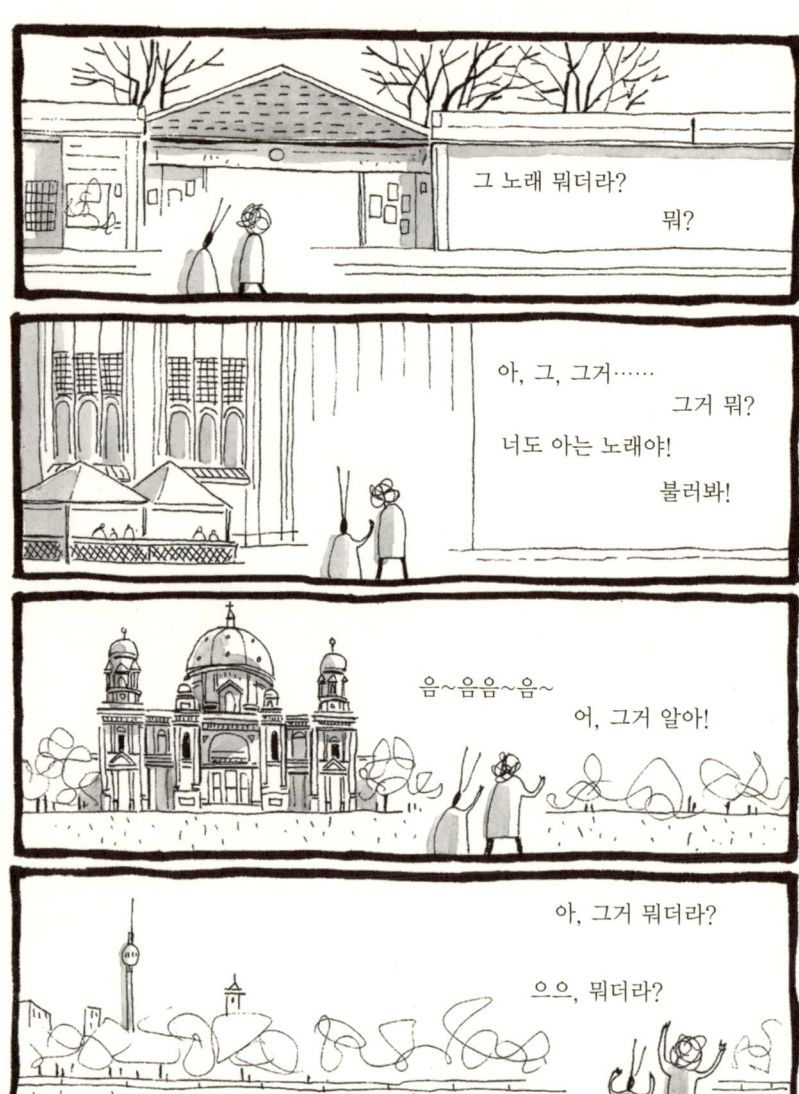

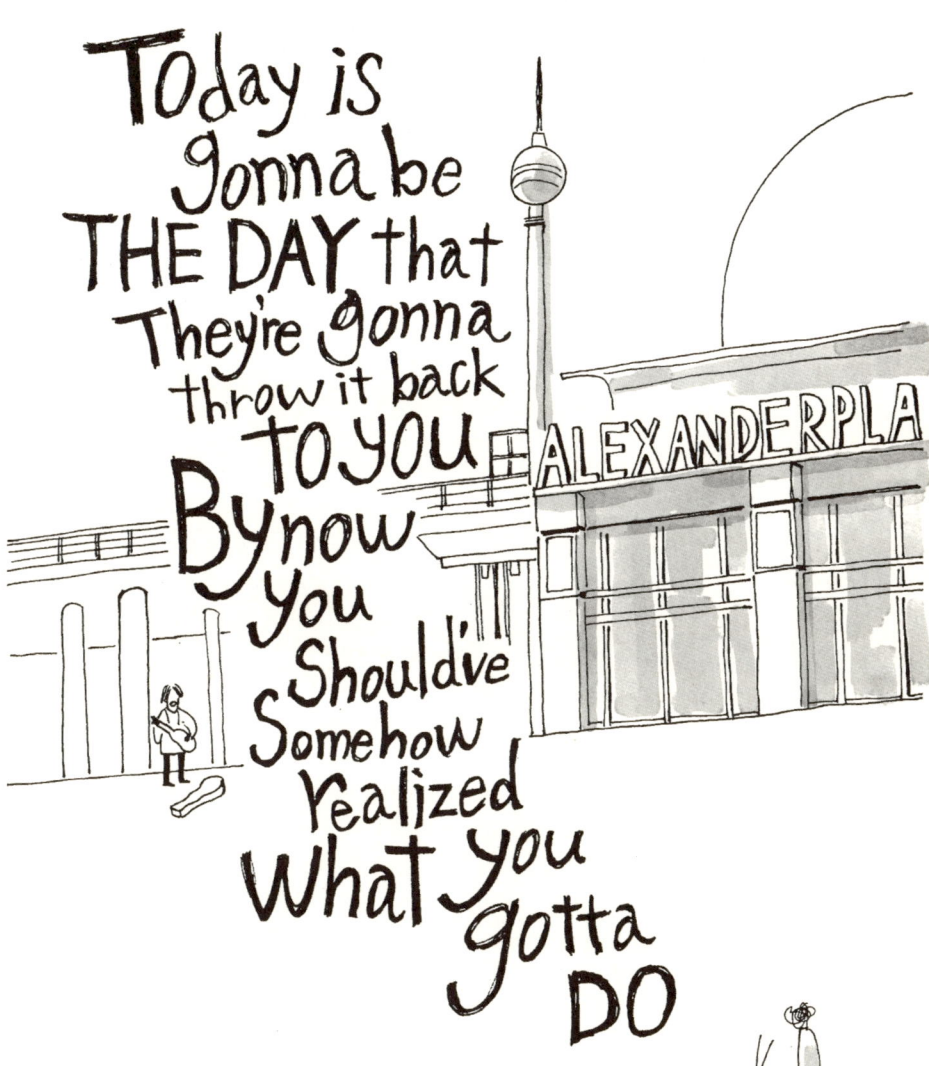

저녁을 먹고 알렉산더 광장 주변을 돌아다니다 익숙한 노래 소리에
발이 멈췄다. 다리 아래서 한 남자가 내가 가장 좋아하는
오아시스 밴드의 원더 월(Wonderwall)을 부르고 있었다.
여기저기서 흔하게 들리는 유명한 노래지만 낯선 곳에서
내가 좋아하는 노래를 우연히 듣는 느낌은 절대 흔하지 않았다.

DAY

25
베를린(BERLIN)

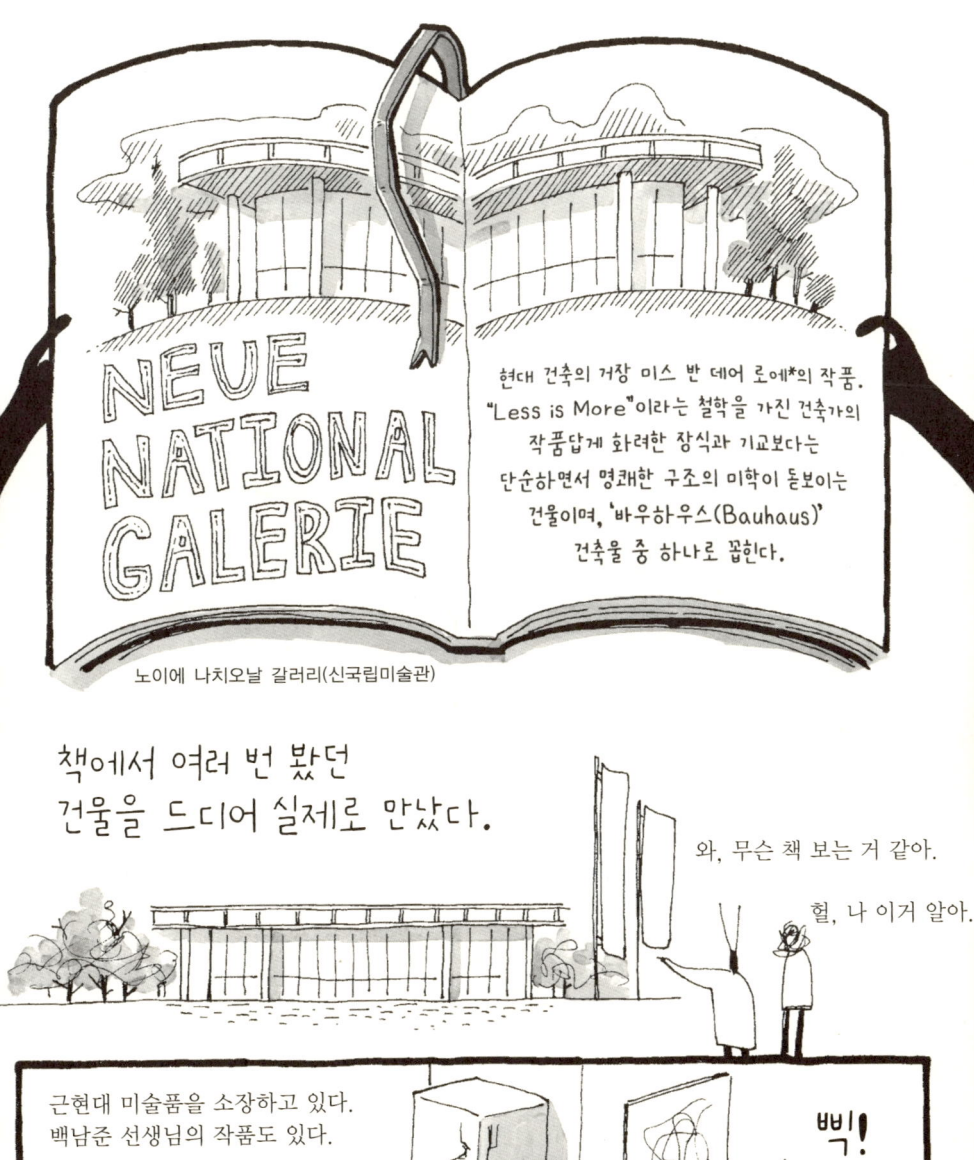

NEUE NATIONAL GALERIE

현대 건축의 거장 미스 반 데어 로에*의 작품.
"Less is More"이라는 철학을 가진 건축가의
작품답게 화려한 장식과 기교보다는
단순하면서 명쾌한 구조의 미학이 돋보이는
건물이며, '바우하우스(Bauhaus)'
건축물 중 하나로 꼽힌다.

노이에 나치오날 갤러리(신국립미술관)

책에서 여러 번 봤던
건물을 드디어 실제로 만났다.

와, 무슨 책 보는 거 같아.

헐, 나 이거 알아.

근현대 미술품을 소장하고 있다.
백남준 선생님의 작품도 있다.

너무 가까이 다가가면
경고음이 울린다.

삑!

*Mies van der Rohe(1886~1969), 독일 건축가.

135

박스하게너 광장을 가기 위해 S-반*을 탔다. 베를린 동쪽으로 가다보면 나오는

Berlin Warschauer Straße
바우샤우어 거리

역에서 나와 박스하게너 쪽으로 걸어가다 보면
트램 역이 있던 곳에 클럽, 공연장, 갤러리 등이
모여 있는 그래피티 가득한 건물 단지가 보인다.
밤에는 어떤 분위기일지 궁금하다.

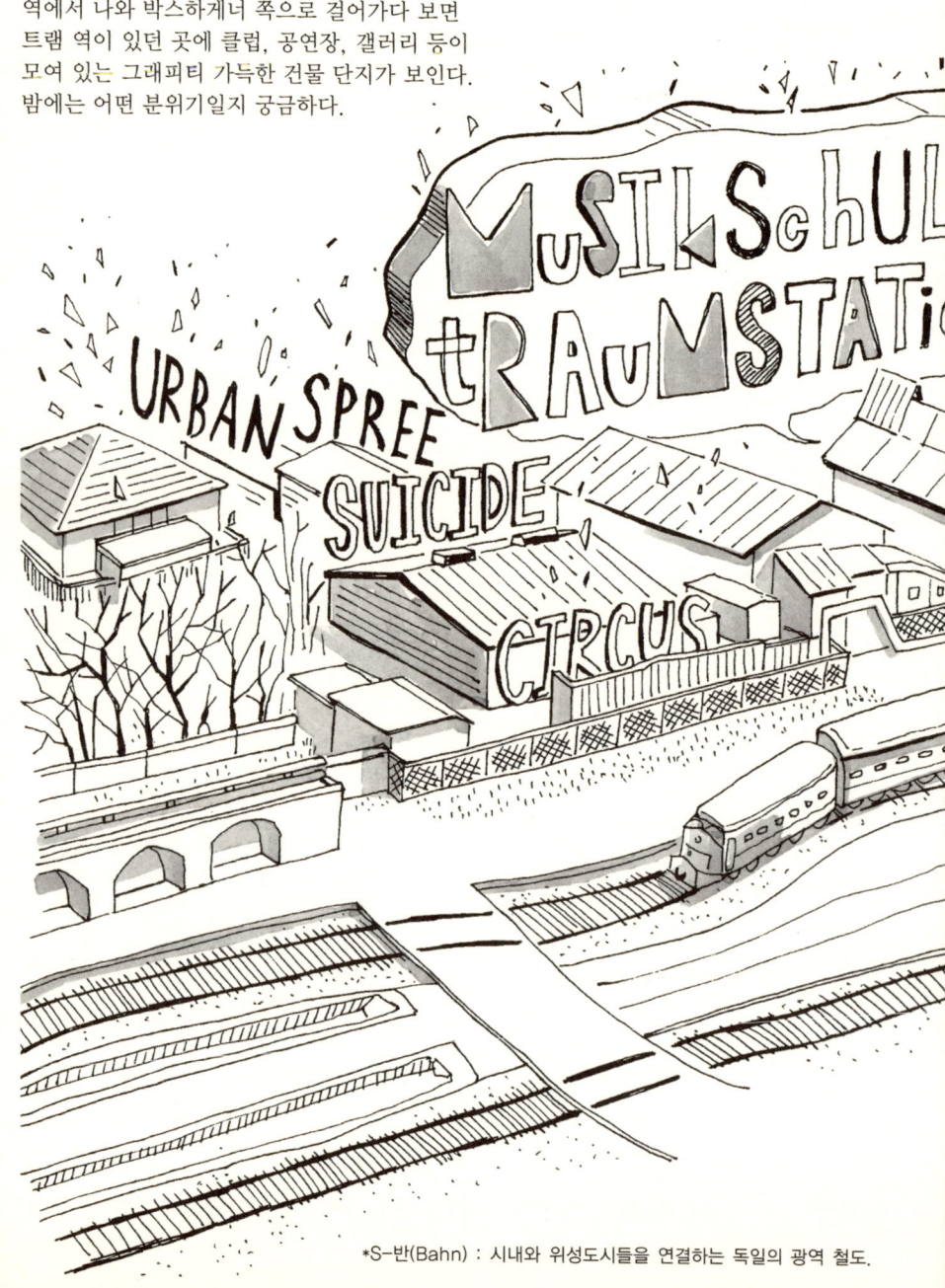

*S-반(Bahn) : 시내와 위성도시들을 연결하는 독일의 광역 철도.

박스하게너 광장

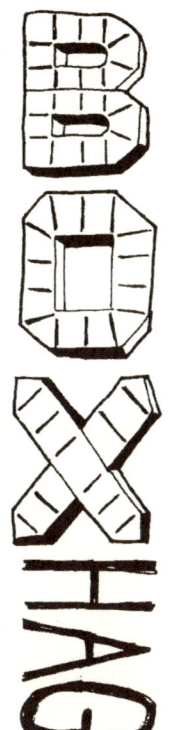

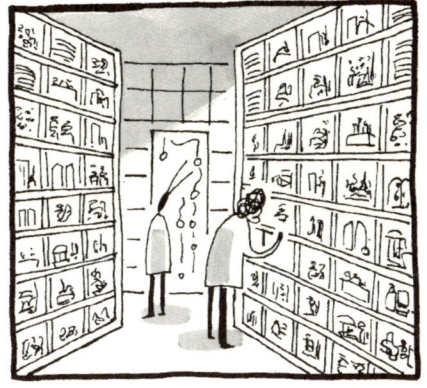

토요일에는 식료품 시장이
열리고 일요일에는 벼룩시장이
열리는 곳. 하지만 주말이
아니더라도 아기자기한
편집숍과 옷 가게, 서점,
장난감 가게들이 즐비하여
둘러보는 것만으로도 충분히
재미있다.

가게마다
주인의 취향이 확고해서
어떤 가게는 박물관처럼
보일 정도로 끈질기게
물건을 모아 놓았다.

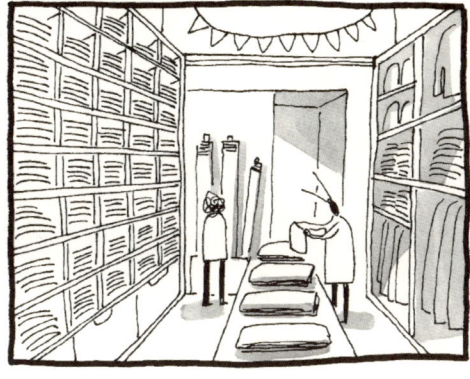

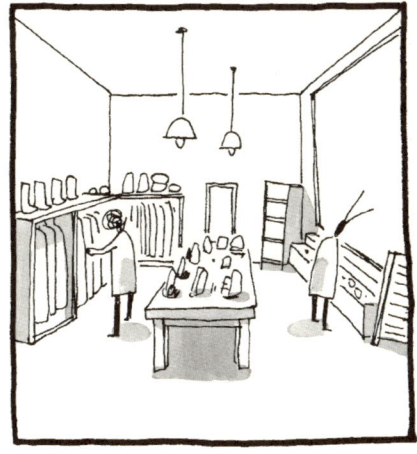

베를린에서 마지막 날.
결국 이곳에서 얼마 남지
않은 유로를 귀여운 물건들과
옷을 사는 데 다 쓰고 말았다.
베를린에서 특별한 물건을
사 가고 싶다면 한번 들러 보는
것 추천한다.

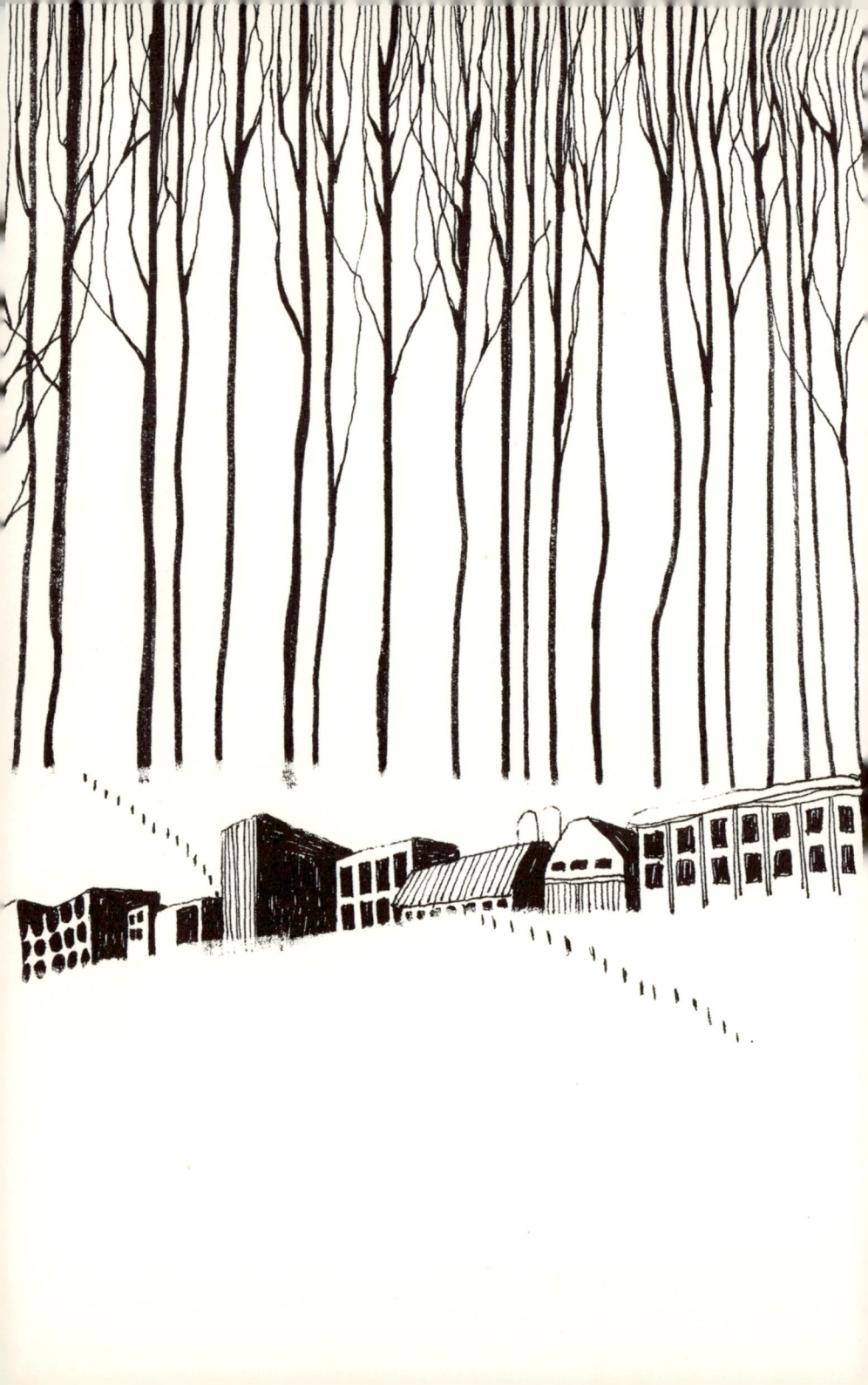

이제 5일권 유레일 티켓의 빈 칸이 딱 하나 남았다.
분명 많은 일들이 있었는데 도장이 찍히는 순간은 너무 짧다.

모든 순간은 같은 속도로 나를 지나쳐 간다.
그래서 시간은 공평하다고 한다.

공평하기는 한데
못 돼먹었다.

DAY

26
베를린, 프라하
(BERLIN, PRAHA)

BERLIN
HAUPTBAHNHOF

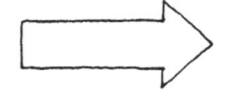

5시간이나 걸리는
긴 여정이다.

PRAHA
HLAVNÍ NÁDRAŽÍ

유레일 티켓 마지막 칸에 날짜를 받아 적으며, 티켓을 게시했던 날을 떠올렸다.
꼭 검정펜 혹은 파란펜을 사용해야 하며 잘못 적을 경우 역무원에게 사인을 받고 수정해야
하는 등 꽤나 엄격한 규칙들에 떨리는 마음과 손으로 신중히 빈칸을 채웠더랬다.

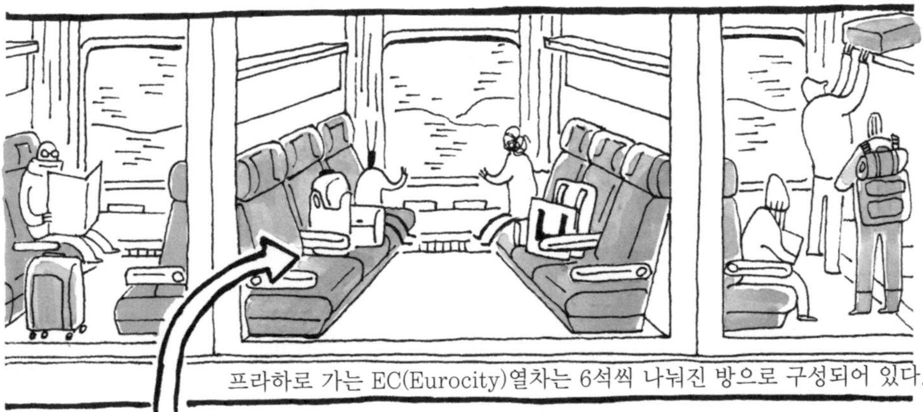

프라하로 가는 EC(Eurocity)열차는 6석씩 나눠진 방으로 구성되어 있다.

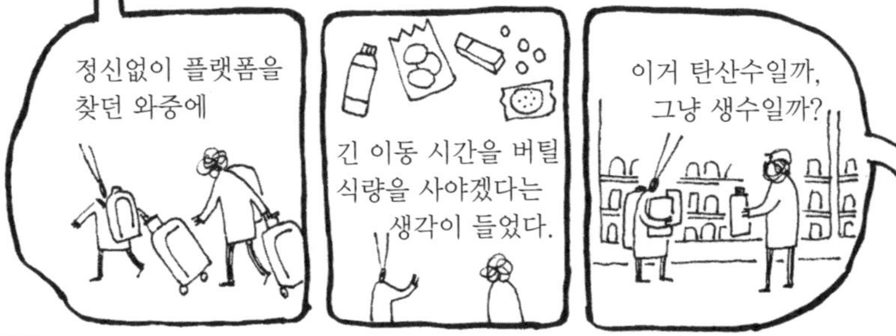

정신없이 플랫폼을
찾던 와중에

긴 이동 시간을 버틸
식량을 사야겠다는
생각이 들었다.

이거 탄산수일까,
그냥 생수일까?

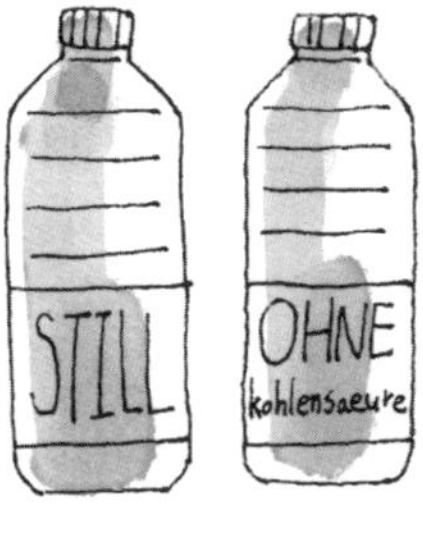

유럽 여행이 끝나는 순간까지
랜덤으로 먹었던 물.
Still water, No gas water 등
표기를 자세히 읽어보거나 점원에게
물어보며 생수를 살 수 있지만,
나중에는 그냥 물은 물이요
탄산은 탄산이다~라는
생각으로 운명에 맡기며 먹었다.

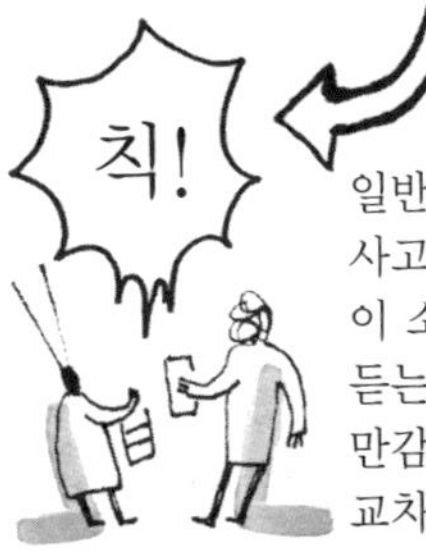

칙!

일반 생수를
사고 싶었다면
이 소리를
듣는 순간
만감이
교차한다.

STILL

OHNE
kohlensaeure

141

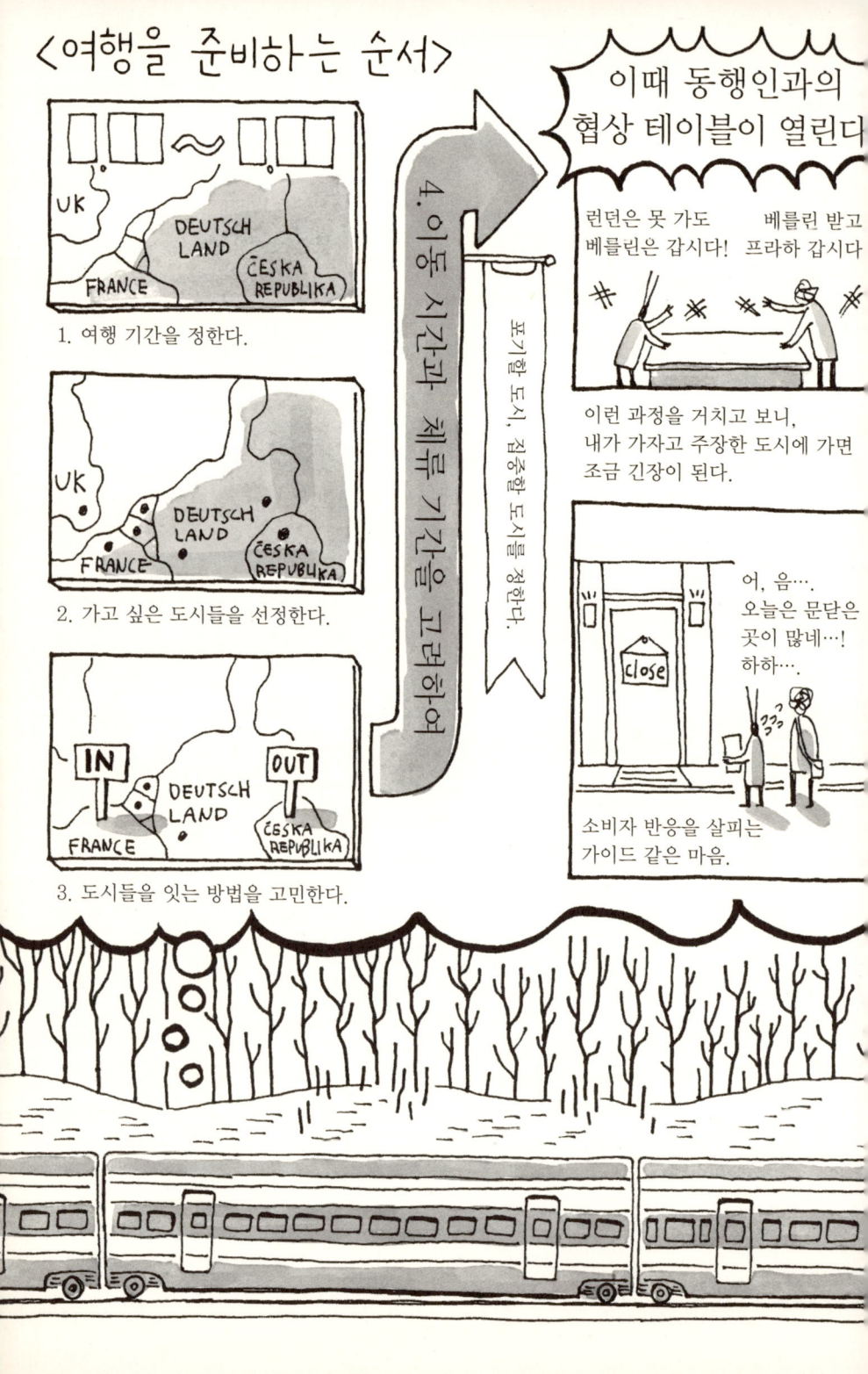

〈여행을 준비하는 순서〉

1. 여행 기간을 정한다.

2. 가고 싶은 도시들을 선정한다.

3. 도시들을 잇는 방법을 고민한다.

4. 이동 시간과 체류 기간을 고려하여 포기할 도시, 집중할 도시를 정한다.

이때 동행인과의 협상 테이블이 열린다

런던은 못 가도 베를린은 갑시다! 베를린 받고 프라하 갑시다

이런 과정을 거치고 보니, 내가 가자고 주장한 도시에 가면 조금 긴장이 된다.

어, 음…. 오늘은 문닫은 곳이 많네…! 하하….

close

소비자 반응을 살피는 가이드 같은 마음.

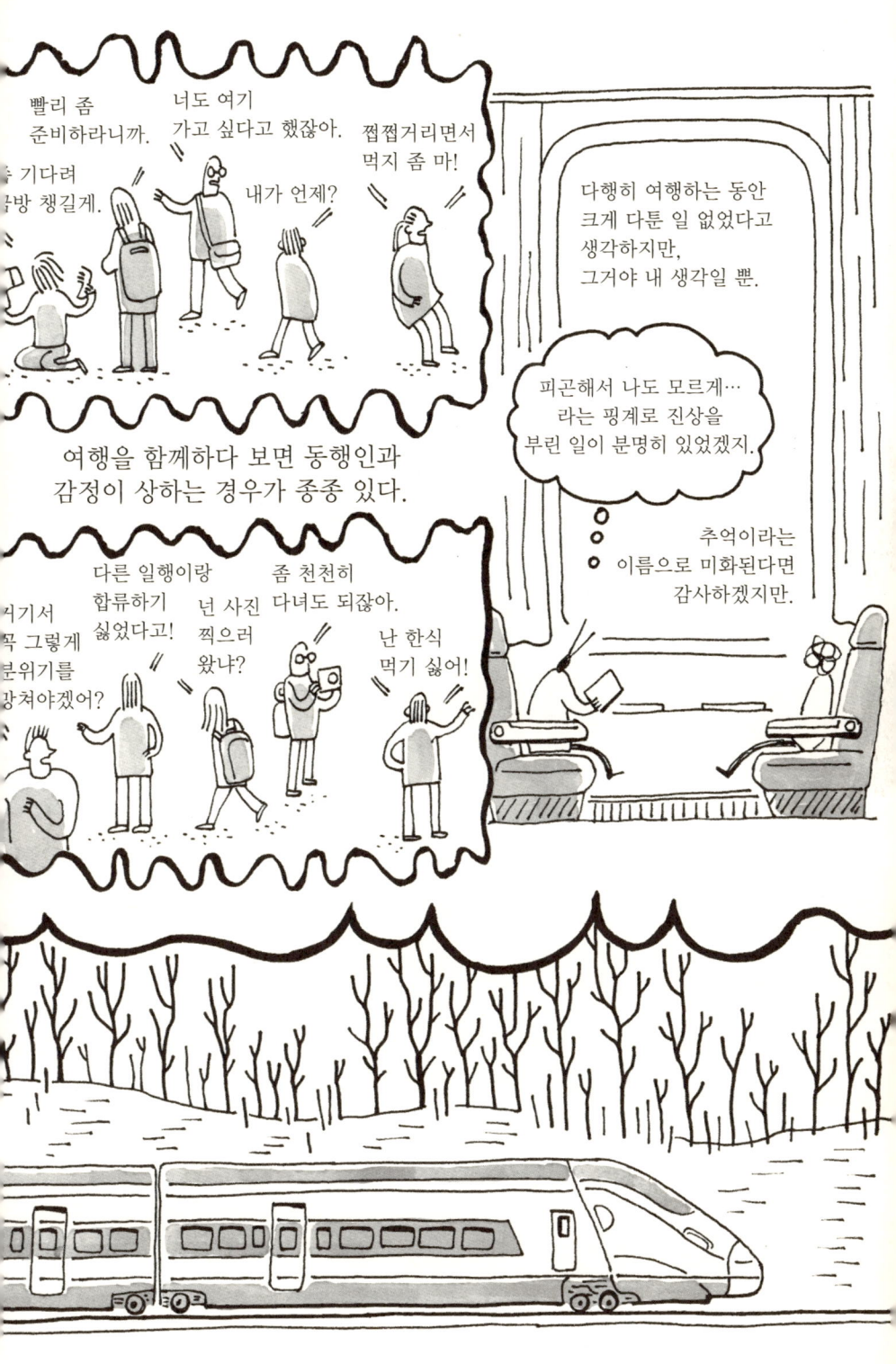

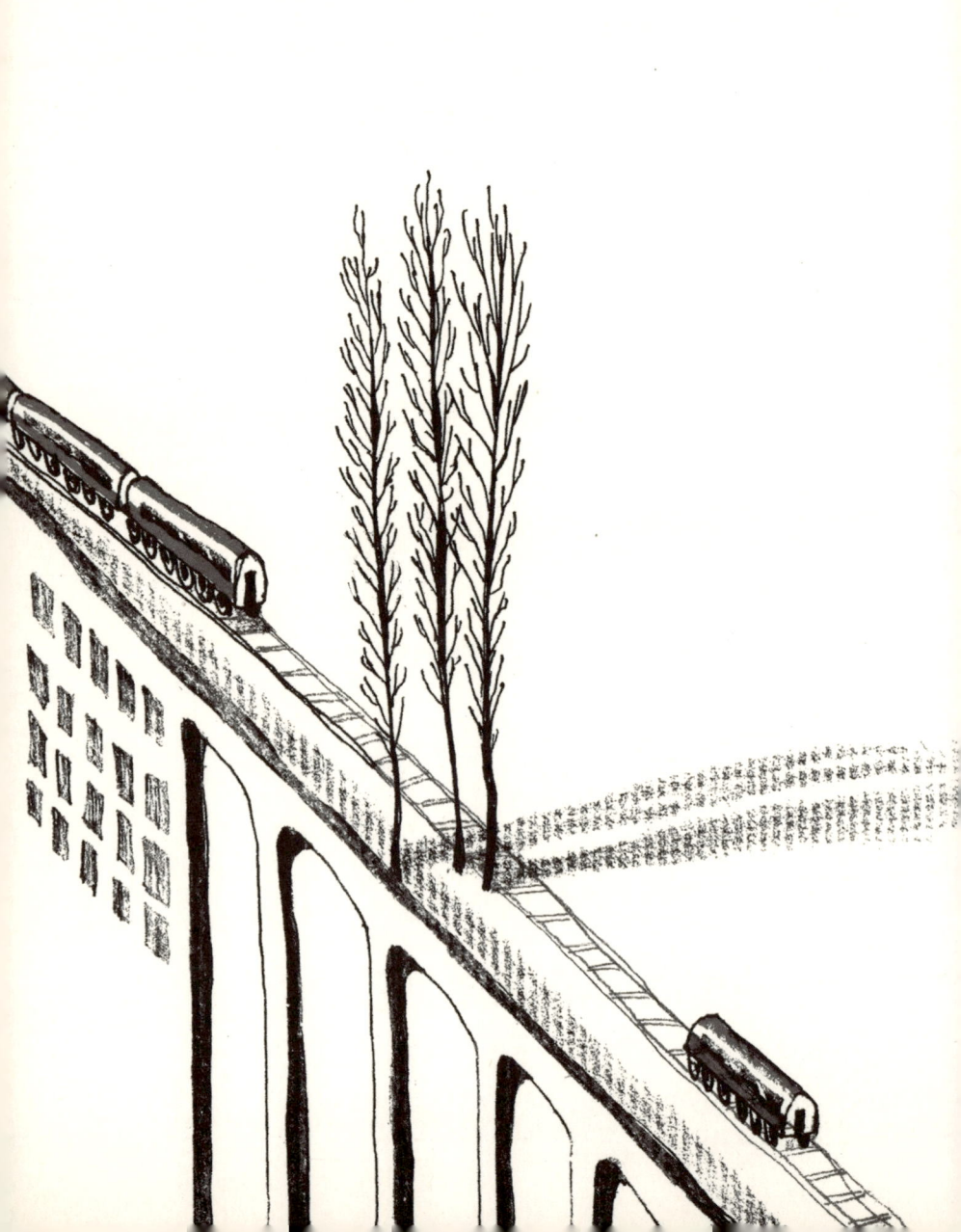

한 달이라는 시간 동안,
나라는 존재가 동행인에게
공해가 되는 순간이
있었을 것이다.

여행을 준비하며
가고 싶은 곳들을 합의 본 것처럼
여행을 정리하며
잊어줬으면 하는 순간들을
합의 보고 싶었다.

마냥

27
프라하(PRAHA)

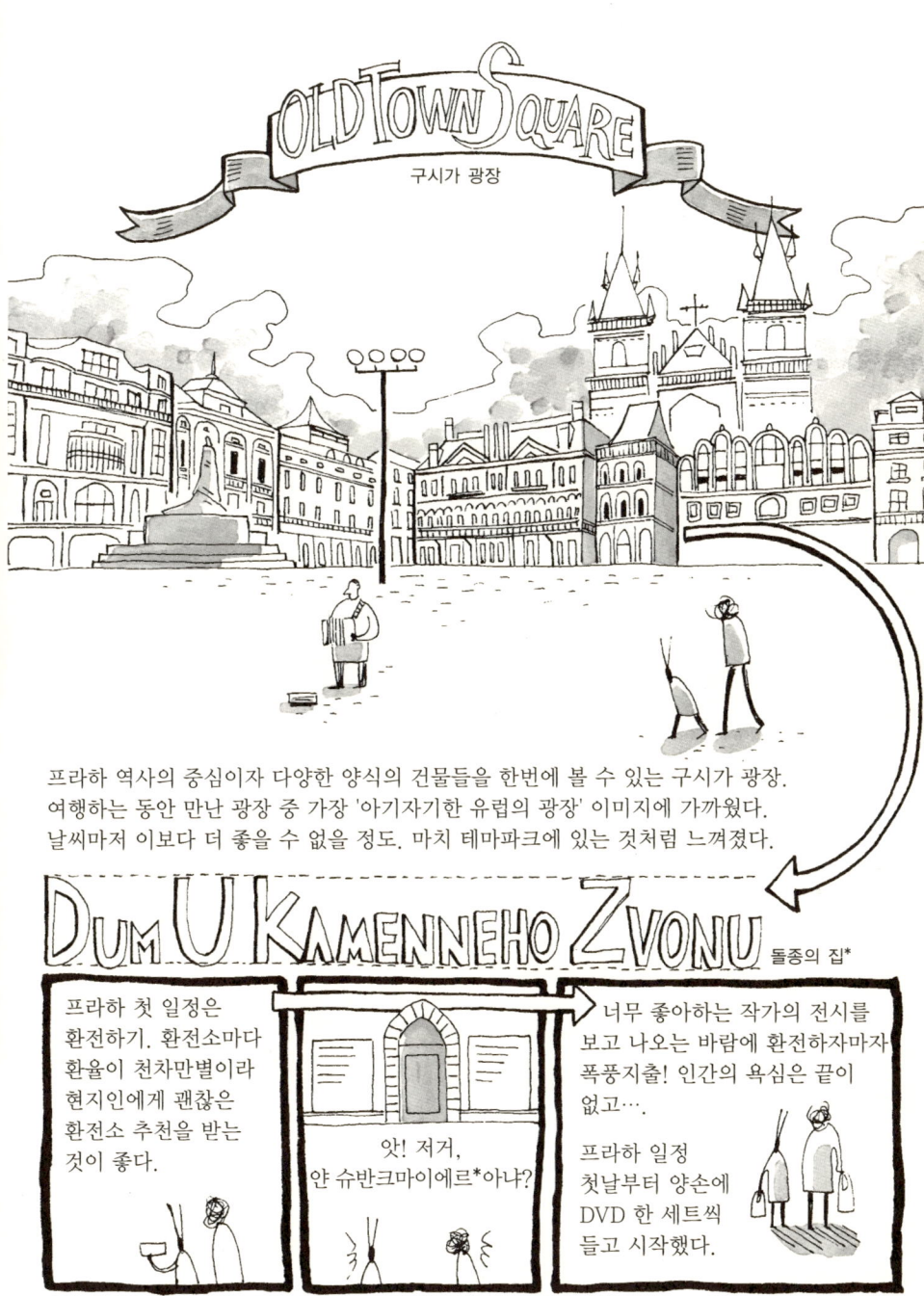

OLD TOWN SQUARE
구시가 광장

프라하 역사의 중심이자 다양한 양식의 건물들을 한번에 볼 수 있는 구시가 광장.
여행하는 동안 만난 광장 중 가장 '아기자기한 유럽의 광장' 이미지에 가까웠다.
날씨마저 이보다 더 좋을 수 없을 정도. 마치 테마파크에 있는 것처럼 느껴졌다.

DUM U KAMENNEHO ZVONU 돌종의 집*

프라하 첫 일정은
환전하기. 환전소마다
환율이 천차만별이라
현지인에게 괜찮은
환전소 추천을 받는
것이 좋다.

앗! 저거,
얀 슈반크마이에르*아냐?

너무 좋아하는 작가의 전시를
보고 나오는 바람에 환전하자마자
폭풍지출! 인간의 욕심은 끝이
없고….

프라하 일정
첫날부터 양손에
DVD 한 세트씩
들고 시작했다.

*돌종의 집 : 성당 옆에 작게 붙어있는 탑. 지금은 갤러리로도 사용 중.
*Jan Svankmajer(1934~), 체코 영화감독.

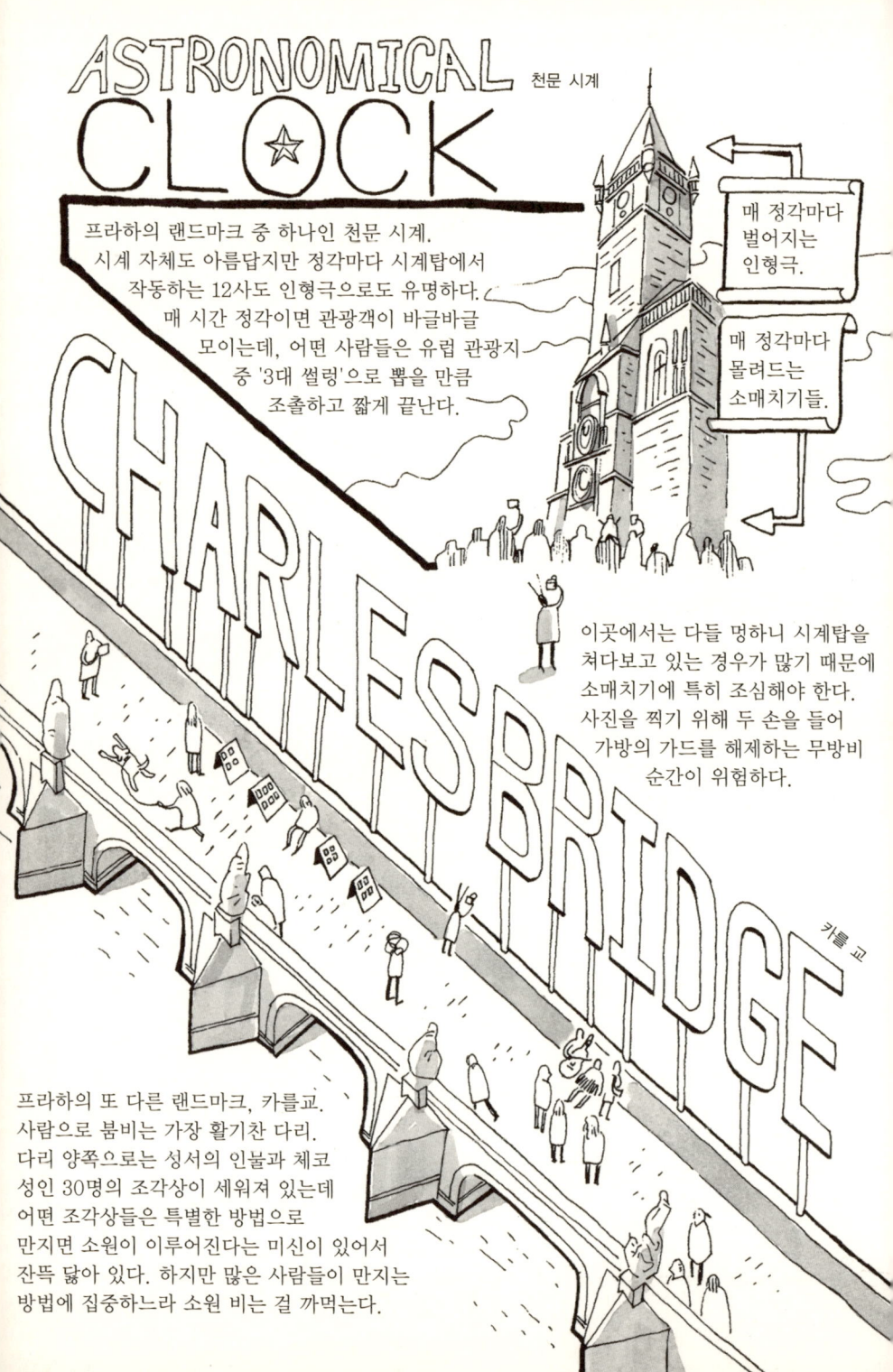

ASTRONOMICAL CLOCK

천문 시계

프라하의 랜드마크 중 하나인 천문 시계.
시계 자체도 아름답지만 정각마다 시계탑에서
작동하는 12사도 인형극으로도 유명하다.
매 시간 정각이면 관광객이 바글바글
모이는데, 어떤 사람들은 유럽 관광지
중 '3대 썰렁'으로 뽑을 만큼
조촐하고 짧게 끝난다.

매 정각마다
벌어지는
인형극.

매 정각마다
몰려드는
소매치기들.

이곳에서는 다들 멍하니 시계탑을
쳐다보고 있는 경우가 많기 때문에
소매치기에 특히 조심해야 한다.
사진을 찍기 위해 두 손을 들어
가방의 가드를 해제하는 무방비
순간이 위험하다.

CHARLES BRIDGE

카를교

프라하의 또 다른 랜드마크, 카를교.
사람으로 붐비는 가장 활기찬 다리.
다리 양쪽으로는 성서의 인물과 체코
성인 30명의 조각상이 세워져 있는데
어떤 조각상들은 특별한 방법으로
만지면 소원이 이루어진다는 미신이 있어서
잔뜩 닳아 있다. 하지만 많은 사람들이 만지는
방법에 집중하느라 소원 비는 걸 까먹는다.

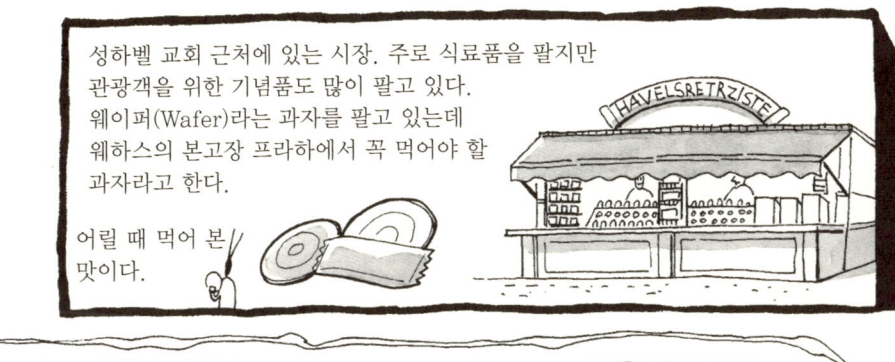

성하벨 교회 근처에 있는 시장. 주로 식료품을 팔지만 관광객을 위한 기념품도 많이 팔고 있다. 웨이퍼(Wafer)라는 과자를 팔고 있는데 웨하스의 본고장 프라하에서 꼭 먹어야 할 과자라고 한다.

어릴 때 먹어 본 맛이다.

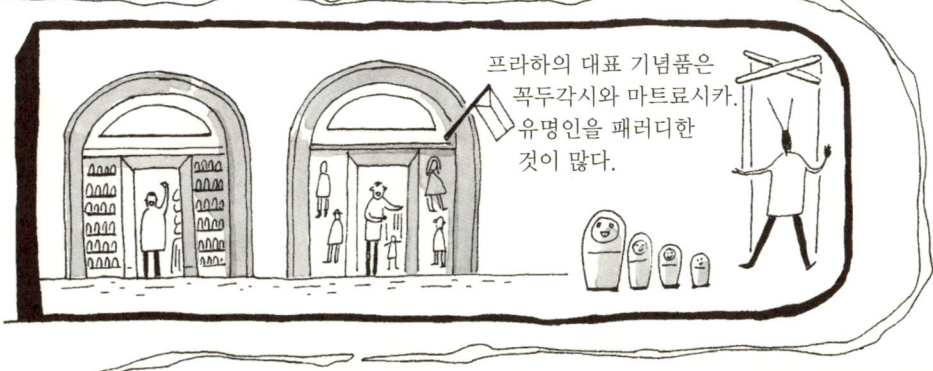

프라하의 대표 기념품은 꼭두각시와 마트료시카. 유명인을 패러디한 것이 많다.

'트르들로'라고 읽는 체코 전통 빵. 쇠기둥에 반죽을 말아 굽는다. 달짝지근하고 쫄깃한 빵에 설탕과 계피를 뿌린 매우 단순한 빵이지만 묘하게 중독성 있는 맛이다. 따뜻하게 먹어야 맛있다.

프라하는 관광객 밀도가 높은 도시이다.
그래서 가벼운 걷기 투어, 야경 투어, 한국인들이 많이 이용하는 '팁 투어' 등
여러 프로그램이 있다. 그 중에는 세그웨이를 타고 프라하 시내를 관광하는 상품도 있다.
비싸서 안 탔지만 체험할 기회가 생긴다면 꼭 과거로 시간 여행을 와서 탐사 중인
미래인 표정을 하고 돌아다니고 싶다는 생각을 했다.

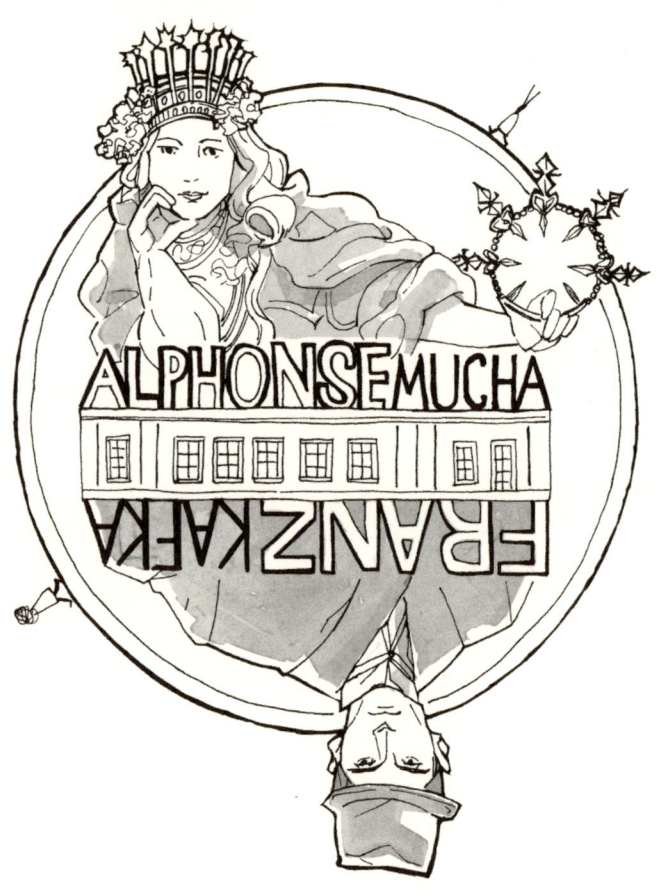

프라하에는 체코의 대표 화가 알폰스 무하*와 대표 작가 프란츠 카프카*의 박물관이 있다.
무하의 그림들을 소장하고 있는 박물관은 규모가 그리 크지는 않지만 무하의 작품을
실물로 볼 수 있다는 것만으로도 감동이다.
소장품 중에는 무하가 디자인한 화폐도 있다. 저걸 아까워서 어떻게 쓸까 싶다.
기념품숍에서는 카프카 박물관의 기념품도 같이 팔고 있다.
내 머릿속에 그려지는 무하와 카프카의 이미지가 너무나 달랐기에 이 둘의
기념품이 함께 팔리고 있는 풍경조차 초현실적으로 보였다.

*Alphonse Mucha(1860~1939), 체코 장식미술가.
*Franz Kafka(1883~1924), 유태계 독일인 소설가.

저녁을 좀 거하게 먹고 싶은데
추천해 주실 음식이 있나요?

아, 그럼 콜레노 드셔보세요.
돼지 족발 요리인데 양이
많으니까 2명이 하나만 시키세요.

넵!

1인 1족이 아니고 둘이서
하나만 시키라고?
우리를 너무 과소평가
한 거 아닐까?

모자르면 더 시키면
되겠지!

식사 나왔습니다.

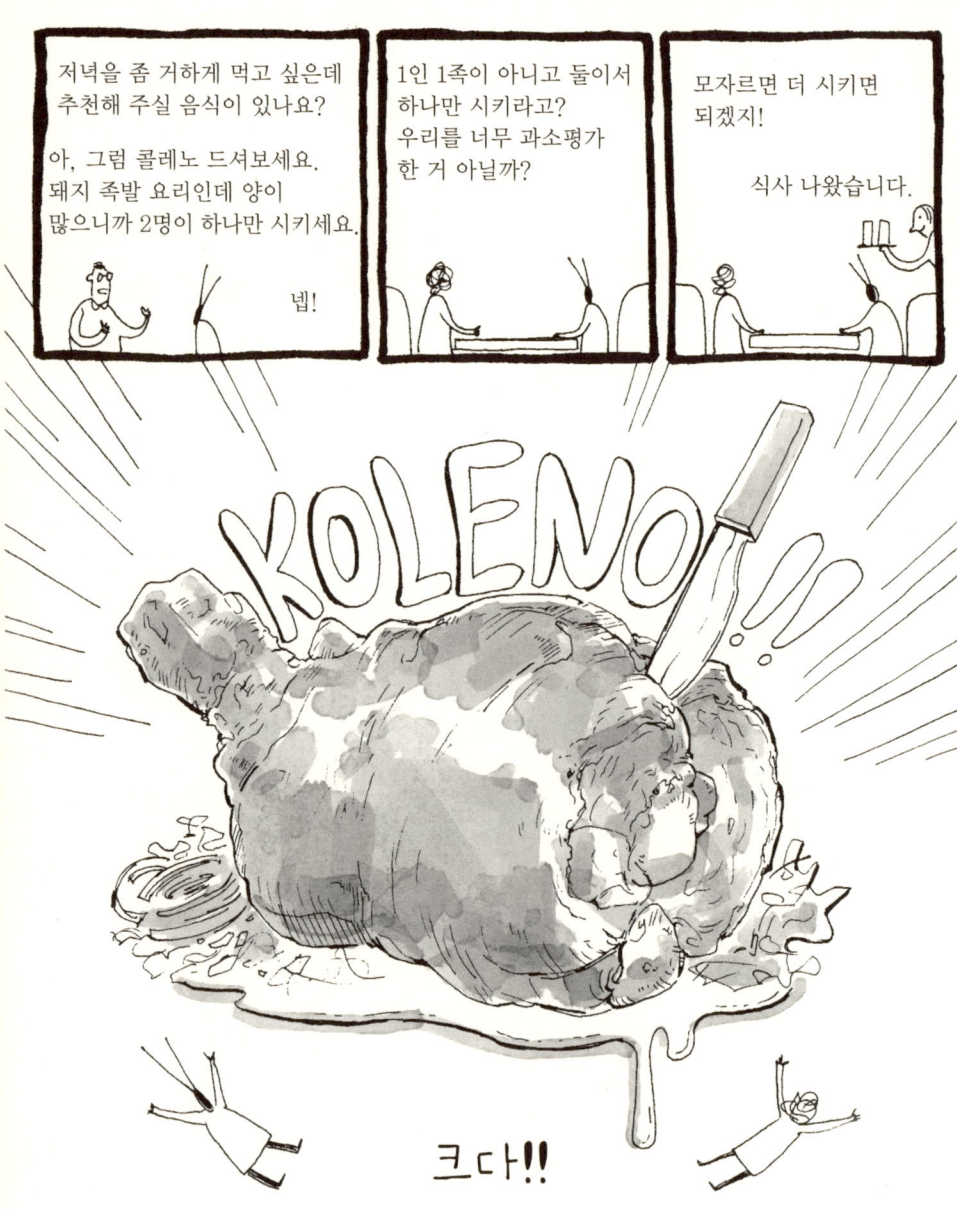

크다!!

대왕 족발, 콜레노!
커다란 돼지 발에 큼직한 칼이 박력 있게 꽂힌 채로 나오는 유럽식 족발요리.
옆에 앙증맞게 샐러드들이 묻어 있기는 하지만
고기만을 먹겠다는 신념이 굉장히 확고한 요리이다.
배고플 때라면 1인 1족도 가능할 것 같다.

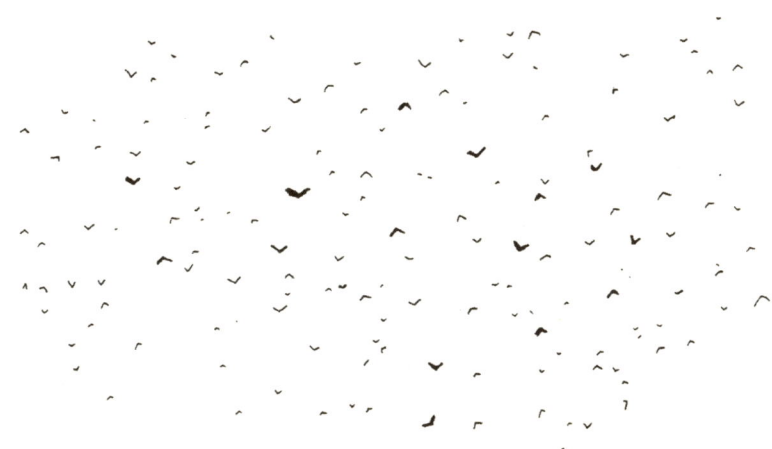

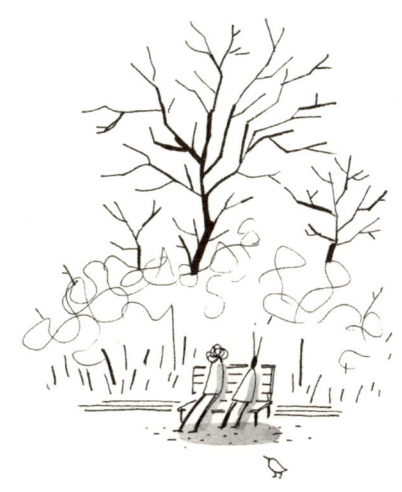

숙소로 가는 길.
성당에서 울리는 종소리에 놀란 새들이 미친 듯이 떼 지어 날고 있었다.
매일 저러면서도 여기 사는 걸까?

DAY

28
프라하(PRAHA)

구시가지 맞은편 언덕에 자리 잡은 성.
일부는 대통령 집무실로 사용되고 있다.
낮에 바라보는 모습보다 야경이 더 아름답다.
강을 앞에 두고 있는 언덕 위의 성이라니……
동화책에나 나올 법한 풍경이 너무 아무렇지
않게 펼쳐져 있어 당황스럽기까지 하다

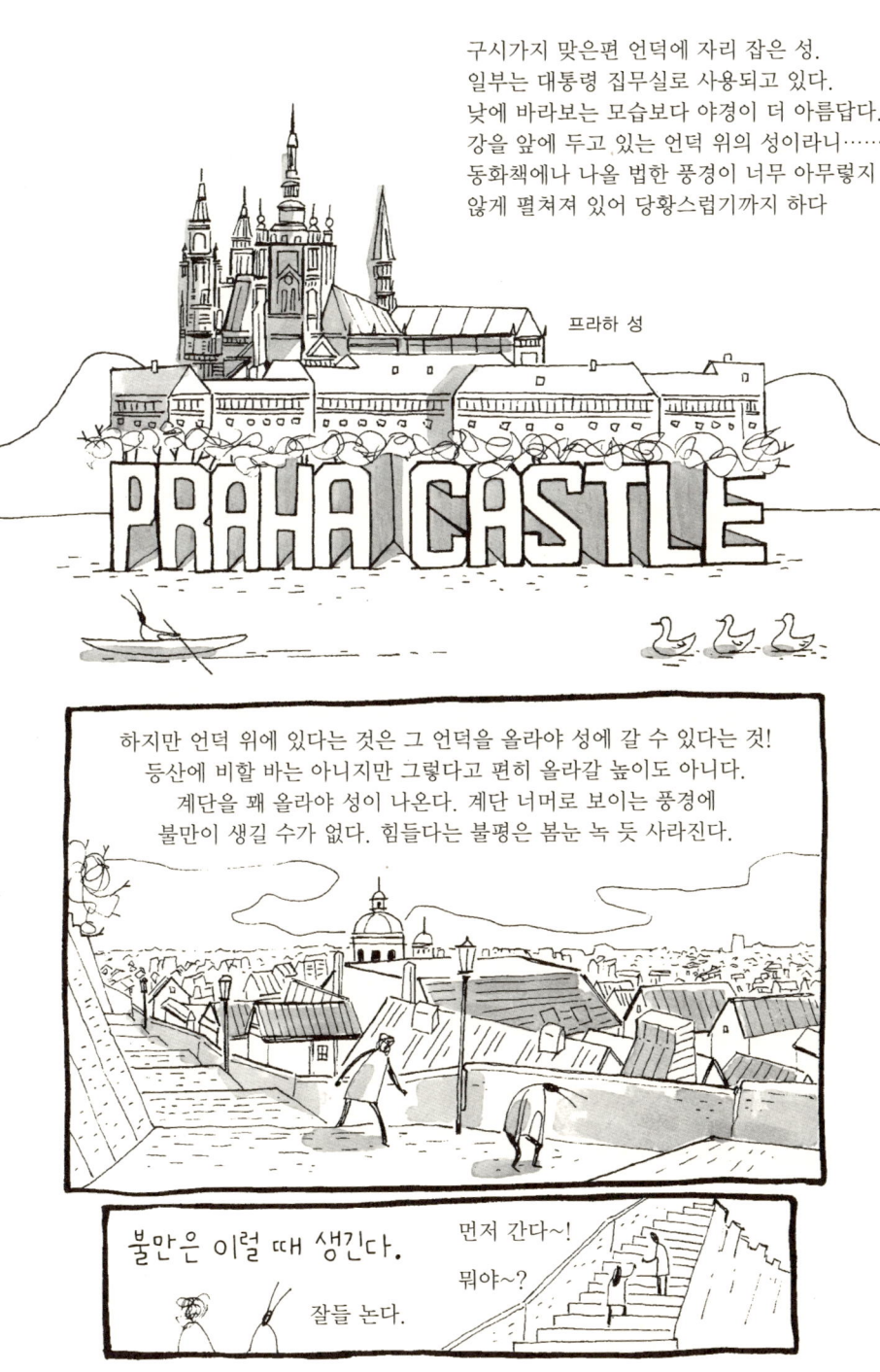

프라하 성

PRAHA CASTLE

하지만 언덕 위에 있다는 것은 그 언덕을 올라야 성에 갈 수 있다는 것!
등산에 비할 바는 아니지만 그렇다고 편히 올라갈 높이도 아니다.
계단을 꽤 올라야 성이 나온다. 계단 너머로 보이는 풍경에
불만이 생길 수가 없다. 힘들다는 불평은 봄눈 녹 듯 사라진다.

불만은 이럴 때 생긴다.

잘들 논다.

먼저 간다~!

뭐야~?

성에는 성비투스 대성당, 성이르지 교회, 황금소로 등이 있는데
입장권을 살 때 모든 건물을 둘러보는 롱 비지트(Long Visit)와
핵심 구역만 관광하는 쇼트 비지트(Short Visit) 중에서 고를 수 있다.
말하자면 놀이공원의 자유 이용권과 빅5쯤 되겠다.
다음 일정이 있었기 때문에 우리는 쇼트 비지트를 구입했다.

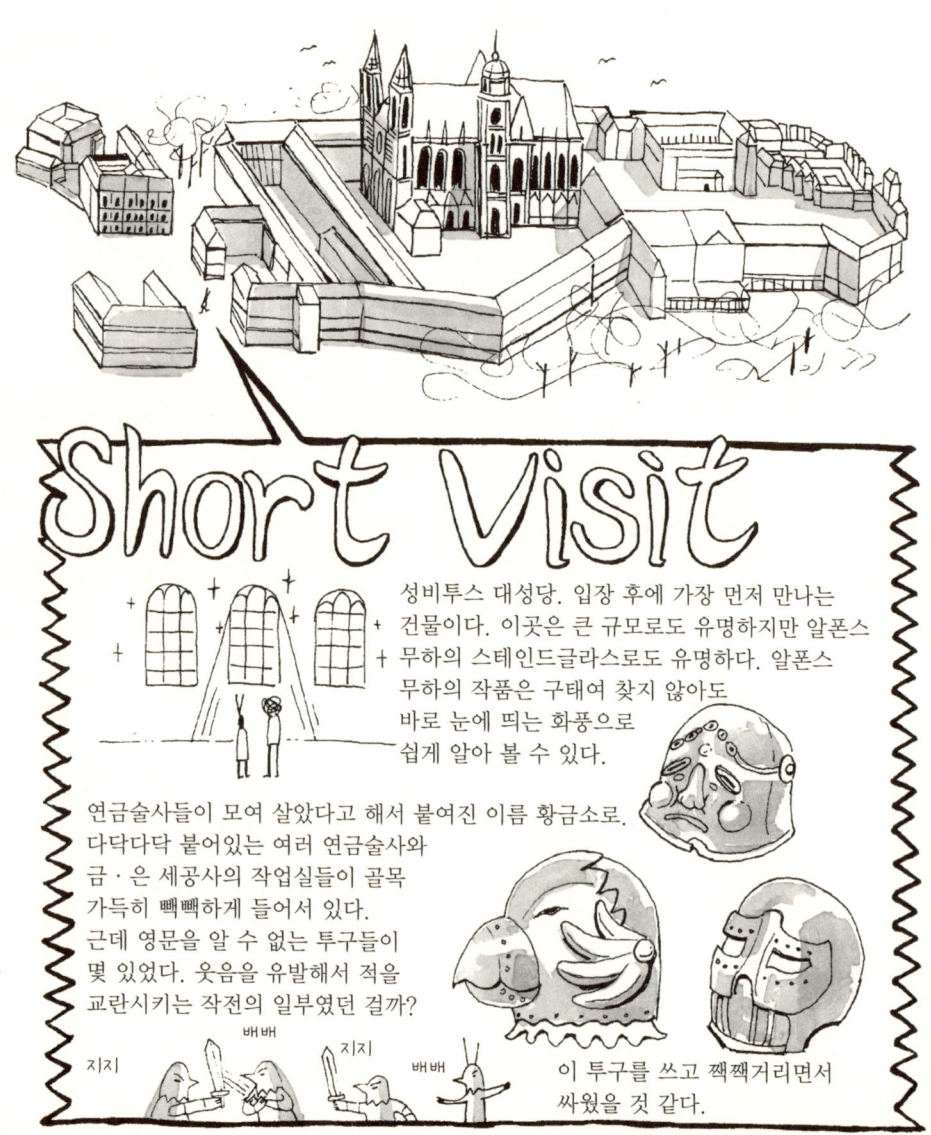

Short Visit

성비투스 대성당. 입장 후에 가장 먼저 만나는
건물이다. 이곳은 큰 규모로도 유명하지만 알폰스
무하의 스테인드글라스로도 유명하다. 알폰스
무하의 작품은 구태여 찾지 않아도
바로 눈에 띄는 화풍으로
쉽게 알아 볼 수 있다.

연금술사들이 모여 살았다고 해서 붙여진 이름 황금소로.
다닥다닥 붙어있는 여러 연금술사와
금·은 세공사의 작업실들이 골목
가득히 빽빽하게 들어서 있다.
근데 영문을 알 수 없는 투구들이
몇 있었다. 웃음을 유발해서 적을
교란시키는 작전의 일부였던 걸까?

지지   빼빼   지지   빼빼

이 투구를 쓰고 짹짹거리면서
싸웠을 것 같다.

프라하성에서 한참 떨어진 곳에
DOX라는 현대 미술관이 있다.

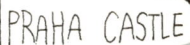

셔틀이 있긴 한데
여행도 얼마 안 남았으니
그냥 걸어갈까?

좀 멀어 보이긴 한데
뭐 괜찮겠지?
우리 걷는 거 잘하잖아.

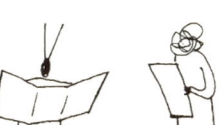

인간은 같은 실수를 반복한다.
심지어 갓길.

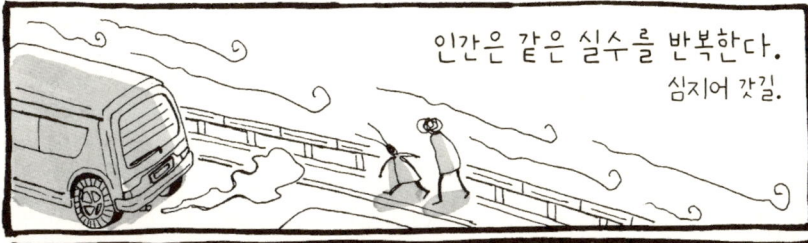

그렇게 2시간가량 걸어 관광지 외곽으로
나오자 휑한 주거 단지가 나왔다.
관광객들로 붐비는 시가지와 달리
너무 아무것도 없어서
좀 무서웠다.

추운 길바닥을 헤매다 만난 케밥집.

케밥은 언제나 옳다.

번화가보다 훨씬 싼 가격.
하지만 이미 가격은
중요하지 않다.
케밥의 존재만으로 충분했다.

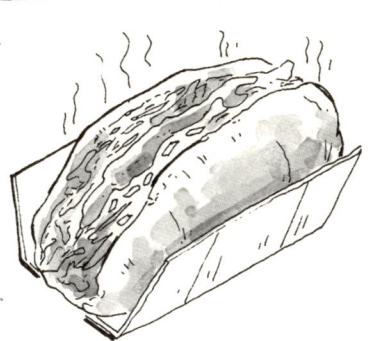

케밥 밥

밥 밥이다밥밥 케밥 밥보다 케밥

157

DOX
CENTER OF CONTEMPORARY ART

DOX 현대미술관

4층의 재미있는 구조를 가지고 있는 현대미술관이다. 사진, 건축, 디자인, 미디어 아트 등 다양한 분야의 작품들이 전시 중이었다. 내부에 있는 카페 맞은편에 옥상으로 올라갈 수 있는 문이 있는데 테라스인지 옥상인지 애매한 그 공간이 제일 마음에 들었다. 옥상 곳곳에 숨어 있는 작품들을 찾아보는 것도 재미있다.

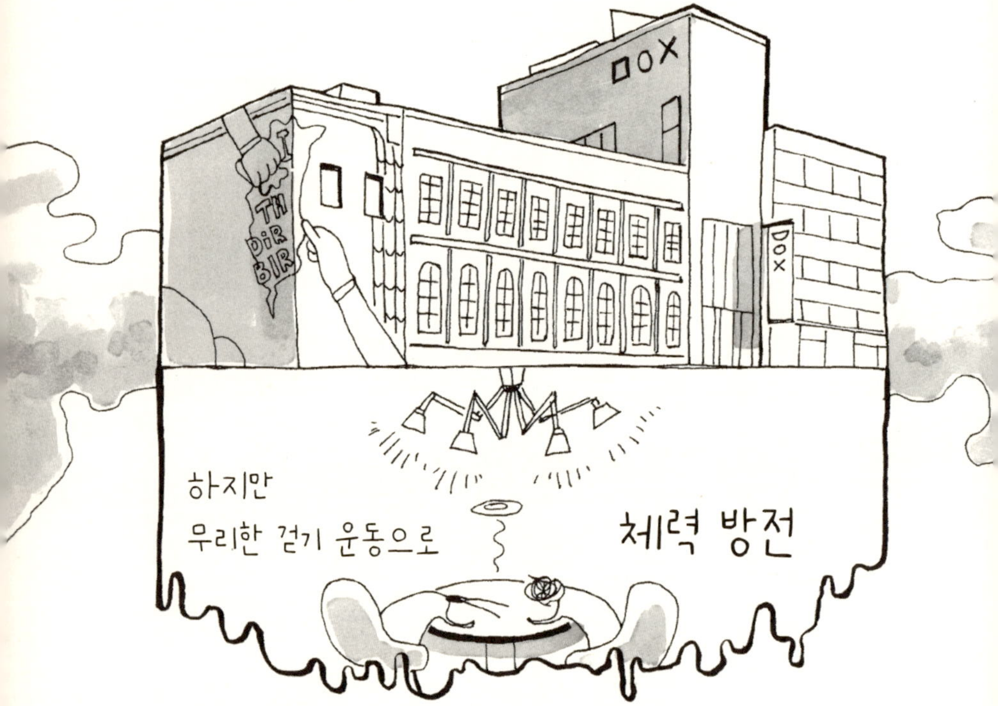

하지만

무리한 걷기 운동으로

체력 방전

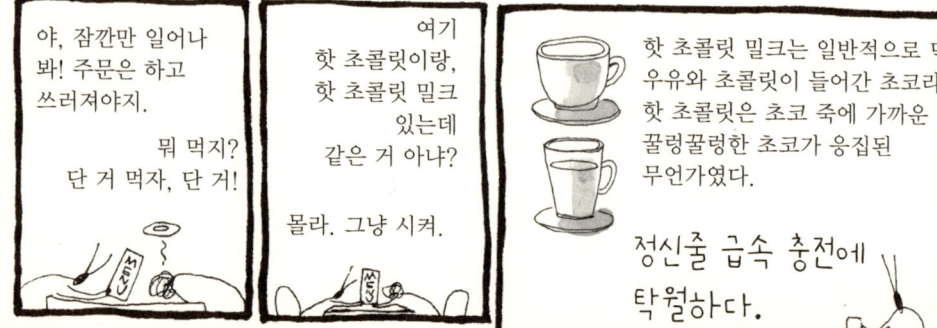

야, 잠깐만 일어나 봐! 주문은 하고 쓰러져야지.

뭐 먹지? 단 거 먹자, 단 거!

여기 핫 초콜릿이랑, 핫 초콜릿 밀크 있는데 같은 거 아냐?

몰라. 그냥 시켜.

핫 초콜릿 밀크는 일반적으로 먹 우유와 초콜릿이 들어간 초코라 핫 초콜릿은 초코 죽에 가까운 꿀렁꿀렁한 초코가 응집된 무언가였다.

정신줄 급속 충전에 탁월하다.

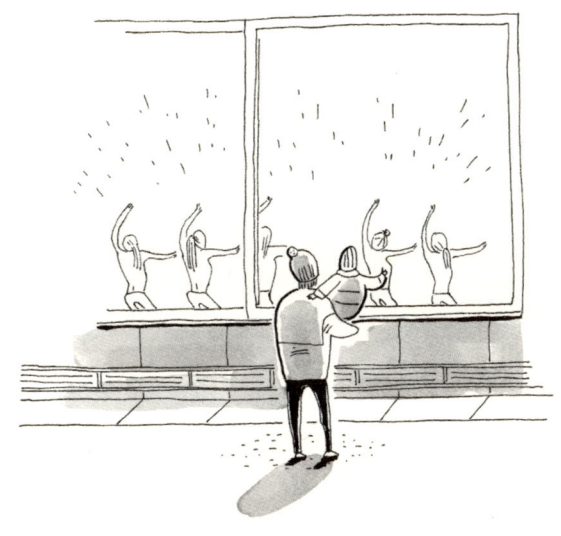

다시 숙소로 돌아가는 길고 긴 여정.
어린이 무용실을 들여다보고 있는 엄마와 아이가 있었다.
언니가 춤추는 걸 구경하는 걸까?

DAY

29
프라하(PRAHA)

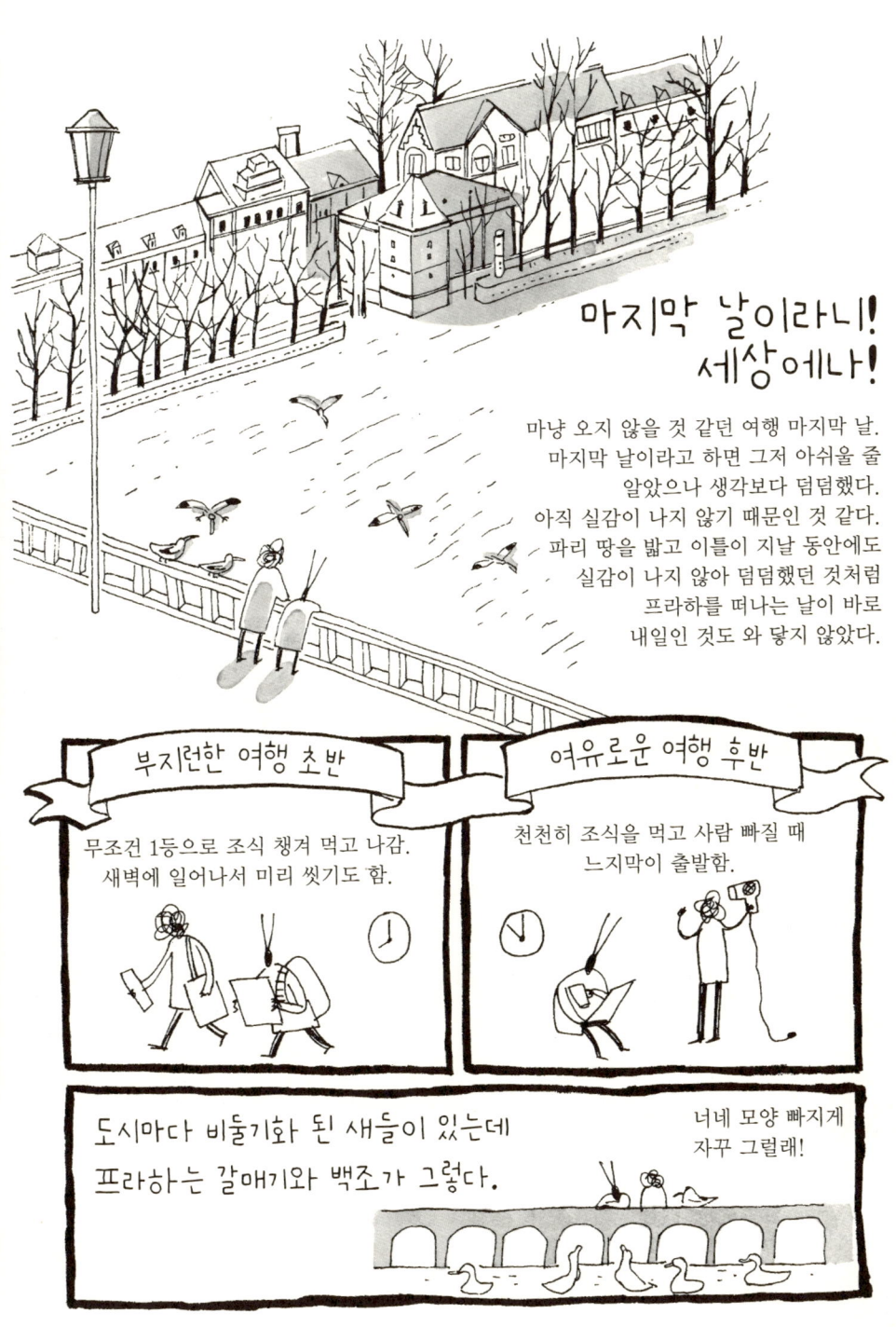

마지막 날이라니!
세상에나!

마냥 오지 않을 것 같던 여행 마지막 날.
마지막 날이라고 하면 그저 아쉬울 줄
알았으나 생각보다 덤덤했다.
아직 실감이 나지 않기 때문인 것 같다.
파리 땅을 밟고 이틀이 지날 동안에도
실감이 나지 않아 덤덤했던 것처럼
프라하를 떠나는 날이 바로
내일인 것도 와 닿지 않았다.

부지런한 여행 초반

무조건 1등으로 조식 챙겨 먹고 나감.
새벽에 일어나서 미리 씻기도 함.

여유로운 여행 후반

천천히 조식을 먹고 사람 빠질 때
느지막이 출발함.

도시마다 비둘기화 된 새들이 있는데
프라하는 갈매기와 백조가 그렇다.

너네 모양 빠지게
자꾸 그럴래!

마지막 날인데다가
웬만한 곳은 다 둘러봤기에
친구들 선물이나 살 겸

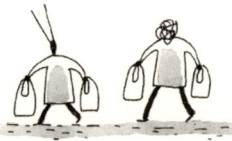

오늘은 쇼핑하는 날!

마누팍투라

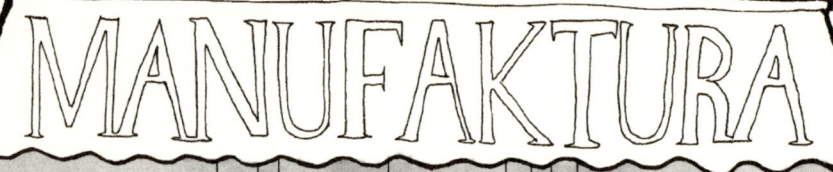

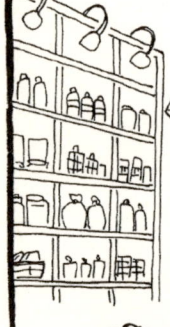

수제 비누와 화장품, 목각 인형 등을 파는 곳.
프라하 여러 곳에 분점이 있고 가장 큰
매장에는 크리스마스 용품과 장식도 판다.
수제 비누는 친구들에게 주기에 무난한
선물이다.

향과 모양이
독특한
수제 비누들.
각종 동물 모양의
목각 인형도 있다.

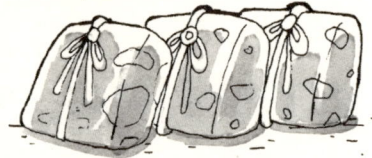

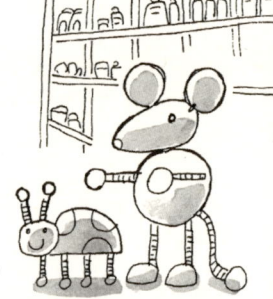

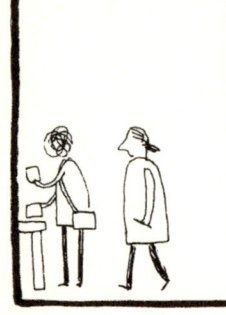

?!

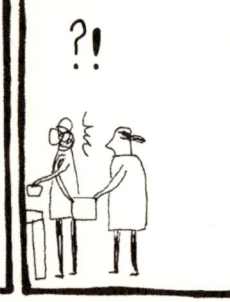

상점 안이 워낙 붐비다
보니 가게 안까지
따라붙는 소매치기가
종종 있었다.

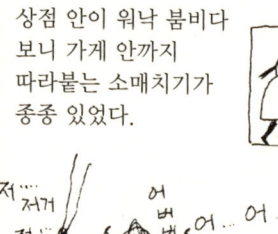

저······
저거
저
저
어
뻐어 ...어 ...???
저거 저거 저거

마지막 밤.
마지막 저녁을 먹을 겸
프라하 야경을 구경할 겸

숙소 사람들과 밤 산책

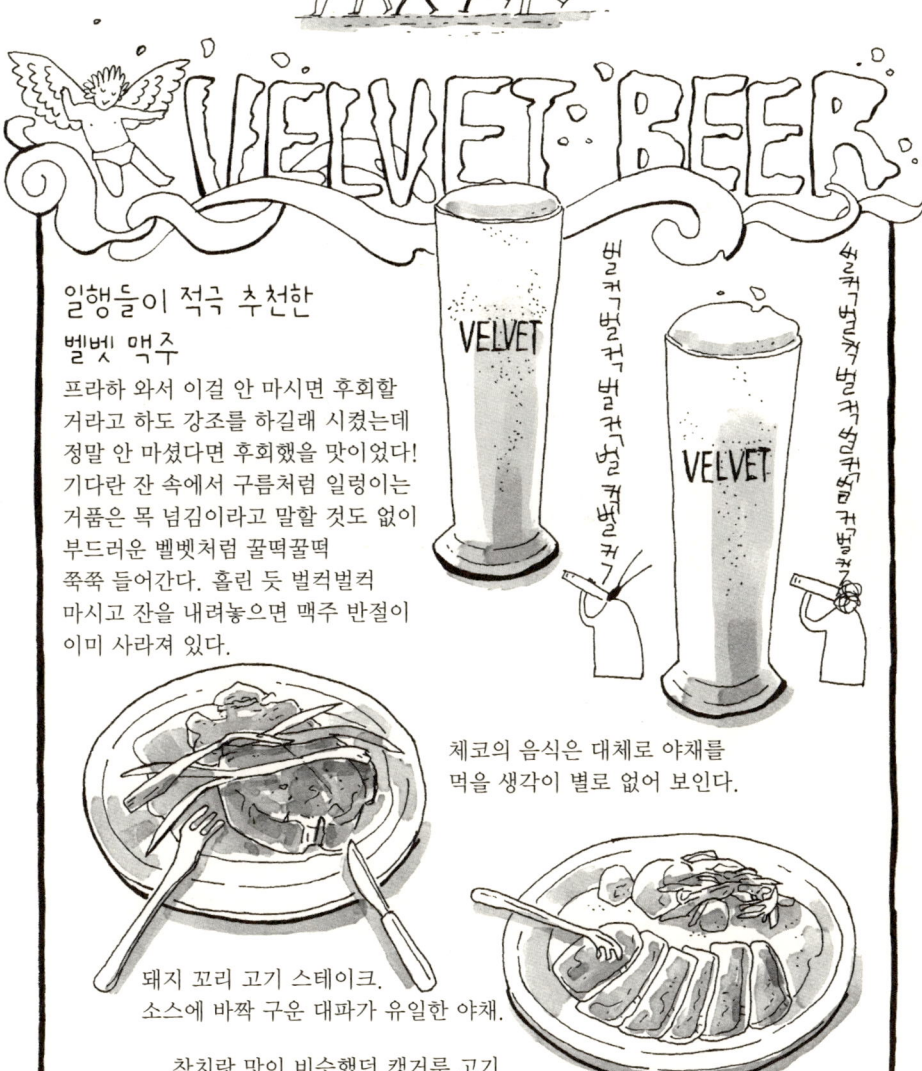

VELVET BEER

일행들이 적극 추천한
벨벳 맥주

프라하 와서 이걸 안 마시면 후회할
거라고 하도 강조를 하길래 시켰는데
정말 안 마셨다면 후회했을 맛이었다!
기다란 잔 속에서 구름처럼 일렁이는
거품은 목 넘김이라고 말할 것도 없이
부드러운 벨벳처럼 꿀떡꿀떡
쭉쭉 들어간다. 홀린 듯 벌컥벌컥
마시고 잔을 내려놓으면 맥주 반절이
이미 사라져 있다.

VELVET

VELVET

벌컥벌컥벌컥벌컥벌컥벌컥

쭈르르륵꿀꺽쭈르르륵꿀꺽쭈르르륵꿀꺽

체코의 음식은 대체로 야채를
먹을 생각이 별로 없어 보인다.

돼지 꼬리 고기 스테이크.
소스에 바짝 구운 대파가 유일한 야채.

참치랑 맛이 비슷했던 캥거루 고기.
실험 정신을 가지고 도전한 요리였는데 맛있었다.

여행의 마지막이 오면 어떤 기분일까,
못 해 본 것들이 아쉬워 후회하지는 않을까, 걱정했었다.
하지만 현실의 마지막 밤은 생각보다 분주했다.
세포 분열을 했는지 쥐도 새도 모르게 불어난 짐을
쑤셔 넣느라 캐리어와 멱살잡이를 하고
혹시나 비행기 예약이 잘못되지는 않았는지
몇 번이나 일정을 확인하고,
돌아가는 비행기에서 정리할 메모와 일기 등을 챙겨 넣고,
빠뜨리고 가는 물건은 없는지 몇 번이나 점검하고…….
정신 차려보니 자야할 시간이었다.
마지막 밤에는 잠도 안 올 것 같았는데
다른 날들과 똑같이 베개에 머리가 닿자마자 기절했다.
평소에는 잠자리를 가리지 않고 잘 자는 습관을
꽤 자랑스러워 했지만
한 달간의 여행 마지막 날까지
이렇게나 미련 없이 잠드는 건 좀 섭섭했다.

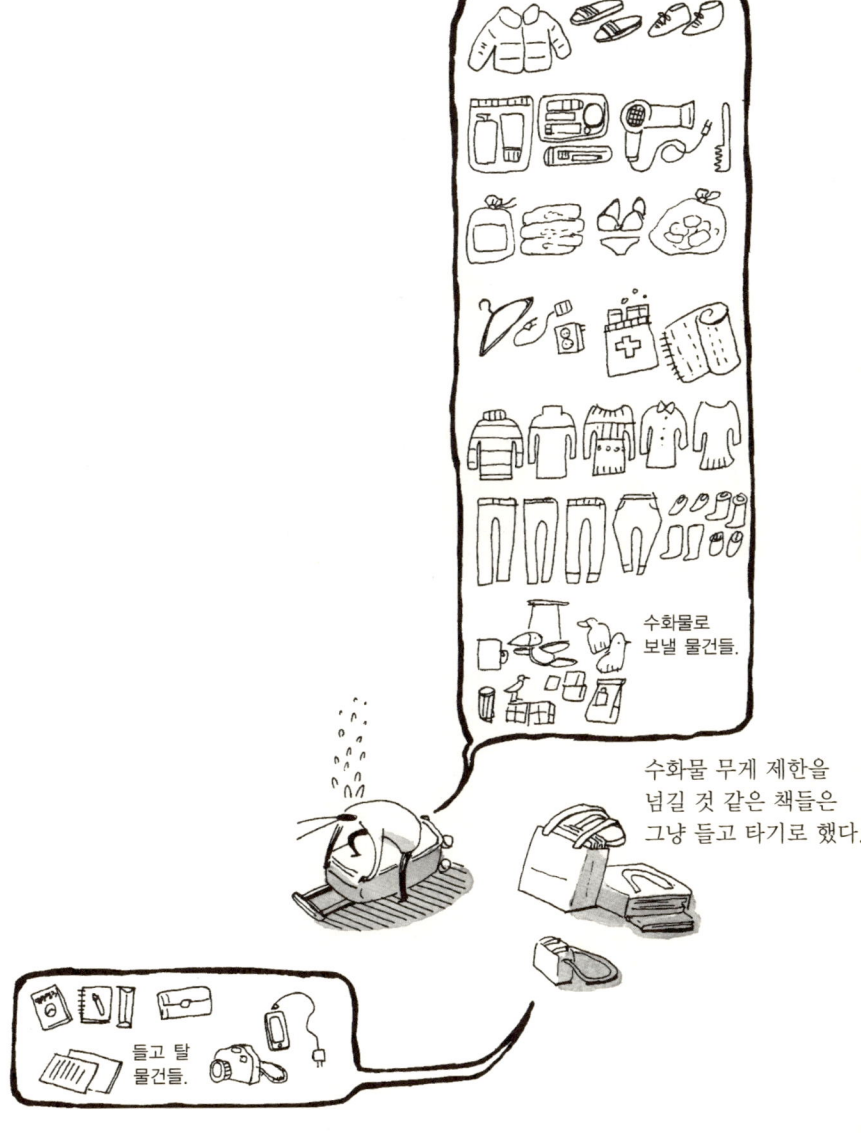

수화물로
보낼 물건들.

수화물 무게 제한을
넘길 것 같은 책들은
그냥 들고 타기로 했다.

들고 탈
물건들.

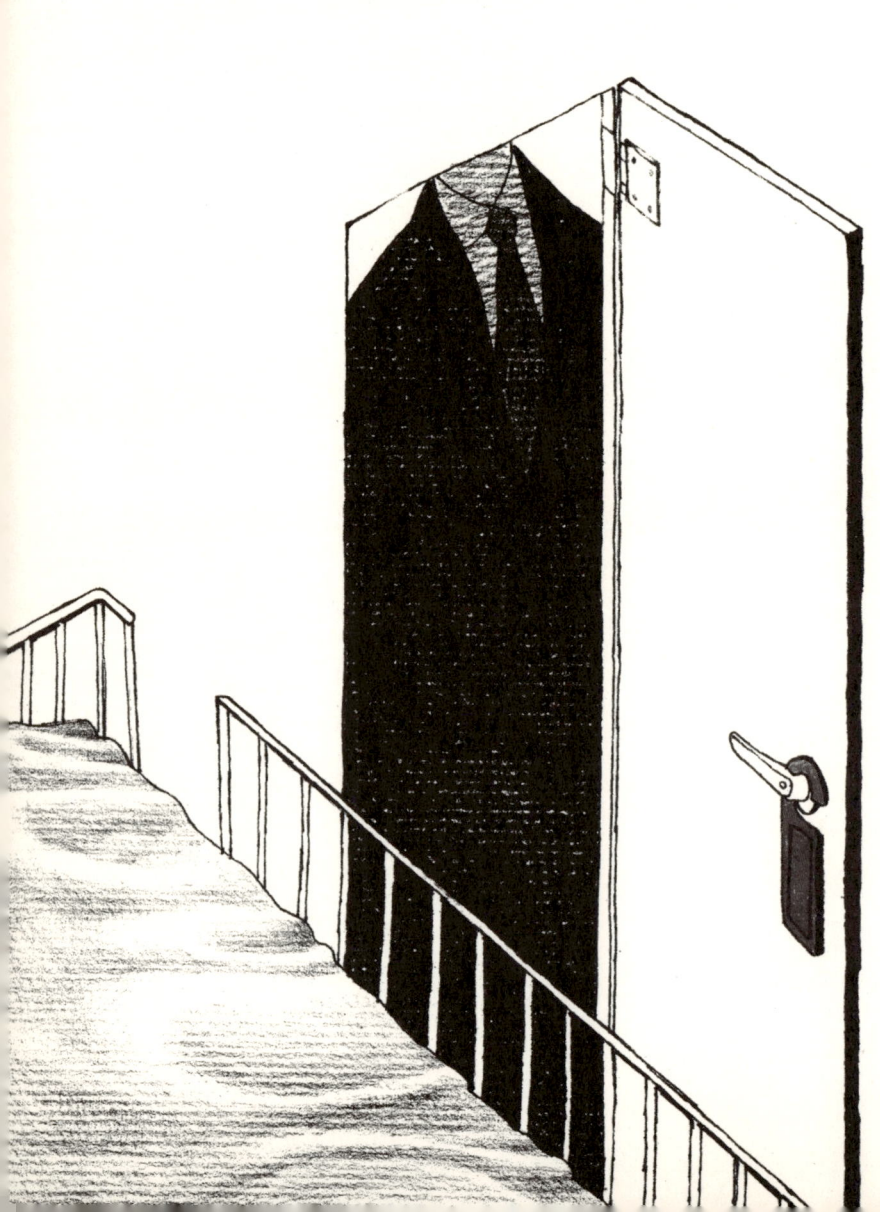

여행을 시작하고 일주일이 채 안 됐던 날.
문밖에 얼굴이 보이지 않는
무서운 남자가 서 있는 꿈을 꾸었다.

바쁘게 구경 다니느라
잠시 잊고 있던 낯선 땅에 대한 불안함이
불쑥 꿈까지 쫓아온 듯했다.
그 후로도 종종 비슷한 꿈을 꿨다.

이제,
그 낯선 불청객이
찾아오는 일은 아마 없을 것이다.

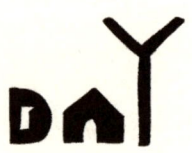

30
집(HOME)

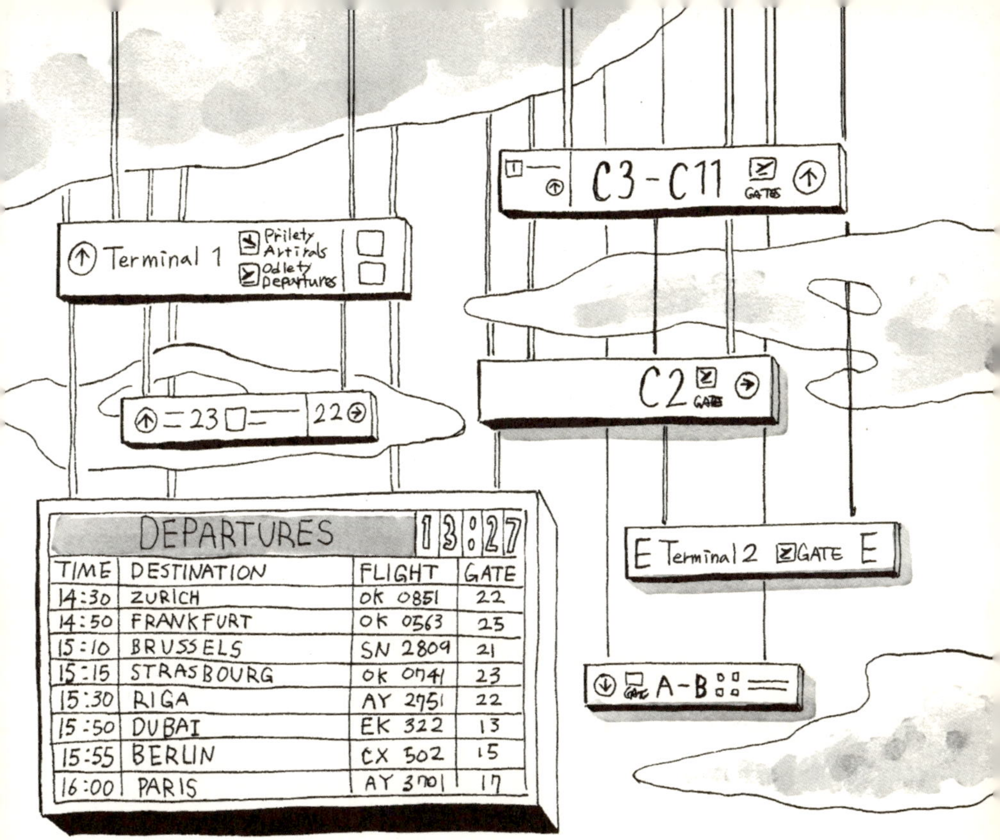

Terminal 1 · Priority Arrivals · Only Departures

C3-C11 GATES

↑ 23 — 22 →

C2 GATE

E Terminal 2 GATE E

A-B

DEPARTURES			13:27
TIME	DESTINATION	FLIGHT	GATE
14:30	ZURICH	OK 0851	22
14:50	FRANKFURT	OK 0563	23
15:10	BRUSSELS	SN 2809	21
15:15	STRASBOURG	OK 0741	23
15:30	RIGA	AY 2751	22
15:50	DUBAI	EK 322	13
15:55	BERLIN	CX 502	15
16:00	PARIS	AY 3701	17

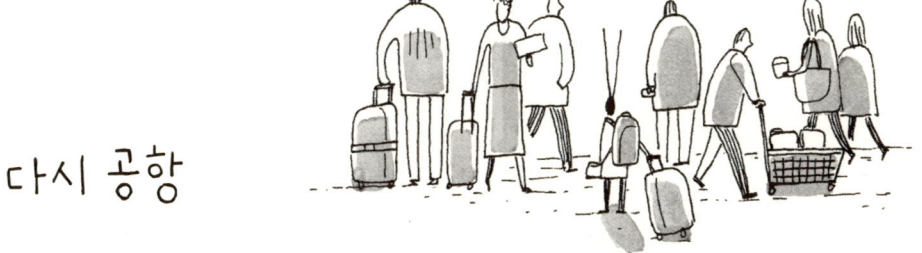

다시 공항

언어만 바뀌었을 뿐 한 달 전에 봤던 것과 비슷한 표지판들을 다시 만났다.
공항의 표지판들은 볼 때마다 정신이 없고 어디로 가야하는지 몰라 혼란스럽다.
그래서 공항은 늘 설레나 보다.

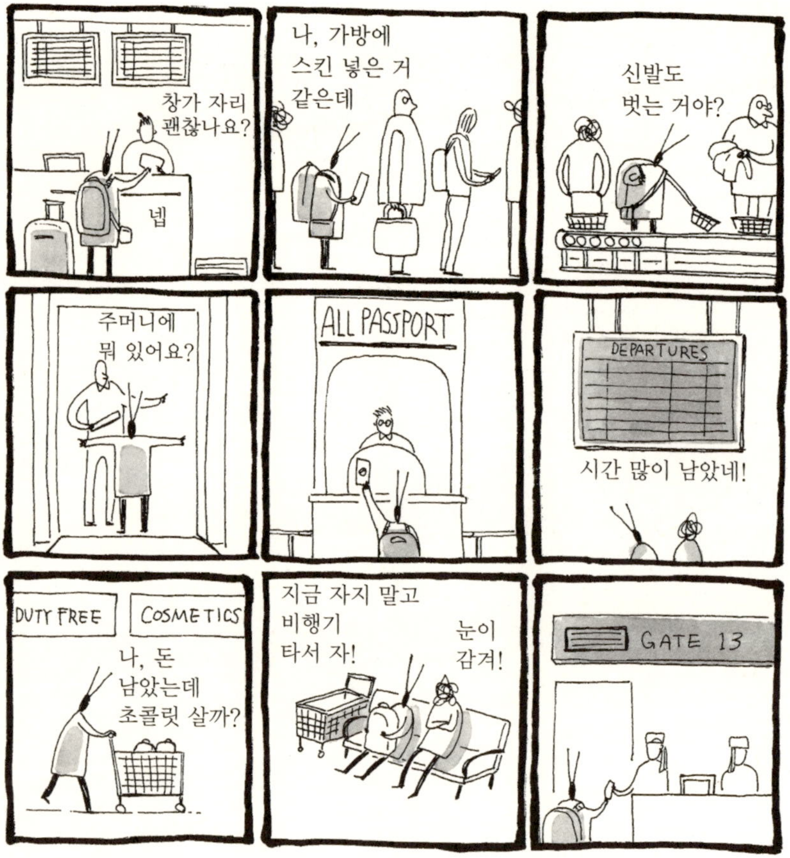

이제 출발하나 봐.

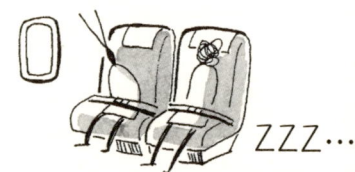

ZZZ…

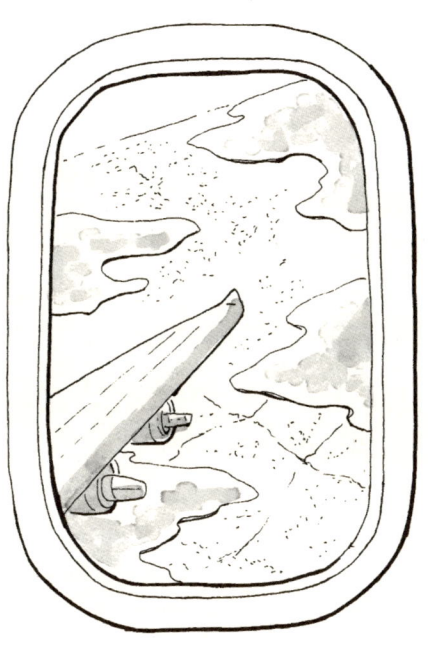

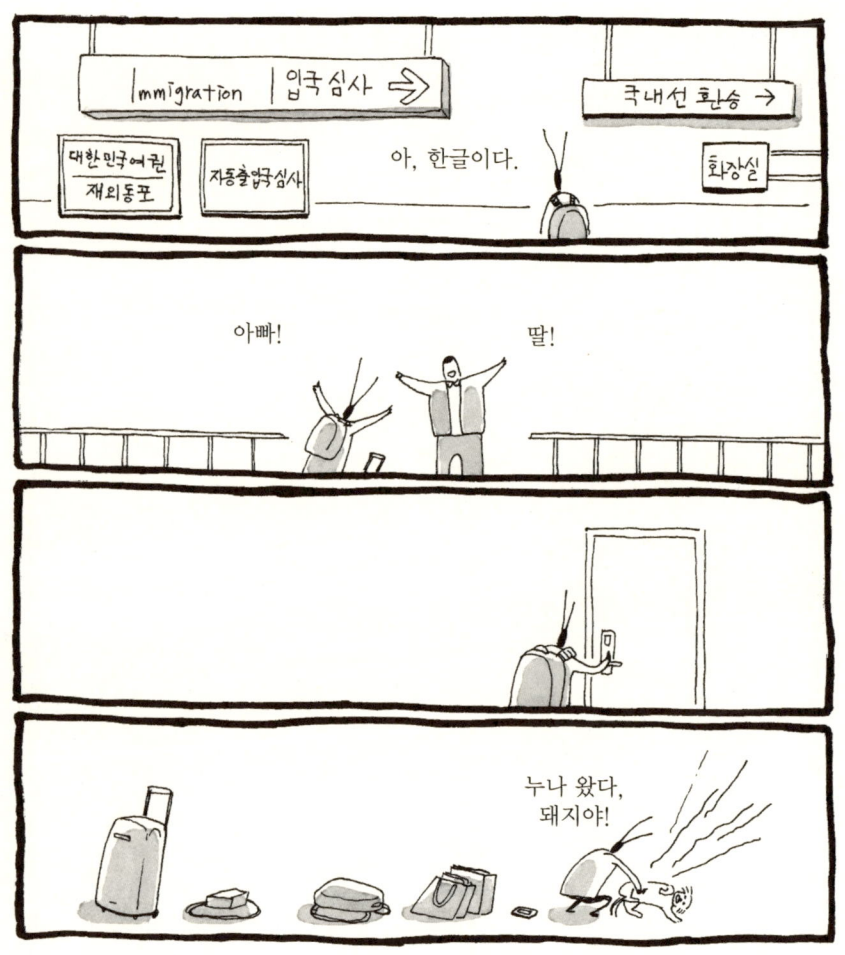

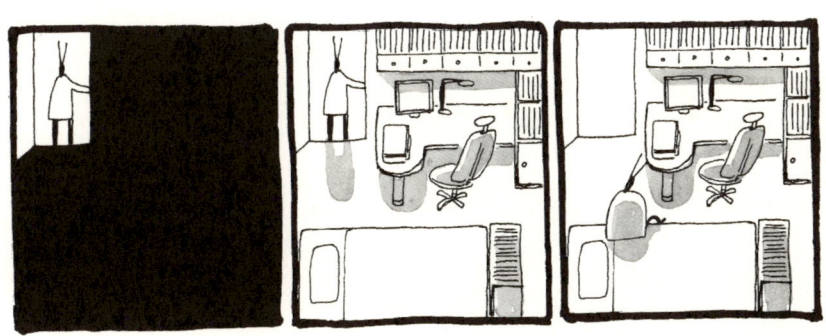

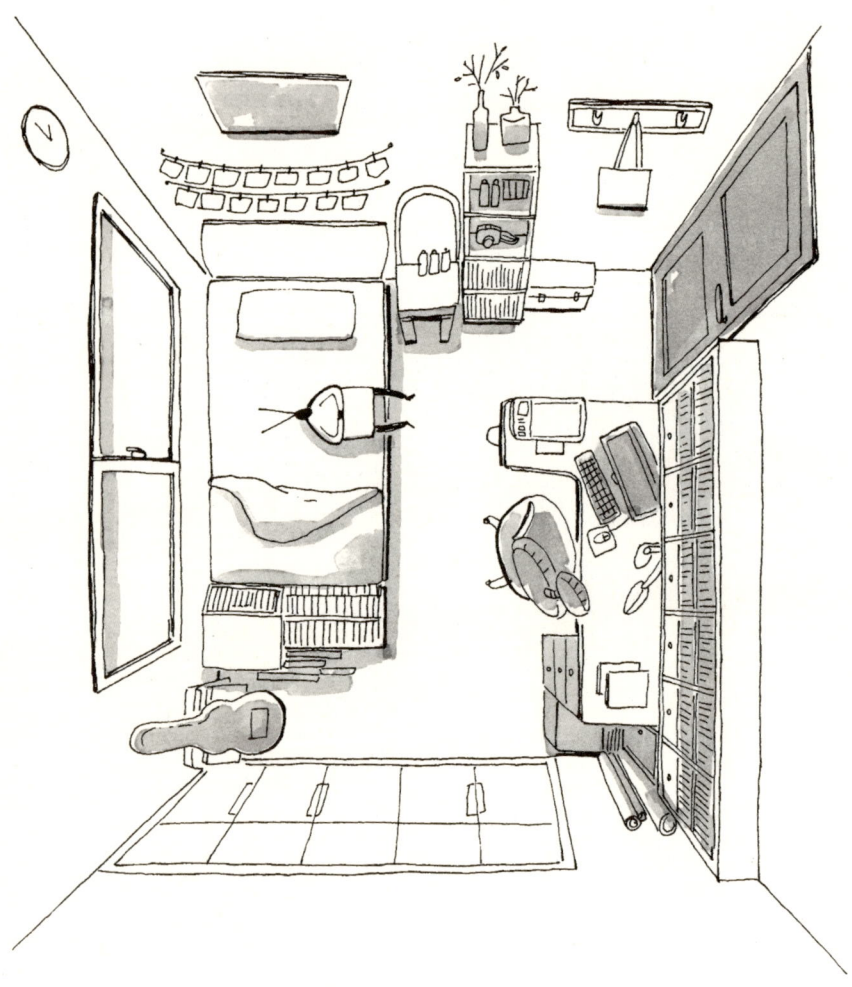

한 달 간 비어 있던 침대에 누워 낯익은 천장을 보는 순간.

'나 진짜로 돌아왔구나!'
여행이 끝났다는 걸 실감했다.

20여 시간, 비행이 많이 힘들었는지 눕자마자 잠이 쏟아졌다.
혹시 자고 일어나면 베를린 어딘가의 숙소 천장이 보이지 않을까,
그런 생각이 들었다.

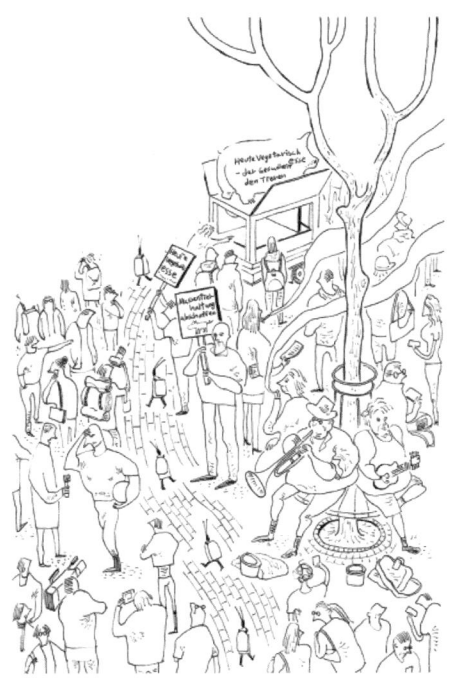

집으로 돌아오고, 얼마 지나지 않아
갯강구 씨의 여행 본능이 다시 스멀스멀 깨어납니다.

갯강구 씨의 다음 여행 일정은?

새롭게 펼쳐질 깨알 재미, 여행 일기는 어떤 모습일까요?

궁금하시다면 갯강구 작가의 블로그 또는 참좋은날 블로그에 가끔 들러 주세요!

⋯▶ 요기요! blog.naver.com/surea09
blog.naver.com/kidaribook

Coming Soon!